本书由重庆工商大学法学与社会学学院资助出版

RESEARCH ON
LEGAL REGULATION OF
CROSS BORDER DATA TRANSFER IN
DIGITAL TRADE

数字贸易中
跨境数据流动
法律规制问题研究

张琨蓓 著

法律出版社 LAW PRESS · CHINA
北京

图书在版编目（CIP）数据

数字贸易中跨境数据流动法律规制问题研究 / 张琨蓓著. -- 北京 : 法律出版社, 2025. -- ISBN 978-7-5197-9976-2

Ⅰ. D922.174

中国国家版本馆 CIP 数据核字第 2025F2L444 号

数字贸易中跨境数据流动法律规制问题研究
SHUZI MAOYI ZHONG KUAJING SHUJU LIUDONG FALÜ GUIZHI WENTI YANJIU

张琨蓓 著

策划编辑 沈小英
责任编辑 毛镜澄
装帧设计 贾丹丹

出版发行 法律出版社
编辑统筹 法治与经济出版分社
责任校对 晁明慧
责任印制 吕亚莉
经　　销 新华书店

开本 A5
印张 10　**字数** 268 千
版本 2025 年 3 月第 1 版
印次 2025 年 3 月第 1 次印刷
印刷 北京虎彩文化传播有限公司

地址:北京市丰台区莲花池西里 7 号(100073)
网址:www.lawpress.com.cn
投稿邮箱:info@lawpress.com.cn
举报盗版邮箱:jbwq@lawpress.com.cn
销售电话:010-83938349
客服电话:010-83938350
咨询电话:010-63939796

书号:ISBN 978-7-5197-9976-2　**定价**:88.00 元

目录

第一章 绪　论

第一节 研究背景

随着数字贸易(digital trade)的兴起,数据既成为基础性战略资源,亦成为关键性生产要素。数据对数字贸易是重要的,它通过释放强劲的生产力动能,来撬动贸易的发展。它的流动带来了产品形式、交换方式的变革,打破了时间与空间对传统贸易的限制,使其呈现新的态势,并且放大了劳动力、资本等要素在社会各行业价值链流转中产生的价值,拉近了全球市场的距离,深刻地改变了全球经济和社会。在中国,自 2014 年“大数据”首次写入政府工作报告至今,中国已发展成数据大国,跨境数据流动量自 2014 年开始就已超越美国晋升为世界最大的数据流转枢纽。据统计,2019 年,中国的跨境数据流动流量占据全球 23%,排名第二的美国仅占 12%。[1] 在此基础上,

---

[1] See S. Mitchell, *China Accounted for 23% of Cross-border Data Flows in 2019*, Nikkei Asia Report (29 November 2020), https://newsakmi.com/news/tech-news/report-china-accounted-for-23-of-cross-border-data-flows-in-2019-nearly-twice-the-share-of-the-us-which-ranked-second-with-12-followed-by-the-uk-and-india-nikkei-asia/.

数字贸易发展迅速,在国民经济发展领域的地位也与日俱增。2019年,中国国际收支口径中,数字贸易上顺差到达1873.9亿元,较2018年增长接近50%。其中,涉及电信、计算机和信息服务等数据密集型行业的贸易顺差最大,超过1900亿元,较上一年度增长接近18%,中国在电信、计算机、信息技术等数据高附加行业的国际市场竞争力也正在稳步提升。[1] 所以,跨境数据流动能力对数字贸易至关重要。

但认识到数据流动重要性这一事实仅仅是个开始。"棱镜门"后,各国既认识到数据要素的流动能给本国带来巨大收益,同时也意识到数据要素的无序流动会给本国的安全利益、监管框架,以及执法权提出严峻挑战,这使跨境数据流动问题日益政治化。由于缺乏有效、可信赖的政策合作机制,立法者被迫转向其他选择。许多司法管辖区对跨境数据流动采取了歧视性措施,将法律效力延伸至域外。据统计,2017~2021年全球采用数据限制政策的国家数量已翻了一番。[2] 就中国而言,与全球最大的数据枢纽地位相伴的是更突出的数据安全风险问题。如果说,在全球数据洪流中筑牢数据的防御墙是一种被动的自卫措施,那么,过去6年国家数据战略谋篇布局,从

〔1〕 参见国家工业信息安全发展研究中心:《2020年我国数字贸易发展报告》,载国家工信安全中心官网2021年1月17日,http://www.cics-cert.org.cn/web_root/webpage/articlecontent_103001_1349544784636678146.html。

〔2〕 See N. Cory & L. Dascoli, *How Barriers to Cross-Border Data Flows Are Spreading Globally, What They Cost, and How to Address Them*, Information Technology & Innovation Foundation Report (July 2021), https://itif.org/sites/default/files/2021-data-localization.pdf.

"数据大国"的现状向"数据强国"的目标迈进过程中,[1]从无到有构建法律规制体系捍卫国家数据安全更是一种主动的应对。因为如果把目光聚焦到中国"跨境数据流动"规制历程中,就会发现其中存在波动现象:从最初的"放"到适度的"收",再到如今集中的"收",3个不同的时期,呈现了明显波动。具体来说,最初的"放",是希望通过降低数据保护门槛来推动数据产业和数据挖掘技术的发展。"适度的收",是在网络空间治理体系日趋完善,网络治理体制逐步发展,已形成一个有本土特色且颇具规模的法律体系的背景下,策略性地回避跨境数据流动问题。如今"集中的收",即为适应增强网络空间安全防御能力,加快建设数据强国,提升我国对网络空间的国际话语权和规则制定权,使原有的有效促进数据流动的规制目的呈现模糊状态和弱化趋势。以上3个时期的规制政策,也可以简称为"放—收—收"。其中后一个体现高强度控制的"收"和前一个体现中等强度的"收",并非出于同一层面,而是呈现螺旋式上升状态,达到了今天的控制波峰。

基于此,跨境数据流动法律规制面临的一个重要挑战是处理基

---

[1] 2014~2020年,国家数据战略经历最初的预热、起步后开始落地实施。2014年3月,"大数据"一词首次出现在政府工作报告。2015年8月印发的《促进大数据发展行动纲要》(国发〔2015〕50号),对数据整体发展进行顶层设计和统筹布局,产业发展开始起步。2016年3月,《国民经济和社会发展第十三个五年规划纲要》中首次以官方文件形式提出国家大数据战略愿景,国内数据产业开始全面、快速发展。随着国内数据相关产业体系日渐完善,各类行业融合应用逐步深入,国家大数据战略迈向深化阶段。2017年10月,党的十九大报告提出,数据产业未来的发展方向需要实现与实体经济的深度融合。2019年的政府工作报告中"大数据"成为高频词汇。进入2020年,数据正式成为生产要素,其战略性地位进一步提升。4月9日,中共中央、国务院发布《关于构建更加完善的要素市场化配置体制机制的意见》将"数据"列入生成要素的行列,提出"数据要素市场"概念。5月18日,中共中央、国务院在《关于新时代加快完善社会主义市场经济体制的意见》中进一步提出要加大在数据要素市场培育中的投入,将数据要素市场的发展目标上升为国家战略目标,推动中国未来经济社会发展。

于数据控制需要产生的规制强度与基于数据流动需要产生的数字贸易发展负荷之间的矛盾。法律形式下规制跨境数据流动的强度,即是国家以法律形式在统摄、管理、监管其管辖领土内生成的数据时呈现的对内控制力和对外影响力。数字贸易发展负荷是指不同的规制模式的控制力和影响力对本国以及全球数字贸易发展产生的影响和负担。国家通过各种法律工具整合设施和调配机制,在数据流动的链条上施以不同的"命令",以对数据流动的行为进行"控制"产生外部性效果,并对数字贸易的发展产生压力。所以,从法律效能的角度来看,跨境数据流动法律规制不仅是国家法律的核心安排,更涉及规制程度、规制方式和相应的规制成本等一系列有关数字贸易发展可承受范围内外的负荷。笔者将跨境数据流动法律规制安排所导致的因果联系称为规制强度和发展负荷的互动关系。一个国家数字贸易运行、发展能力与潜力彰显、应对危机的抉择都是建基在跨境数据流动法律规则之上的。因而,围绕跨境数据流动稳定的法律和制度安排塑造解决问题的途径和方式,诱导相应的数字贸易参与行为,从而在很大程度上决定了国家数字贸易发展的轨迹、抉择和后果。

综上所述,笔者将数字贸易背景下的跨境数据流动法律规制问题作为本书的选题加以研究,尝试在给定的法律零件里找到最有效的组合,以形成数字贸易发展和数据保护之间的平衡,缓和数据自由流动和数据本地控制之间的矛盾。笔者尝试回答这些问题的终极着眼点是"我们究竟如何建设数据强国",从这一角度出发,认识全球跨境数据流动法律规制的真实图景,并特别着眼中国跨境数据流动法律规制体系的应有形态、强度和协调。为此,笔者的研究策略是,通过体系化分析跨境数据流动法律规制和数字贸易之间的关系,从诸多法律零件和数字贸易发展对接的努力着眼,以多个模型标准为素材，进一步思考理解这些法律规制组合强度与发展负荷之间关联的路线图，寻找搭建中国跨境数据流动法律规制体系的线索，以服务于国家建设“数据强国”的战略愿景，并要探索适合中国国情与发展道路的跨境数据流动法律规制体系，促进国内规则和国际规则的协调。

第二节 研究现状

跨境数据流动研究萌芽于20世纪70年代末期，它的提出主要是为解决20世纪70年代发达国家信息技术发展带来的负面后果。笔者检索到较早关于跨境数据流动研究的文献是1969年戴尔伯特(Smith Delbert)的著作。[1] 他认为，电信技术的变革、互联网的技术开始成熟、无纸化传输概念的提出，数据开始在不同国家间频繁跨境流动，控制数据流动环境下国家权力边界内外的平衡是数据流动的核心关注点。[2] 此后，围绕数据流动可能带来的政治和法律争议，在国外学界逐渐演变出一个全新的研究领域。[3] 中国学者起步较晚，直到20世纪90年代开始于跨境数据流动问题予以关注，岳剑波[4]和程卫东[5]先后发表相关论文。

跨境数据流动研究发展至今只有40余年历史，但随着国内外学者从纯粹基于法律文本的理论研究逐渐扩展到涉猎交叉学科的应用

---

〔1〕 See S. Delbert, *The Legal Ordering of Satellite Telecommunication: Problems and Alternatives*, Indiana Law Journal, Vol. 44:3, p. 337 – 81 (1969).

〔2〕 See S. Delbert, *The Legal Ordering of Satellite Telecommunication: Problems and Alternatives*, Indiana Law Journal, Vol. 44:3, p. 337 – 81 (1969).

〔3〕 See R. Turn, *Privacy Protection and Security in Transnational Data Processing Systems*, AFIPS Conference Proceedings, Vol. 48, p. 283 – 91 (1979).

〔4〕 参见岳剑波：《越境数据流：问题·影响·对策》，载《中国图书馆学报》1995年第5期。

〔5〕 参见程卫东：《跨境数据流动的法律监管》，载《政治与法律》1998年第3期。

研究领域,这一研究受到越来越多的关注。由于跨境数据流动不同于一般意义上的法律问题,它存在经济、管理、技术、政治等一系列多元角度下多维度的边界与责任命题。因此文献数量众多,本书仅选取法律领域核心文献的核心概念进行解读。

在研究过程中,笔者发现国内外关于跨境数据流动法律规制的研究方向因"棱镜门"事件的爆发分别产生不同的转向。国内学者参考外国经验的研究路径因"棱镜门"事件而被打断,不再满足于引介性研究,转向如何应对跨境数据流动对中国数据主权和数据安全带来的威胁。同一时期,虽然国外学界的焦点是以强调数据自由流动为代表的美国学者和以强调个人数据权利保护、输出数据人权价值观为代表的欧盟学者之间的争论,但是关注数据流动障碍的负面影响却成为国外学界研究的重中之重,并一直持续至今。根据这一区别,笔者将有关跨境数据流动法律规制的研究按照"棱镜门"事件分为两个阶段,以此形成时间维度脉络进行分析。

一、前"棱镜门"时期的研究

国外学者对跨境数据流动的研究较早,它的出现主要是为解决发达国家兴起的个人数据保护立法带来的负面效果。这在回顾跨境数据流动问题的产生以及研究脉络中有所体现。特别是经济合作与发展组织(Organization for Economic Co-operation and Development, OECD,以下简称经合组织或 OECD)[1] 1980 年的《隐私保护和个人数据跨境流通指南》(*The Guidelines on the Protection of Privacy and*

---

〔1〕 经合组织的前身为由美国和加拿大发起的欧洲经济合作组织,在 1961 年重组为经合组织,总部设在法国巴黎。

Transborder Flows of Personal Data）一经发布就引发发达国家范围内的理论和技术探讨，并逐渐衍生发展为一个全新的立法领域，进而带来不同的数据权利价值追求。亚恩（Douglas Yarn）在1983年就预测信息技术的发展会引起其与数据保护之间的紧张关系，并以加拿大的法律发展情况分析如何在二者间维持微妙的平衡。[1] 科利尔（Harry Collier）则深入地分析国家限制数据流动的原因在于国家利益、文化融合和国家安全，同时，也断言数据产业的经济价值无处不在，会给政府平衡利弊带来麻烦。[2] 相较分散的、侧重预测性分析的研究，首先完整地提出跨境数据流动法律规制概念的是萨维奇和爱德华兹（Nigel Savage & Chris Edwards）。他们认为，跨境数据流动法律规制是约束依靠任何媒介进行的数据流动的国际法和国内法系统。[3] 雷登伯格（JR Reidenberg）在总结跨境数据流动法律规制发展现状情况下，首次提出“美欧模式二元对立说”，将跨境数据流动规制法律关系抽象为“个人权利至上”与“市场利益至上”两种对立模式。[4] 沿着雷登伯格提出的“二元对立说”，学者开始从美欧不同角度进行对比，运用比较经验整合，进而重构跨境数据流动全球发展路线。例如，施瓦茨（Paul M Schwartz）认为，欧盟的数据保护制度会对

〔1〕 See D. Yarn, *The Development of Canadian Law on Trans-Border Data Flow*, The Georgia Journal of International and Comparative Law, Vol 13:3, p. 825 – 55 (1983).

〔2〕 See H. Collier, *Data Flow Across National Borders: Why Governments Like to Have Barriers*, Data Processing Vol. 27:7, p. 9 – 12 (1985).

〔3〕 See N. Savage & C. Edwards, *Transborder Data Flows*, in C. Edwards C & N. Savage eds., Information Technology & The Law, Palgrave Macmillan, 1990, p. 143 – 157.

〔4〕 See JR. Reidenberg, *Resolving Conflicting International Data Privacy Rules in Cyberspace*, Stanford Law Review, Vol. 52:5, p. 1315 – 1371 (2000).

世界的跨境数据流动造成阻碍。[1] 德赫特和帕帕康斯坦丁努(Paul De Hert & Vagelis Papakonstantinou)则发现了欧盟对于"充分性保护"体现出的文本主义倾向,并提出对评估标准的改革措施。[2] 格里尔(Damon Greer)从美欧安全港协议入手,进一步分析美欧二元对立情况下跨境数据流动法律规制协调的困境和可能的出路。[3] 古纳塞克拉(Gehan Gunasekara)提出现有的跨境数据流动规制图景的实际效果是有严重缺失的,需要"第四代"规制政策以协调冲突。[4] 在这一阶段的后期,由于数据流动技术的快速发展,跨境数据流动法律规制的范围亦获得拓展,不再局限于美欧二元对立,学者开始将研究范围扩展至更大的视域。2012 年,格林里夫(Graham Greenleaf)指出已有 89 个国家制定数据隐私法。[5] 2013 年,库纳(Christopher Kuner)的研究则发现全球已制定 109 部数据相关法律,其中至少有 70 多部法律专门就个人数据的跨境数据流动问题作出规定。[6]

基于经合组织阐述的数据、社会崛起的时代背景以及雷登伯格

[1] See P. Schwartz, *European Data Protection Law and Restrictions on International Data Flows*, Iowa Law Review, Vol. 80:3, p. 471 -496 (1995).

[2] See P. De Hert & V. Papakonstantinou, *The Proposed Data Protection Regulation Replacing Directive 95/46/EC: A Sound System for the Protection of Individuals*, Computer Law & Security Review, Vol. 28:2, p. 130 - 142 (2012).

[3] See D. Greer., *Safe Harbor-A Framework That Works*, International Data Privacy Law, Vol. 1:3, p. 143 - 148 (2011).

[4] See G. Gunasekara, *The "Final" Privacy Frontier? Regulating Trans-border Data Flows*, International Journal of Law & Information Technology, Vol. 15:3, p. 362 - 393 (2009).

[5] See G. Greenleaf, *The Influence of European Data Privacy Standards Outside Europe: Implications for globalization of Convention* 108, International Data Privacy Law, Vol. 2:2, p. 68 -92(2012).

[6] See C. Kuner., *Transborder Data Flows and Data Privacy Law*, Oxford University Press, 2013, p. 20.

指出的理论基础,这一阶段国外学者大多从“美欧规制模式二元对立”的观点出发来识别规制模式和保护水平高低。然而这一划分只是一种基于主观观察的“异面”划分,存在过于简化乃至引发误解的风险。欧美规制模式之间不仅只存有立场和内容差异面相,而且在局部上还存有共同交叉面相。即便如此,“二元对立说”的出现还是正当其时,为其他后发国家提供了初始框架。全球绝大多数国家的初次立法大多在二分的基础上选择参照系,既节约试错成本,又较好地满足了技术发展程度不够高、国家诉求和目的较单一时期的需要。

在我国,“棱镜门”事件前围绕跨境数据流动的研究主要集中在引介国外重要政策法律,探讨国外跨境数据流动法律制度对中国的参考价值。程卫东教授从国家主权的角度出发,分析引介英国和德国对跨境数据流动监管的立法及国际合作现状。[1] 学者姚维保、韦景竹则介绍欧盟个人数据保护法的跨国流动国际协调机制以及执行效率。[2] 蒋洁教授从云数据在跨境数据流动中遇到的问题入手,提出要确立云数据保护的国际标准、成立政府间云数据跨境流动监管组织,重构云数据跨境流动的国际规则体系。[3] 此外,由于金融领域的数据流动较其他领域发展更快,关于征信领域的跨境数据流动

---

〔1〕 参见程卫东:《跨境数据流动对国家主权的影响与对策》,载《法学杂志》1998 年第 2 期。

〔2〕 参见姚维保、韦景竹:《个人数据流动法律规制策略研究》,载《图书情报知识》2008 年第2 期。

〔3〕 参见蒋洁:《云数据跨境流动的法律调整机制》,载《图书与情报》2012 年第 6 期。

法律规制研究备受关注。[1] 可见,这一阶段的研究明显带有一定的技术导向性,较多涉猎欧盟法律的研究,并从个人隐私权、数据主体享有的特殊权利的角度展开,丰富了个人信息保护领域的研究,为跨境数据流动问题进入法学研究的视野奠定理论基础。

二、后"棱镜门"时期的研究

"棱镜门"事件的影响是深远的,它的波及面广,对跨境数据流动法律规制的发展也产生了影响。事件发生之后,钱德尔(Anupam Chander)准确地预测了全球数据本地化、数据民族主义的监管趋势。[2] 由于数据国家主义的兴起,国外学界的焦点从平衡数据流动与数据控制之间的关系转向对数据控制的负面效应研究、强调数据全球主义,而这正是国外学术领域发展跨境数据流动法律规制的重要思想转变。在事件发生之前备受推崇的欧盟模式则受到质疑。林德奎斯特(Jenna Lindqvist)、[3]普莱(Yves Poullet)、[4]特祖诺(Maria

---

〔1〕 参见丁惠强:《征信数据跨境流动监管研究》,载《征信》2011 年第 2 期;中国人民银行成都分行征信管理处课题组、祁红、丁惠强:《征信数据跨境流动监管研究》,载《西南金融》2011 年第 4 期;许英、陈霞:《征信数据跨境流动与信息安全》,载《中国金融》2012 年第 17 期。

〔2〕 See A. Chander, *Data Nationalism*, Emory Law Journal, Vol. 64:3, p. 677 – 739 (2015).

〔3〕 See J. Lindqvist, *New Challenges to Personal Data Processing Agreements: Is the GDPR Fit to Deal with Contract, Accountability and Liability in A World of the Internet of Things?*, International Journal of Law& Information Technology, Vol. 26:1, p. 45 – 63 (2017).

〔4〕 See P. Yves, *Is the General Data Protection Regulation the Solution?*, Computer Law & Security Review, Vol. 34:4, p. 773 – 778 (2018).

Tzanou)[1]和托克切瑞提(Ioanna Tourkochoriti)[2]等都对欧盟日趋严格的数据流动规制提出批评。此外,还有学者对欧盟法院的安全港协定无效判决提出批评,认为这不仅无益于数据流动,还会对大西洋两岸的数据保护体系的稳定性造成危害。[3] 这一阶段在美欧模式二元对立之外,俄罗斯的规制模式逐渐生成新的一元。有学者通过对俄罗斯强规制下的隐私保护和数据流动安全性分析后并不认为俄罗斯模式可以长远地发展,也不能够给俄罗斯的隐私保护带来长期价值。[4]

由于数据国家主义的兴起,跨境数据流动的国际协调需求提升,国际法领域学者也较活跃。他们在探讨各国跨境数据流动法律规制模式时发现,数字贸易时代的跨境数据流动法律规制需要改变的不仅是国内法,更多的是国际协调、国际法等规制工具的介入。科瑞(Nigel Cory)认为,数据本地化政策不仅无益于全球经济,对于实施数据本地化的国家也是搬起石头砸自己的脚。[5] 有学者对经合组

---

[1] See M. Tzanou, *European Union Regulation of Transatlantic Data Transfers and Online Surveillance*, Human Rights Law Review, Vol. 17:3, p. 545 – 565 (2017).

[2] See I. Tourkochoriti, *The Transatlantic Flow of Data and the National Security Exception in the European Data Privacy Regulation: In Search for Legal Protection Against Surveillance*, University of Pennsylvania Jounal of International Law, Vol 36:2, p. 459 – 524 (2014).

[3] See T. Wischmeyer, *"Faraway, So Close!"-A Constitutional Perspective on Transatlantic Data Flow Regulation*, in Anna-Bettina Kaiser, Niels Petersen & Johanneds. eds, The U. S. Supreme Court and Contemporary Constitutional Law: The Obama Era and Its Legacy, Routledge, 2018, p. 191 – 210.

[4] See A. Savelyev, *Russia's New Personal Data Localization Regulations: A Step Forward or A Self-imposed Sanction?*, Computer Law & Security Review, Vol. 32:1, p. 128 – 145 (2016).

[5] See N. Cory, Cross-Border Data Flows: Where Are the Barriers, and What Do They Cost?, in Information Technology & Innovation Foundation Report, (May 2017), https://www2.itif.org/2017-cross-border-data-flows.

织的流动原则提出质疑,认为基于陈旧的技术衍生出的流动规则,在当今技术情境下会遭遇失败,[1]原因在于国际组织和国际法体系未能发挥更大的作用以协调数据流动,进而会扰乱全球数据秩序。[2]诚然,依然有学者坚持认为高规制要求有利于企业发展。例如,库纳坚持认为,高保护标准依然不会影响企业收益。[3] 但更多的学者则倾向认为数据流动的价值应当在跨境数据法律规制中得到理解和尊重。梅尔泽(Joshua Meltzer)提出,跨境数据流动是驱动国际商业和贸易的关键因素。[4] 这一阶段,国际知名智库成为数据自由流动最主要的推动者。其中,最具代表性的研究是麦肯锡全球研究院(Mckinsey Global Institute, MGI)基于全球数据流动对全球经济增长作用的分析,验证了数据全球化的重要性。[5] 此外,欧洲国际政治经济中心(European Center of International Political Economy,ECIPE)设计全球贸易分析模型对全球逾 60 个国家的数据本地化措施给数

---

〔1〕 See M. Kuschewsky, *The New Privacy Guidelines of the OECD: What Changes for Businesses?*, Journal of European Competition Law & Practice, Vol. 5:3, p. 146 – 148(2014).

〔2〕 See S. Aaronson, *Why Trade Agreements Are Not Setting Information Free: The Lost History and Reinvigorated Debate over Cross-border Data Flows, Human Rights and National Security*, *World Trade Review*, Vol. 14:4, p. 671 – 700 (2015).

〔3〕 See C. Kuner, *Regulation of Transborder Data Flows Under Data Protection and Privacy Law: Past, Present, and Future*, OECD Digital Economy Papers, No. 187, OECD Publishing, Paris (December 8, 2011), https://www.oecd-ilibrary.org/science-and-technology/regulation-of-transborder-data-flows-under-data-protection-and-privacy-law_5kg0s2fk315f-en.

〔4〕 See J. Meltzer, *The Internet, Cross-border Data Flows and International Trade*, Asia and the Pacific Policy Studies, Vol. 2:1, p. 90 – 102 (2017).

〔5〕 See Mickinsey Global Institute, *Digital Globalization: The New Era of Global Flows*, McKinsey digital(24 February 2016), https://www.mckinsey.com/business-functions/mckinsey-digital/our-insights/digital-globalization-the-new-era-of-global-flows.

字贸易造成的发展负担进行量化预测。[1] 世界经济论坛(The World Economic Forum,WEF)发布《全球信息技术保护》,提出跨境数据流动法律规制应该明确并解决特定的风险问题,而不是像现在这样仅仅是理论假设问题。[2]

以上文献可以看出,在"棱镜门"事件后,国外学界强调数据流动的重要性,认为跨境数据流动法律规制的重点是数据流动,而不完全是数据控制问题。因此,各国在法律规制体系的建设中,不能盲目追求高规制要求,而是要以平衡发展为核心。上述做法关注数据控制与数据流动的共同价值,有其可取之处。然而,大多研究并未针对跨境数据流动背后的国家利益和价值进行分析,仅从数据的价值入手。但是跨境数据流动法律规制的出发点不仅在于数据的价值,还在于推动全球发展的平衡。目前,在来自发达国家为主的研究中,并未看到这样的认知。

国内关于跨境数据流动的研究,实际上是在"棱镜门"事件后才发展起来的,因为该事件凸显了全球信息空间中国家个体之间的关联性。[3] 在后"棱镜门"时代,国内对跨境数据流动的研究明显增多,即从不同视角探讨跨境数据流动法律规制的方方面面。具体可以分为以下4种不同的研究方向。

其一,跨境数据流动的国际发展。对于跨境数据流动国际发展

〔1〕 See European Center for International Political Economy, *The Costs of Data Localization: Friendly Fire On Economic Recovery*, ECIPE (May 2014), https://ecipe.org/publications/dataloc/.

〔2〕 See World Economic Forum, *The Global Information Technology Report*, (July 6, 2016), https://www.weforum.org/reports/the-global-information-technology-report-2016.

〔3〕 参见储昭根:《浅议"棱镜门"背后的网络信息安全》,载《国际观察》2014年第2期。

的认知，国内学界长期处在“美国—欧盟”二元对立的模式支配之下。对于跨境数据流动规制路径的认识通常以“欧盟式”和“美国式”[1]为常见的基本分类，既反映它们在数字产业方面的实力差距，又反映它们都希望把握全球数字贸易竞争主导权的目标。[2] 在这样的分类背景下，有关跨境数据流动全球概况研究大多围绕美欧的规则、执行情况以及数字本地化趋势展开。[3] “棱镜门”事件后正值国内对美欧的跨境数据流动法律规制负面后果的反思期。有学者提出，欧盟《一般数据保护条例》的“长臂管辖”条款，有其正当性基础和内在发展需求。[4] 但“长臂管辖”并非欧盟独有，[5]美国基于国家主权的跨境数据流动管辖模式也有同样效果，呈现数据主义的倾向。[6]美欧的跨境数据流动管辖模式势必造成管辖权的归属与冲突问题。[7] 作为对跨境数据流动国际发展的扩展，有学者将研究的触角延伸至日本[8]和俄罗斯[9]，对两国的数据流动限制性政策进行梳

[1] 张生：《美国跨境数据流动的国际法规制路径与中国的因应》，载《经贸法律评论》2019 年第 4 期。

[2] 参见刘毅群、章昊渊、吴硕伟：《美欧数字贸易规则的新主张及其对中国的启示》，载《学习与实践》2020 年第 6 期。

[3] 参见王融：《大数据时代：数据保护与流动规则》，人民邮电出版社 2017 年版，第 5 页。

[4] 参见叶开儒：《数据跨境流动规制中的“长臂管辖”——对欧盟 GDPR 的原旨主义考察》，载《法学评论》2020 年第 1 期。

[5] 参见冉从敬、陈贵容、王欢：《美国跨境数据流动的管辖模式研究及对中国的启示》，载《图书情报知识》2020 年第 6 期。

[6] 参见丁玮：《数据主义视角下美国跨境数据政策演进及我国的应对》，载《杭州师范大学学报（社会科学版）》2021 年第 1 期。

[7] 参见冉从敬、陈贵容、王欢：《欧美跨境数据流动管辖冲突表现形式及主要解决途径研究》，载《图书与情报》2020 年第 3 期。

[8] 参见张晓磊：《日本跨境数据流动治理问题研究》，载《日本学刊》2020 年第 4 期。

[9] 参见周念利、李金东：《俄罗斯出台的与贸易相关的数据流动限制性措施研究——兼谈对中国的启示》，载《国际商务研究》2020 年第 3 期。

理和分析。通过对全球跨境数据流动法律规制的动态分析,有学者发现,主权政府的强势涉入使跨境数据流动全球治理难以为继。[1]原有的、不具约束性的规制方式应被修正,甚至放弃,才能让跨境数据流动国际规制从破碎走向整合。[2] 作为对世界贸易组织(World Trade Organization,WTO)框架下监管碎片化难题的修正,有学者提出,建立全球数字治理框架的长远目标。[3]

其二,跨境数据流动的规制效果研究。从实证角度,规制效果是考验跨境数据流动规制体系设计成功与否的关键。有学者借助博弈模型分析框架分析在中美两国跨境数据流动策略和效果,发现中美两国各异的规制体系设计都符合各自发展目标的。[4] 黄宁则认为,欧盟和美国主导的两套规制体系实质上都无法同时兼顾"良好的数据保护"、"跨境数据自由流动"和"数据保护自主权"三重目的,效果上存在"三难选择"。[5] 此外,学者何波观察俄罗斯跨境数据流动立法规则与执法实践时,发现以严格著称的俄罗斯跨境数据流动法律规制实际上以温和宽松的执行来降低对数字经济的负面影响。[6]可见,现有的全球跨境数据流动法律规制模式面临诸多现实挑战,实

---

〔1〕 参见陈少威、贾开:《跨境数据流动的全球治理:历史变迁、制度困境与变革路径》,载《经济社会体制比较》2020 年第 2 期。

〔2〕 参见时业伟:《跨境数据流动中的国际贸易规则:规制、兼容与发展》,载《比较法研究》2020 年第 4 期。

〔3〕 参见戴艺晗:《贸易数字化与监管碎片化:国际贸易制度框架下跨境数据流动治理的挑战与应对》,载《国际经济法学刊》2021 年第 1 期。

〔4〕 参见邓崧、字学凤:《PISEL 博弈模型分析框架下的中美跨境数据流动研究》,载《情报杂志》2020 年第 1 期。

〔5〕 参见黄宁、李杨:《"三难选择"下跨境数据流动规制的演进与成因》,载《清华大学学报(哲学社会科学版)》2017 年第 5 期。

〔6〕 参见何波:《俄罗斯跨境数据流动立法规则与执法实践》,载《大数据》2016 年第 6 期。

际上无法满足复杂多变的数字贸易发展需求。

其三,跨境数据流动与国家数据主权关联关系研究。跨境数据流动法律规制研究原本一直并未超越国际法和民法研究范式,导致对这一问题的研究在理论开拓、论述主张以及实践应用环节仍有局限。正因如此,从数据主权角度研究跨境数据流动成为一个新的研究范式。孔庆江教授认为,各国数据治理理念千差万别,但晚近以来呈现共同趋势——立法规则域外适用扩张现象明显。美国、欧盟通过输出数据治理理念抢占全球规则制定话语权,加强对数据主体权利保护,建立统一保护水平的数据流通市场来促进本国数字产业发展。[1] 学者吴沈括则认为,数据主权与数据跨境传输问题是当下重大现实问题,建议我国的跨境数据流动法律规制建设应以数据主权为核心逻辑。也有学者从数据主权的角度出发,主张对域外数据执法管辖权进行单方扩张,虽然会受到一定阻力的影响,却是维护中国数据主权的题中之义。[2] 从数据主权的角度来理解,即是让跨境数据流动法律规制成为一个复合式的概念,不再拘泥于民法体系的研究架构。

其四,中国跨境数据流动法律体系的建设研究。这是所有围绕跨境数据流动法律规制展开的研究之精髓,无论是借助其他国家的经验总结、效果评价,抑或是运用新的研究方式,最终目的都在于借助多种路径的帮衬,对中国的跨境数据流动法律体系建设产生一定的促进作用。尽管依然有学者从美欧规制模式二元对立

---

〔1〕 参见孔庆江、于华溢:《数据立法域外适用现象及中国因应策略》,载《法学杂志》2020 年第8 期。

〔2〕 参见邵怿:《论域外数据执法管辖权的单方扩张》,载《社会科学》2020 年第10 期。

的角度入手,提出参考美欧模式对我国个人数据跨境流动进行管理;[1]或单独从欧盟的《通用数据保护条例》(General Data Protection Regulation)入手,认为中国应参考欧盟模式建立保护、平衡和信任的流动机制,[2]但是,在数字时代的全新环境下,传统的模式无法满足复杂多变的时代需求,中国跨境数据流动法律规制面临诸多现实挑战。学者大多认为中国的跨境数据流动法律规制体系应从内外双层结构入手进行设计。例如,石静霞教授认为,跨境数据流动不仅是互联网技术公司的生成要素,也是国际存在企业的经营需要,建议分级分类分情况分工具解决规制问题,发挥跨境数据流动应有的积极作用。[3] 许多奇教授则认为,对内从企业双向合规的角度出发考虑我国跨境数据流动法律规制体系的建设,完善数据跨境流动立法,提升法律的可操作性,提高企业的合规遵从性,推进行业自律制度建设;[4]对外积极参与国际规则制定。[5] 弓永钦等学者则从实际效率的角度提出跨境隐私保护规则(Cross-Border Privacy Rules)和跨境隐私执法安排(Cross-border Privacy Enforcement Arrangement)体系更具有优势和效率,中国应当加入的结论。[6] 也有学者认为,美国主

〔1〕 参见刘绍新:《全球化背景下的个人数据跨境流动》,载《中国金融》2019 年第 23 期。

〔2〕 参见邹军:《基于欧盟〈通用数据保护条例〉的个人数据跨境流动规制机制研究》,载《新闻大学》2019 年第 12 期。

〔3〕 参见吴沈括:《数据跨境流动与数据主权研究》,载《新疆师范大学学报(哲学社会科学版)》2016 年第 5 期。

〔4〕 参见许多奇:《论跨境数据流动规制企业双向合规的法治保障》,载《东方法学》2020 年第2 期。

〔5〕 参见许多奇:《个人数据跨境流动规制的国际格局及中国应对》,载《法学论坛》2018 年第3 期。

〔6〕 参见弓永钦、王健:《APEC 与欧盟个人数据跨境流动规则的研究》,载《亚太经济》2015 年第 5 期;弓永钦、王健:《APEC 跨境隐私规则体系与我国的对策》,载《国际贸易》2014 年第 3 期。

导的《美国—墨西哥—加拿大协定》,以及美国与欧盟达成的《欧盟—美国隐私盾协议》都为中国探索建立与他国数据跨境共享制度提供了实践参考。[1] 此外,有学者在现有国际合作机制之外,提出中国应对外参考已有国际社会经验,借助现有合作平台积极推动协商对话,以创建区域性安全、有序、高效的个人数据跨境传输法律制度。[2]

从上述文献中可以看到,这一时期中国学者已经开始关注数字贸易发展负荷问题,力促在更宏观、更符合中国发展诉求的基础上,设计中国跨境数据流动法律规制体系。笔者认为,现阶段跨境数据流动所引发的问题是多维度、多层面和多领域的,这种复杂面相要求问题解决方法的多元化,而非非此即彼的二选一。因此,应当全面认识和评估多元化的现状,不拘泥于二分模式选边站,否则,将很难走出中国跨境数据流动法律规制的建构理论自洽性和法律体系实用性的双重困境。就这一点而言,对跨境数据流动法律规制的研究仍然有很长的路要走。

第三节　研 究 内 容

有关跨境数据流动法律规制的研究和意义诸问题在国内外学界已多有讨论。但从规制强度和发展负荷角度可供借鉴的研究成果并不多。围绕跨境数据流动法律规制的众多研究中,“模式”是高频词汇,如欧盟模式、美国模式、俄罗斯模式等都常被引用作为评价对象。

---

〔1〕 参见马其家、李晓楠:《论我国数据跨境流动监管规则的构建》,载《法治研究》2021 年第1 期。

〔2〕 参见齐湘泉、文媛怡:《构建“一带一路”个人数据跨境传输法律制度:分歧、共识与合作路径》,载《河南师范大学学报(哲学社会科学版)》2019 年第 6 期。

然而,这些讨论可能忽略了一个应当受到重视的维度——规制强度。将“强度”作为跨境数据流动法律规制的一个新维度提出来,笔者意在突破“模式”在分析跨境数据流动法律规制中的压倒性地位。正是在规制强度这一角度下,跨境数据流动法律规制及其对数字贸易的负荷和挑战尤为突出。从规制强度来审视、思考中国跨境数据流动法律规制更合适的参考框架,更妥帖地平衡法律规制和贸易发展的法律方案。

一、研究思路

本书围绕跨境数据流动法律规制中的一个主线问题,即实现法律规制的强度和数字贸易发展的负荷之间的平衡。当二者之间不平衡的时候,可能会导致一个悖论:数字贸易的发展会加速数据的流动,而加速后数据流动带来的风险反过来又会加强跨境数据流动法律规制;随着数据流动环境的恶化,数字贸易也将因此陷入发展受阻的境况中。这一悖论的解决之道远未明了。所以,我们需要怎样的跨境数据流动法律规制程式,描绘一条通往良性循环的数字贸易发展之路?进言之,是否能够把分散在不同法域、不同技术条件、不同经济发展背景的跨境数据流动法律规制体系和存在的问题放在同一个框架里,探究它们之间的利弊再推导出一个实现平衡的规制模式方案?这些规制程式是否能转化为法律政策建议?能否将上述法律政策建议转化为中国关于跨境数据流动法律制度设计和调试的一连串问题?笔者将在本书中对该问题进行研究,进而提出可行性办法(见图 1-1)。

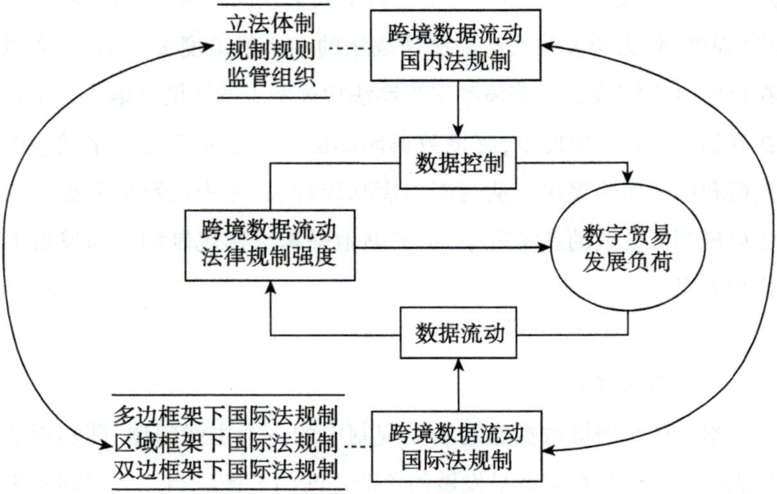

图1-1 研究思路框架

(一)基本矛盾所在:数据控制与数据流动之间的二元对立

跨境数据流动法律规制的核心是平衡"数据控制"和"数据流动"之间的内在紧张的关系。在这里,数据控制的核心是国家以法律形式,在数据流动方向上确定统辖的权力,并通过强度高低不一的数据控制进行一定的行为或要求别人进行一定的行为,以满足国家和社会的利益需求。数据流动的核心则是数据自主权,事关数据能否(whether)以及如何(how)出境。数字贸易参与者无论是数据控制者抑或是数据处理者对自己掌握的数据决定是否、如何出境都是其行使自主权的表现,数字贸易参与者只有拥有必需的数据自主权才能在数字贸易中有立足的可能。"数据控制"和"数据流动"之间的矛盾在于:数据控制的程度越高、越刚性,必然以相应程度上削弱数据流动自主性为代价,以其为支撑的数字贸易发展负荷也会相应增加;

反之，数字贸易发展负荷的减弱意味着数据流动自主权的扩张，常常表现在数据往规制成本较低或数字巨头所在的方向流动，从而会对数据控制产生巨大威胁。二者之间的矛盾轻则表现出数据流动受阻或数字贸易发展受影响，重则表现为数据流动秩序缺位，甚至是数字贸易发展的削弱。

（二）“数据控制与数据流动”矛盾的应对机制

为解决数据控制和数据流动之间的矛盾导致的控制目标失控或数据流动通道受阻的问题，国内法和国际法两种机制应运而生。两种机制如何运转，又会诱发怎样的数据规制强度和数字贸易发展负荷预期，这是研究讨论的着眼点。

首先，应对机制之跨境数据流动国内法规制体系。跨境数据流动国内法规制体系体现一国范围内数据控制与数据流动的主要关系。国家立法机关是这一应对机制的主要发起者，而数据控制者、数据主体等社会个体是这一应对机制的终端应受者。该应对机制具体体现为国家围绕跨境数据流动构建的法律体系，涉及立法体例、规制规则和监管组织等相关内容。立法体例，是指跨境数据流动的法律以何种形态作为表现。规制规则，是指为避免数据不当脱域给社会带来的影响，各国政府采取的一个或多个规制措施，包括原则性规制和特定性规制、事后性规制和预防性规制、自律性规制和他律性规制等方式。监管组织回答的是一国数据流动规制监管组织的构成，数据流动的干预手段以及确定各组成部分的职责分工、目标安排和协调运作的方式等。立法体例、规制规则和监管组织三者之间往往是同时存在并相互作用的，或缓和或激化数据控制与数据流动的矛盾，进而产生一系列的内部和外部后果。

其次，应对机制之跨境数据流动国际法规制体系。跨境数据流动国际法规制体系是数据控制与数据流动矛盾冲突的主要场域。国际社会是跨境数据流动国际法规制实践的空间，国际组织是这一应对机制的主要发起者，而主权国家主体是这一应对机制的终端应受者。该应对机制具体体现为国际组织推动数据控制与数据流动的观念协调、冲突调和与合作贯彻。在该应对机制下，国际组织通过一套具备普遍认同品质的国际法规则体系推进全球数据流动秩序的恢复。主权国家依据国际法的规定参与全球数据秩序的构建，并依据国际协调合作达成的共识，将国际规则嫁嵌进国内法。跨境数据流动国际法规制应对机制在全球数字治理过程中形成共同的规制语境和规制共识，对参与国产生普遍影响，促使其依据国际共识对本国跨境数据流动规则进行审查、检验和重构，以缓和数据控制与数据流动之间的矛盾。

二、研究内容

从规范分析角度出发，笔者把数字贸易背景下跨境数据流动法律规制的基本问题概括为规制强度与发展负荷之间的矛盾。针对这一矛盾，跨境数据流动法律规制体系全球发展过程中演变出一系列法律体系和制度机制予以应对。这些法律体系和制度机制之间的相互作用和运行过程体现跨境数据流动法律规制体系的建构和发展逻辑。跨境数据流动法律规制模式有两个主要线索：一是一国内部跨境数据流动法律规制与本国数字贸易发展程度之间的关系，二是国家间围绕跨境数据流动的国际法协调与全球数字贸易共同发展之间的关系。基于此，本书共分为六章，对上述理论思路和观点进一步阐述和延伸。各章内容及其相互联系概括如下。

第一章为“绪论”，通过简要介绍数字贸易发展背景和跨境数据流动法律规制现况，在此基础上通过文献梳理和中外焦点对比，较全面地介绍有关跨境数据流动法律规制的论述，确立规制强度和发展负荷的基本矛盾。

第二章“发展负荷的理论证成”以数字贸易的发展历史和数据的要素属性为着眼点，讨论解读数字贸易在经济社会中的作用。通过对数字贸易内涵与特征的分析过渡到对数据要素属性的探讨上。该章梳理数字贸易的提出与发展过程，在借鉴多方解读与定义的基础上，重新解读数字贸易。基于对数字贸易内涵与特征的充分理解，笔者进一步辨析数据要素的流动与数字贸易的关系，提炼数字贸易的内核，并对数据要素与数字贸易的规则趋势作出合理预判。

第三章“法律规制的理论证成”从应然的角度出发，延伸阐释第二章中提出的数据要素流动规则。着眼跨境数据流动法律规制的必要性和可能性，提出了“数据控制—数据流动”的两双对立框架，用以解释跨境数据流动法律规制内部结构和生成逻辑。这一框架将各国对跨境数据流动进行法律规制的缘由概括为统一分析框架，为后文讨论比较各国各具特点的规制模式以及它们的内在关联提供支撑。

第四章“跨境数据流动应对机制之国内法规制”相较前文关于规制正当性的论证，以国内法单边规制为着眼点，讨论解读国家内层规制逻辑的运行过程和效果反馈，并探讨“如何规制”的第一条主线。笔者立足全球视野，深入探讨全球 129 个国家不同的跨境数据流动法律规制实践，从比较法的视角创制“跨境数据流动法律规制强度指数”，来绘制全新的跨境数据流动法律规制世界地图。以规制强度为线索，探求流动概率与跨境数据流动法律规制建构之间微观层面的动态关联模型。笔者从 129 个样本国家中选取美国、欧盟的国家和俄罗斯作为主要研究对象，讨论不同规制强度背后的法律架构基础，并针对三大区域跨境数据流动法律规制的任务环境及其诱发的规制模式进行微观分析。本章最后一节,借助多代理人模型有关互动双方市场博弈的理论框架,模拟3种规制强度在实际执行过程中对数字贸易发展产生的效果,力图探究发掘全球普遍可见的跨境数据流动法律规制现象并进行取舍。

第五章"跨境数据流动应对机制之国际法协调规制"研究转向"如何规制"的第二条主线,即以国家间的国际协调为着眼点,将跨境数据流动法律规制放在国家之间互动竞争的大背景下予以讨论。笔者以国际协调的范围为标准,将跨境数据流动的国际法机制分为多边规范、区域性规范和双边性规范3个不同层次,并分析3个层次国际法规制渊源的优缺点,以展示跨境数据流动国际法规制实施过程中控制与流动的相互作用。在此基础上,借助引力模型,解读多边规范、区域规范和双边规范的规制逻辑与数字贸易之间的互动演化过程,将跨境数据流动法律规制与数字贸易发展负荷放置在一个更广阔的背景中予以评价。

作为"代结论"的第六章,主要内容为概括本书主要发现,并在此基础上讨论中国现行跨境数据流动法律体系的现状与存在的问题,提出适合我国国情的跨境数据流动"中国模式"。

第二章　数字贸易背景下数据流动的理论证成

数字贸易究竟是什么？它是如何发展成为全球经济增长新引擎的？数据要素又是如何参与数字贸易的价值创造与分配的？本章旨在初步探讨这些问题，既厘清数字贸易与数据要素流动的内在关联逻辑，又勾勒出数字贸易背景下数据要素流动的基本“画像”，为后文探讨发展负荷提供理论支撑。

第一节　数字贸易的兴起与变迁

一、数字贸易的简要发展历史

自1996年塔普斯科特在《数字经济》一书中提出“以网络化智能”（networked intelligence）为特征的“数字经济”[1]这一概念以来，数字技术影响甚至改变世界商贸活动，并发展出一种技术驱动、依附数据价值的贸易形式，即“数字贸易”。耙梳逾20年的历史，得益于互联网的发展和数字技术的进步，数字贸易发展大抵经历3个阶段，

---

[1] See D. Tapscott, *The Digital Economy: Promise and Peril in the Age of Networked Intelligence*, McGraw-Hill, 1996, p. 2.

从无到有形成了一种新型商贸模式和商业业态，引领了世界经济增长，改变了经济发展方式，重塑了全球经济格局，展现出了蓬勃的生命力。

（一）贸易方式数字化阶段（1996～2013 年）

从 20 世纪 90 年代开始，互联网技术从信息产业的“小圈”快速外溢，融合渗透进传统贸易的“大圈”。贸易参与者不再局限于物理交换或直接物理接触方式，[1]而是通过互联网等电子化手段传输有价值的产品或服务的信息，[2]线上推广、网络销售、线上交易等前所未有的商业形式不断冲击传统商品贸易和服务贸易。这一阶段的数字贸易以互联网为基础，以数字交换技术为手段，为供求双方提供互动所需电子信息，并以互联网技术赋能传统贸易，使贸易效率提升和成本降低。[3] 简单来说，这一阶段的侧重点在于贸易方式的数字化，包括产品信息数字化和贸易服务媒介数字化，是对传统贸易方式的简单数字化升级。[4] 数字贸易基本等同电子商务。

（二）贸易对象数字化阶段（2013～2019 年）

2013 年，美国国际贸易委员会（United States International Trade Commission，USITC）在第一册《美国与全球经济中的数字贸易》中首

---

[1] 联合国欧洲经济委员会在 1997 年布鲁塞尔举行的“全球信息社会标准大会”上提出了一个较严密完整的电子商务的定义，即“参与方之间以电子方式而不是以物理交换或直接物理接触方式完成任何形式的业务交易”。

[2] See H. Weber, *Digital trade in WTO Law Taking Stock and Looking Ahead*, Asian Journal of WTO and International Health Law and Policy, Vol. 5: 1, p. 1–24 (2010).

[3] 参见熊励等：《数字与商务：2010 年全球数字贸易与移动商务研讨会论文集》，上海社会科学院出版社 2011 年版，第 10 页。

[4] 参见中国信息通信研究院：《数字贸易发展与影响白皮书（2019）》，载中国信通院网站 2019 年 12 月 26 日，http://www.caict.ac.cn/kxyj/qwfb/bps/201912/P020191226585408287738.pdf。

次提出“数字贸易”概念，自此数字贸易进入快速发展时期。[1] 这一阶段，美国 USITC 先后发布多册有关数字贸易的分析报告。数字贸易的范围在这些报告中不断变化：2013 年报告中“数字贸易”的范围依然等同电子商务，而在 2014 年的报告中其范围就扩充至贸易全链条的数字化，到 2017 年贸易对象数字化也涵盖其中[2]（见表 2－1）。这一阶段的数字贸易重点在于重塑传统价值链、促进产业转型升级，而来源广泛的数据要素成为这一时期新的贸易产品。相比其他生产要素，数据资源的无限复制、便利共享、容量增长和无限供给的禀赋，打破了土地、劳动力等其他生成要素的桎梏，为全球永续增长发展提供无限可能。

表 2－1　数字贸易内容的扩充

时间	来源	范围	对象
2013 年	《美国与全球经济中的数字贸易 I》①	以互联网为媒介传输产品和服务的国内商业活动，也包括以互联网为媒介传输产品和服务的国际贸易	数字内容
			数字媒介：社交媒体等
			搜索引擎
			其他

[1] See United States International Trade Commission, *Digital Trade in the U. S. and Global Economies* (*Part* 1), USITC (July 2013), https://www.usitc.gov/publications/332/pub4415.pdf.

[2] See United States International Trade Commission, *Digital Trade in the U. S. and Global Economies* (*Part* 2), USITC (August 2014), https://www.usitc.gov/publications/332/pub4485.pdf.

续表

时间	来源	范围	对象
2014 年	《美国与全球经济中的数字贸易Ⅱ》[②]	互联网和互联网技术在订购、生产以及递送产品和服务中发挥关键作用的国内商务或国际贸易活动	内容行业,如出版(报纸、期刊、书籍等)、电影、广播和新闻等
			数字通信行业,包括数据处理、托管、互联网广告及搜索引擎服务
			金融和保险行业
			制造业,包括计算机和电子产品,电力及配送器等
			零售交易,包括汽车及零部件,家具,电子产品和家电
			批发交易,指通过 B2B 电子市场进行的分销
			部分其他服务业,包括会计、建筑、工程技术、平面设计、计算机编程、计算机系统设计营销咨询、快递服务
2017 年	《全球数字贸易的市场机遇与主要贸易限制》[③]	任何行业的公司通过互联网进行产品和服务的交付,以及如智能手机和互联网传感器等相关产品的交付	互联网基础设施及网络通信服务
			云服务
			数字内容
			电子商务

续表

时间	来源	范围	对象
2017 年			与物联网相关的互联设备和数据管理技术
			消费者通信服务及互联设备

①See United States International Trade Commission, *Digital Trade in the U. S. and Global Economies* (*Part* 1), USITC (July 2013), https://www.usitc.gov/publications/332/pub4415.pdf.

②See United States International Trade Commission, *Digital Trade in the U. S. and Global Economies* (*Part* 2), USITC (August 2014), https://www.usitc.gov/publications/332/pub4485.pdf.

③See The Office of the U. S. Trade Representative, *Key Barriers to Digital Trade*, USTR(March 2017), https://ustr.gov/about-us/policy-offices/press-office/fact-sheets/2017/march/key-barriers-digital-trad#.

（三）贸易规则化阶段（2019 年至今）

以 2019 年 76 个世贸组织成员宣布启动电子商务议题谈判[1]为起点，数字贸易进入以规则的制订和完善为主要任务的数字贸易深化期。经过逾 20 年的发展后，数字贸易已有了一定的基础，数字平台作为基础性的组织取代传统买卖的供需双方对资源进行协调和配置，成为价值创造的引擎和价值汇聚的核心。[2] 然而，数字贸易规则建构发展滞后于数字贸易的发展速度。碎片化规制措施、断裂

〔1〕 2019 年，在瑞士达沃斯举行的电子商务非正式部长级会议上，包括中国在内的 76 个 WTO 成员发表了第二份《电子商务联合声明》，确认启动与贸易有关的电子商务谈判，以寻求尽可能多的成员参与，以及在现有 WTO 协定和框架基础上建立高标准的电子商务国际规则。参见岳云嵩、霍鹏：《WTO 电子商务谈判与数字贸易规则博弈》，载《国际商务研究》2021 年第 1 期。

〔2〕 参见马述忠、房超、梁银锋：《数字贸易及其时代价值与研究展望》，载《国际贸易问题》2018 年第 10 期。

的规制体系，成为数字贸易进一步发展的短板和弱项。所以，世贸组织成员谈判的重要目的之一就是为数字贸易制定规则。数字贸易深化发展需要完整的规则体系，才能实现数字技术和数据集成的充分利用，才能促进全球数字贸易参与者和消费者等主体的交易协作和适度竞争，使其共同创造价值。如果说，货物贸易确立了产权规则，服务贸易确立知识产权规则，那么在数字贸易时代则需要建设涉及数据开放、数据产权、数据保护和数据流动等的可执行规则，塑造数字贸易参与主体和环节之间的联动，约束各贸易参与主体的行为，助力整体发展的持续性，打造出一个更规范、更互联的全球数字贸易体系，促进数字贸易的良性发展。

从发展历程看，全球范围内数字贸易的发展在整体上呈现三个特点：其一，发展迅速，呈跳跃性的姿态，并非常见的渐变革新发展。尤其是2013年以后，数字贸易的发展带有较显著的阶段超越性。其二，数字贸易的发展动力是内生型的，其产生于经济发展的需要，而非借助外来作用催生的。其三，数字贸易现状处于规则真空时期，在规则建构方面的精细程度和严谨程度也还不够丰实，这就意味着数字贸易有很大的发展空间和潜力。

二、数字贸易的基本范畴

由于数字贸易发展时间短、发展速度快、呈现方式多，社会各界对数字贸易的认识不一。从目前来看，无论是学术界抑或产业界对究竟什么是“数字贸易”尚未达成相对广泛的共识。本部分将从数字贸易的外延和内涵入手，尝试厘定数字贸易的基本范畴。

（一）数字贸易的外延

目前，与数字贸易相关或相近的概念比较多，出现频率较高的主要有“数字经济”、“数字产品”和“电子商务”。实践中,对于这3种概念并没有区分,常将三者视作同一范畴混同使用。[1] 但事实上,“数字贸易”的外延和“数字经济”、“数字产品”和“电子商务”的外延并不完全重合。笔者认为,数字贸易是数字经济的快速发展所催生的以数字产品为主要交易标的的贸易形态,是电子商务发展的高级阶段。

1. 数字贸易与数字经济

“数字经济”一词最早是由塔普斯科特创造用来描绘互联网如何改变商务模式的语词。[2] 梅森伯格则以范围界定的方法定义了数字经济,数字经济,是指“数字化的软硬件基础设施,数字化的商务网络与组织,以及电子商务中交易的产品”。[3] 在2016年9月举行的G20杭州峰会签署通过的《二十国集团数字经济发展与合作倡议》中,数字经济则被表述为“以使用数字化的知识和信息作为关键生产要素、以现代信息网络作为重要载体、以信息通信技术的有效使用作为效率提升和经济结构优化的重要推动力的一系列经济活动”。[4] 而根据2017年联合国贸易与发展会议(United Nations Conference on Trade and Development)的定义,数字经济是数字技术在传统的货物、服务的生产和流通中的应用。[5] 在数字经济的内容上,2017年联合

[1] 参见沈玉良等:《全球数字贸易规则研究》,复旦大学出版社2018年版,第21页。

[2] See D. Tapscott, *The Digital Economy: Promise and Peril in the Age of Networked Intelligence*, McGraw-Hill, 1996, p.2.

[3] TL. Mesenbourg, *Measuring the Digital Economy*, United States Bureau of the Census (July 17, 2016), https://www.census.gov/content/dam/Census/library/working-papers/2001/econ/umdigital.

[4] 《二十国集团数字经济发展与合作倡议》,载国家互联网信息办公室,http://www.cac.gov.cn/2016-09/29/c_1119648520.htm。

[5] See United Nations Conference on Trade and Development, *World Investment Report: Investment and the Digital Economic*, UNCTAD (May 9, 2017), https://unctad.org/en/PublicationsLibrary/wir2017_en.pdf.

国贸易与发展会议认为数字经济包含数字化内容(媒体娱乐和信息数字服务)、互联网平台(搜索引擎、社交平台、其他平台和共享经济)、电子商务(互联网零售、其他电子商务)、数字化方案(电子、数字化付款方式和其他数字解决方法/云服务)、信息技术(软件硬件和通信服务)。[1] 而中国信通院的报告则将单一的大数据、物联网、云计算、区块链等技术,和技术应用复合型的数字金融、新零售、智慧城市等内容,都纳入了数字经济的范畴。[2]

综上所述,数字经济的外延比较广,是一种信息技术和互联网发展催生出的新型经济形态,足以涵盖当前数字贸易活动。但数字经济侧重引导资源的快速优化配置与再生,以提高经济社会的数字化、网络化、智能化水平,进而实现高质量发展的经济形态,与数字贸易又形成了区别。[3]

2. 数字贸易与数字产品

数字产品与数字贸易的主要标的高度重合,是数字贸易的主要

---

〔1〕 See United Nations Conference on Trade and Development, *World Investment Report: Investment and the Digital Economic*, UNCTAD(May 9, 2017), https://unctad.org/en/PublicationsLibrary/wir2017_en.pdf.

〔2〕 参见中国信息通信研究院:《中国数字经济发展白皮书(2020)》,载中国信通院网站2020年7月3日,http://www.caict.ac.cn/kxyj/qwfb/bps/202007/P020200703318256637020。

〔3〕 在陈世清所著《对称经济学丛书》中《对称经济学》一书中,将数字经济描绘为作为经济学概念的数字经济是人类通过大数据(数字化的知识与信息)的识别—选择—过滤—存储—使用,来引导、实现资源的快速优化配置与再生、实现经济高质量发展的经济形态。数字经济通过不断升级的网络基础设施与智能机等信息工具,即互联网—云计算—区块链—物联网等信息技术,使人类处理大数据的数量、质量和速度的能力不断增强,推动了人类经济形态由工业经济向信息经济—知识经济—智慧经济形态转化,极大降低了社会交易成本,提高了资源优化配置效率,提高了产品、企业、产业附加值,推动了社会生产力的快速发展,同时为落后国家后来居上实现超越性发展提供了技术基础。数字经济也称智能经济,是工业4.0或后工业经济的本质特征,是信息经济—知识经济—智慧经济的核心要素。正是得益于数字经济提供的历史机遇,使我国得以在许多领域实现超越性发展。参见陈世清:《对称经济学》,中国时代经济出版社2010年版。

但并非唯一的交易标的。数字产品一般被理解为通过网络进行传输和下载的内容产品。[1] 由于牵涉多个行业、多种技术，数字产品的定义并不明确，并且随着传输和下载的内容和方法的不同，表现出了不同特征。[2] 有学者根据交付方式、粒度和可试性3个基本特征，将数字产品划分为三种类别：(1)以电子书、电子音乐为代表的内容类产品；(2)以第三方支付平台、社交平台和搜索引擎平台为代表的服务类数字产品；(3)以软件、搜索引擎、社交网站或数据服务平台等工具类产品。[3] 可见，数字产品不同于货物产品，每个货物产品都有相对应的税则号以形成具体产品或某一类产品。数字产品也不同于服务产品，因为服务也有一定的服务部门分类，而数字产品较复杂，很难在分类中找到合适的位置。[4] 也正是由于数字产品作为交易标的呈现明显的动态特征，使数字贸易规则的描述被弱化，从一开始就呈现碎片化发展形态。特别是复合型数字产品出现后，[5]数字贸易规则也越来越复杂，变得重叠、冲突和混乱。

3. 数字贸易与电子商务

数字贸易是电子商务发展的更高目标。联合国、世贸组织和经合组织对“电子商务”分别作出了界定。联合国在1996年将电子商

---

〔1〕 斯图尔特(Stewart)认为，数字产品是一种内容产品，传统形式的内容产品以有形形式进行交付的，而数字产品则是通过网络进行传输和下载的。See Stewart A. Baker, Peter Lichtenbaum, Maury D. Shenk & Matthew S. Yeo, *E-Products and the WTO*, The International Lawyers, Vol. 35:5, p. 5 – 7(2018).

〔2〕 参见沈玉良等：《全球数字贸易规则研究》，复旦大学出版社2018年版，第28页。

〔3〕 See LH. Kai & PYK. Chau, *Classifying Digital Products*, Communications of the Acm, Vol. 45:6, p. 73 – 79 (2020).

〔4〕 例如，WTO针对服务贸易有《产品总分类》(Central Product Classification)。虽然在具体实施中依然存在争议，但大体上有一定的服务贸易规则。

〔5〕 例如，以阿里巴巴为代表的数字服务提供商不仅提供一种数字产品，而且还为数字产品提供数字化的服务。

务定义为："在商业活动方面使用的、以一项数据电文为形式的任何种类的信息。"[1]世贸组织则认为，电子商务是"通过电子方式进行的对货物和服务的生产、分销、营销、销售和交付"。[2] 经合组织则将电子商务定义为"发生在开放网络上的包含企业之间、企业和消费者之间的商业交易"。[3] 电子商务强调商务活动的数字化和智能化，以贸易方式数字化为主要内涵，是数字贸易的初级阶段，有利于助推数字贸易高级阶段的出现。但进阶的数字贸易范围则超越贸易方式数字化，将实现数字技术与传统产业的融合发展也纳入其范畴之中。

（二）数字贸易的内涵

和外延一样，数字贸易的内涵也处于动态变化之中（见表2－2）。从表2－2中可以看出，由于不同的研究人员采用的基本出发点不同，赋予数字贸易的基本内涵也各不相同。尽管如此，各不相同的内涵概括具有共同的切入点，即都从贸易的本质——交换出发对"数字"和"贸易"进行聚合解读。数字贸易虽然是一种新型的贸易形态，但并未脱离交换本质。它将传统产品和服务嵌入不同的数字化载体以实现产品的数字化，让交换对象既包含以货物为载体的数字产品，也包含以服务为载体的数字服务。同时，由于数字化技术的涌现和渗透，无形的数据流也有了交换价值，提供这种"纯"数据的商家则掌握更广泛的潜在市场空间。所以，数字贸易依然立足传统贸易的基本内核，又充分利用了数字创新加以延伸。

---

[1] the United Nations Commission on International Trade Law, Model Law on Electronic Commerce, Article1.

[2] WTO, The Work Program on Electronic Commerce Statements, (May 1998), https://www.wto.org/english/tratop_e/ecom_e/ecom_work_programme_e.htm.

[3] OECD, Economic and Social Impact of E-commerce (2000), OECD (January 1, 1999), http://www.oecd.org/economy/outlook/2087433.

表 2-2　数字贸易的内涵界定对比

时间	来源	范围
2017 年	经合组织《数字贸易》	数字化正改变着我们交易什么以及怎样交易:从数据交付到可以通过数字化便利条件实现更广泛的物理贸易
2017 年	美国贸易代表办公室《数字贸易关键壁垒》	数字贸易是一个广泛的概念,不仅包括通过互联网销售的消费品和在线服务,也包括能够通过数据流实现的全球价值链、通过服务实现的智能制造,以及无数其他的平台和应用,还包括所有商业模式可以数字化操作的部分,以及所有行业中能利用数字技术去实现国际化的部分
2018 年	美国国会研究服务中心《数字贸易和美国数字政策》	任何产业领域中的企业,通过互联网交付的产品和服务,以及智能手机和基于互联网传感器所传递的相关产品。它包括电子商务平台以及相关服务,以及物理货物的数字化对应品,排除了物理货物在线订单的价值
2018 年	中国电子商务中心	数字贸易是依托有线或无线数字网络,通过数字交换技术,提供的一种基于数字化电子信息为贸易标准的创新商业模式
2018 年	《世界与中国数字贸易发展蓝皮书》	数字贸易是以现代信息网络为载体,通过信息通信技术的有效使用来实现传统实体货物、数字产品与服务、数字化知识与信息的高效交换,进而推动消费互联网向产业互联网转型并最终实现制造业智能化的新型贸易活动,是传统贸易在数字经济时代的拓展与延伸
2020 年	中国信息通信研究院《数字贸易发展与影响白皮书》	数字贸易是指信息通信技术发挥重要作用的贸易形式,其不仅包括基于信息通信技术开展的线上宣传、交易、结算等促成的实物商品贸易,还包括通过信息通信网络(语音和数据网络等)传输的数字服务贸易,如数据、数字产品、数字化服务等贸易

(三)数字贸易的定义

结合数字贸易的内涵和外延,笔者认为,所谓数字贸易是以数字化平台为枢纽核心,以数字技术和信息通信技术为基础工具,以实体货物、数字产品、服务、数据流为交换标的的新型贸易模式。具体包含以下范围(见表2-3)。

表2-3 数字贸易的具体范围

类型	概念	范例
数字化的贸易	以数字技术为基础实现的完全或主要通过数字形式交付的服务或物理产品数字对应品的贸易形态,这也是狭义上数字贸易的定义	社交网络型数字贸易:数字服务提供商为个人和企业用户免费提供交流平台,为消费者提供各种网络服务,如淘宝、亚马逊
		分时租赁型数字贸易:为服务需求者和服务提供者提供配对服务,如滴滴、58同城
		App应用商店类型数字贸易:应用商店为开发者提供开发平台和网络,企业作为服务提供商开发相关数字产品,如iTune,安卓商店,微信程序平台
		数字内容型数字贸易:包含游戏、视频点播(VoD)、数字音乐和电子出版物等数字内容作为交易标的的贸易

续表

类型	概念	范例
数字支持的贸易	通过数字技术，特别是互联网技术实现的产品和在线服务贸易以及电子支付。这也是传统意义上电子商务所提供的服务范畴	在线产品贸易平台
		在线服务贸易平台
		电子支付
数字驱动的贸易	通过数据流实现的全球价值链、通过数字技术实现的智能制造等所有商业模式的可数字化操作的部分，以及所有行业中能利用数字技术去实现的部分所形成的贸易交付	与物联网（IoT）相关的互联设备和数据管理技术贸易；通过传感器或其他设备收集和交换数据的“互联物体”组成的贸易
		机器人数字技术与其他自动化技术贸易
		用于数据处理和深度分析的云计算服务贸易

三、数字贸易的特征

无论怎样变化，数字贸易依然是一种贸易活动形式，仍然具有与传统贸易基本相同的特征。然而，由于数据要素的加入，数字贸易又和传统贸易的特征不尽相同，并在决定数字贸易发展方向上有明显的表现。具体而言，数字贸易具有以下3个特点。

（一）以匹配供需为本质，以匹配过程和匹配标的虚拟化为特征

贸易的本质在于匹配供需，无论是传统贸易还是数字贸易，目的都在于通过交换，在全球范围内有效地配置、使用资源，以满足供需双方的需求。虽然实现形式有所改变，但数字贸易并未背离贸易的

本质。但相较传统贸易,数字贸易的生产要素及其匹配过程大不相同。传统贸易以交换传统实物货物、服务以及其他生产资料或要素为主要标的,其匹配过程的运作方式需要固定的交易场所,以及证明材料、纸质单据等实体文件和海运、火车等运输方式。[1] 而数字贸易中数字产品或数字服务以及数据本身成为关键性生产要素,在不同主体之间转移,能实现商品和服务的相互交换,产生交换标的虚拟化的特点。而其虚拟化的特点亦贯穿其匹配过程:在虚拟化的互联网平台上达成、使用虚拟化的电子支付方式;采取虚拟化的递送交付方式;全部交易过程实现虚拟化。

(二)以全球价值链为产生动因,以价值链的缩短为特征

与传统贸易一样,数字贸易得益于高效的全球价值链分工。[2] 传统贸易环境下的全球化使世界各国紧密地联系在一起,发展形成世界贸易体系,产生全球价值链。这一价值链主要为:“生产商——通路——终端买家”,但供需双方并不直接进行交易磋商,而是委托给各自的代理人决策。然而,随着数字贸易的嵌入,现代信息网络与技术使供求双方之间的直接交易成为可能,还可以将价值链中作为中间投入品的生产性服务,如研发、设计、广告、分销、售后服务等数字化,以数字产品的形式融入最终商品中。由于中间环节大幅压缩,更多的企业融入了纵横交错的价值网络,大大降低了交易门槛,提高了交易效率,使价值链收益分配向前后两端迁移,重构了全球价值链。

---

〔1〕 参见马述忠、房超、梁银锋:《数字贸易及其时代价值与研究展望》,载《国际贸易问题》2018 年第 10 期。

〔2〕 See OECD, *Trade Policy Implications of Global Value Chains*, OECD (Dec. 24, 2013), http://www.oecd.org/industry/ind/Trade_Policy_Implicatipns_May_2013.pdf.

（三）以推动经济增长为目的，以实现传统行业智能化为特征

与传统贸易一样，驱动经济增长依然是数字贸易的目的。数字贸易通过促进资源的合理利用，发挥数据要素的优势、撬动其他生产要素的潜力，来提高经济效率与经济效益。据世界贸易组织统计，2022 年全球数字贸易金额达到 3.82 万亿美元，占全球服务贸易总额的 54%，占全球货物和服务贸易总额的 12%，年均增长率为 8.1%，高于货物贸易和其他服务贸易。[1] 但与传统贸易不同，数字贸易的目标不再仅是实现货物、服务与生产要素的高效交换，还要承担起推动传统行业与数字技术智能化融合发展的任务。通过数字贸易的链接，来自世界各地的多元化、独特化需求被反映到产业链中。就数字贸易生产端参与者而言，他们获取消费端反馈的成本大幅降低，能够实现巨量消费端数据积累。就数字贸易消费端参与者而言，设计、研发、制造和管理的诸多诉求能够获得快速响应和精准回馈。消费端和生产端的互动可以推动产业链全过程的数字化改造，最终实现智能制造的升级。[2]

第二节　数字贸易环境下数据要素流动

正如绪论所言，数据对数字贸易是重要的。数字贸易是以数字化为基本表征的。数据是数字贸易的关键生产要素，本身就是生产力的资源。数字贸易中，数据不只强调静态的量，更重视动态的价值。只有数据流动起来，才能够释放其应有的效能，才能够通过这些

---

〔1〕 See World Trade Organization, *Global Trade Outlook and Statistics*, WTO (Apr. 2024).

〔2〕 参见马述忠、沈雨婷、耿学用：《宽口径理解数字贸易的优势》，载《中国社会科学报》2020 年第 4 期。

数据去匹配供需、去整合资源、去交换价值,进一步推动数字贸易的发展。正因如此,数据的流动方向和效能极大地影响全球数字贸易的格局和差序。

一、数据要素的含义

我们经常提到数据,实际上数据不存在物理形态,而是以概念的方式存在的。通信科学中,数据是被转化的二进制信息,是数字的、而非模拟的(analog)。数据集合的总量和内容无法进行度量,也很难用常规工具进行抓取、管理和处理。但是,它可以被计算机等发送接收设备所识别和处理。具体而言,数据要素具有以下 3 个特征。

(一)数据是海量的

被计算机等发送接收设备所识别和处理的数据要素是海量的。中国信息通信研究院在总结互联网数据中心(Internet Data Center)、希捷科技(Seagate Technology, 以下简称 Seagate)、斯塔提斯塔数据库(Statista)数据的基础上,制作了全球从 2016 ~ 2020 年产生数据估算图(见图 2 – 1)。据统计,2016 年全球新增数据量达到16.1ZB,[1] 2019 年则达到 41ZB,到 2025 年将再增长到 175ZB。[2] 全球 49% 的数据将存储在公共云环境中。[3]

---

[1] ZB 是指泽字节,英文全称为"Zetta byte",即以秒为单位的时间内,传输数据容量的大小,或吞吐数据的能力达到十万亿亿字节。

[2] 参见中国信息通信研究院:《大数据白皮书(2019)》,载中国信通院网站,http://www.caict.ac.cn/kxyj/qwfb/bps/201912/P020191210402477346089。

[3] See IDC, *The Digitization of the World From Edge to Core*, *IDC white paper*, Seagate (November 2018), https://www.seagate.com/files/www-content/our-story/trends/files/idc-seagate-dataage-whitepaper.

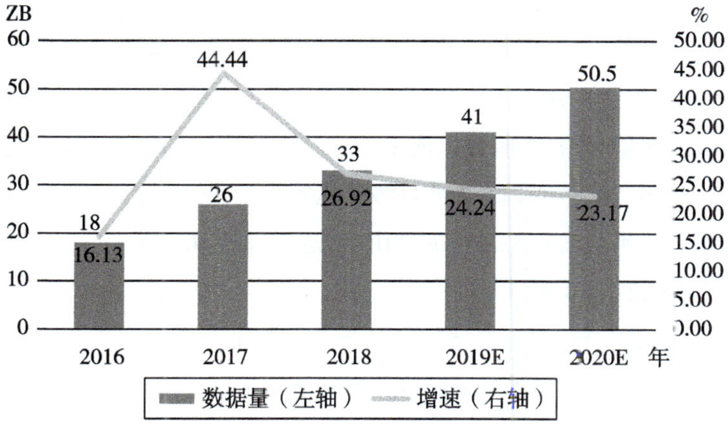

图 2-1　2016～2020 年全球年数据生成量

（二）数据是异构的

被计算机等发送接收设备所识别和处理的数据要素是异构的。多样算法的集成与大数据架构的无缝衔接，让数据具有明显的多源异构特征，是多个数据源的集合。能够被识别和处理的数据要素，至少包含公共数据源、社会数据源、商业数据源和个人数据源四大类型。以分散的局部数据源为基础，通过各种工具和处理逻辑建立全局统一的数据或视图，并且不同的数据源可以从不同方向推进数据要素化，融合多模态的异构数据能从多个维度共同表达同一高层语义，以实现跨行业、跨领域异数据共享，助力数字贸易领域的融合式、联盟式发展。这也是数字贸易实现跨越发展的关键所在。[1]

---

〔1〕 数据的异构不仅包含来源的异构，还包括计算机体系结构的异构、操作系统的异构、数据格式的异构、数据存储地点异构、数据存储逻辑模型异构等多方面的特点。在一般情况下，异构数据往往不是一个层面的异构，而是在多个层面上都存在异构。

（三）数据是流动的

被计算机等发送接收设备所识别和处理的数据要素是实时流动的。根据麦肯锡统计，全球跨境数据流在 2005 年仅为 4.7 兆每秒。而从 2010 年开始，跨境数据流增速加快，几乎每隔 24 个月翻一番。在 2015 年已经达到 211.3 兆每秒跨境数据流，2016 年达到将近 400 兆每秒，年平均增长 52%。在 2019 年达到每秒 1020 兆。在 2022 年达到每秒近 2000 兆。

上述 3 个特征中，数据的实时流动对数字贸易至关重要。传统贸易理论认为，一国的贸易结构及国际分工是以比较优势为基础的。因为要素很难跨国流动，所以国家的比较优势建立在该国的要素禀赋基础上。但随着数字贸易的崛起、海底光缆的扩容，流通条件的改善，国际贸易从传统的产品流动拓展到以数据为载体的要素流动。海量、异构的数据以产能输出的形式实时流出，经过不断地消化、处理，在产业上下游、协作主体之间以最低的成本流动和交换，来产生增值服务，生成更多新的数据，形成实时数据回流。数据要素的流动削弱了要素的稀缺性和属地性，增加了流入国的要素供给。这也使一国贸易的比较优势不再受限于固有的要素禀赋，而更多由双向流动后的数据要素质量及数据要素供给结构决定。这也是数据作为关键性生产要素的动力所在。

二、数据要素流动形态架构发展简述

数据并非天生就能流动，而是依托技术发展逐步实现的，其经历了一个从无到有、由低级到高级的发展历程。按照具体技术系统的递进性，技术形态在逻辑上呈现了点对点技术形态、条状技术形态与块状技术形态的发展阶梯。

(一)20 世纪 70 年代到 90 年代:点状数据流动要素形态架构

跨境数据流动技术现象是电脑和互联网的出现带动的产物。最早在 20 世纪 70 年代中期,由经合组织组建的计算机应用工作组就提出"电脑与电脑之间的流动"(the advent of computer-to-computer communicate)。[1] 用技术语言形容,就是点对点的数据流动(见图 2-2)。点对点的数据流动模式是数据的供需双方在两个节点之间组成的数据流通系统。数据供应方按照需求方的要求与约定规则,向需求方开放数据资源库完成流动对象的转移。[2] 如公司内部行政管理的信息交流,响应客户请求的服务等。这一时期的数据要素流动主要使用封闭网络。数据要素是一种外生变量,作为效率工具简单地供人使用。

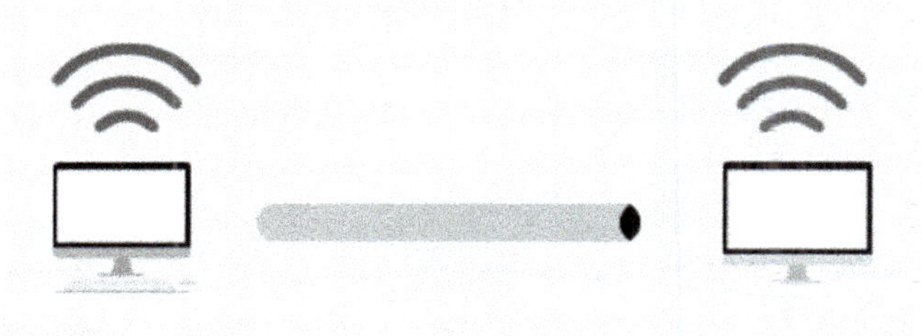

图 2-2　点对点数据流动结构

(二)20 世纪 90 年代到 21 世纪初:星型结构数据要素流动架构形式

随着人类社会活动中越来越多的内容被数字化记录,数据要素

---

〔1〕 See GR Pipe, *International Information Policy: Evolution of Transborder Data Flow Issues*, Telematics and Informatics, Vol. 1:4, p. 409-418(1984).

〔2〕 参见中国信息通信研究院:《大数据白皮书(2019)》,载中国信通院网站,http://www.caict.ac.cn/kxyj/qwfb/bps/201912/P020191210402477346089.pdf。

流动从最初满足基本通信功能，传递个人通话数据、文本数据、音视频数据为主，发展到传递个人生活隐私数据、个人银行账户数据、企业账户数据和交易数据等内容。星型结构流动模式逐渐成为技术主流（见图2－3）。星型结构数据流动模式是由一方作为数据资源控制者，收集、处理和存储数据资源，最后提供给多个数据资源需求方的模式。[1] 此时的数据流动大多发生在有明确传递数据意图的国家、企业和个人之间，多存储于数据平台。数据平台以特殊的中间服务人身份，为数据供需提供匹配的交易撮合，进而形成一种围绕数据控制者作为中央控制中心的星形数据流动结构，在此基础上，多维数据要素流动生成，建立了多维数据子网。此时，星型流动模式的形成使数据要素流动不再是一种效率工具，而成为嵌入性的行动变量。

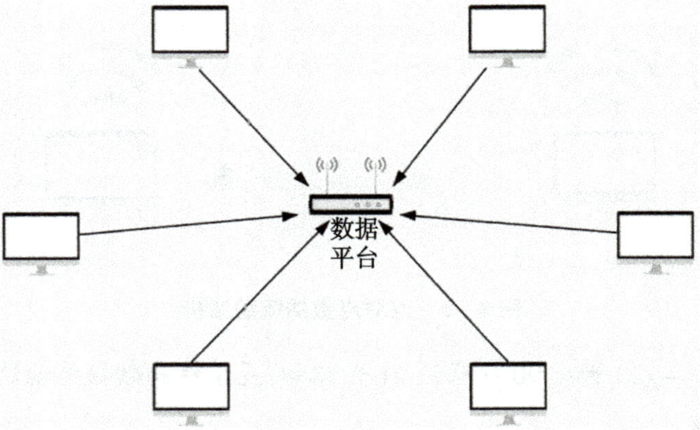

图2－3　星型数据要素流动结构

〔1〕 参见中国信息通信研究院：《大数据白皮书（2019）》，载中国信通院网站，http://www.caict.ac.cn/kxyj/qwfb/bps/201912/P020191210402477346089.pdf。

(三)21 世纪初至今:网状结构数据要素流动架构形态

得益于海底电缆的扩容,云技术、区块链技术、大数据技术不断发展,数据要素流动突破传统物理空间限制实现全球同步,存量数据资源的加工效率得到提升。数据创造者、接收者和使用者,数据发送地、输送地及目的地,数据基础设施的所在地,数据服务提供商的国籍及经营所在地等可以分布在不同国家,不同节点之间的数据传输几乎没有时间延滞。全球整体数据资源逐渐汇聚连接,数据要素流通从国内范围逐渐扩展至无国界范围、普遍的实时传输,形成网状结构动式(见图 2-4)。这一模式由一个或多个数据资源方通过组织数据资源的需求与供给安排流通任务,以实现多供需方之间的传输数据资源的目标。[1] 在此模式下,数据要素流动不再具有星型流动技术常见的中央控制中心,而是演变为一种分布式结构,呈现非中心性的特征。参与到数据要素流动的行为体不是一一对应、前后相继的链式结构,而是呈现环环相扣、多元协变的网状结构。[2] 发展至网状形态的数据要素流动不再局限于一种同步或不同步的影响社会的变量,而是转化为一种技术环境,以更具复杂性的方式影响数字贸易。

---

〔1〕 参见中国信息通信研究院:《大数据白皮书(2019)》,载中国信通院网站,http://www.caict.ac.cn/kxyj/qwfb/bps/201912/P020191210402477346089.pdf。

〔2〕 参见中国信息通信研究院:《大数据白皮书(2019)》,载中国信通院网站,http://www.caict.ac.cn/kxyj/qwfb/bps/201912/P020191210402477346089.pdf。

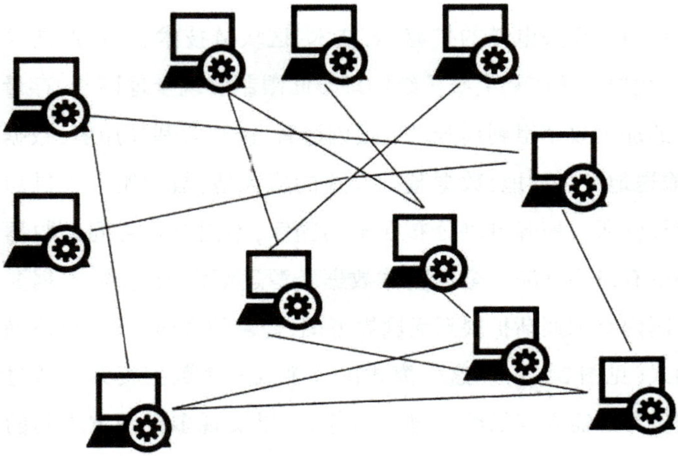

图 2-4　网状数据要素流动结构

三、数据要素流动与数字贸易的集聚形成

(一)数据要素流动重构贸易流通体系

数据将全世界连接起来,建构出一种主体多元的"网状"贸易流通体系。[1] 数据要素构建的贸易流通体系不是传统贸易流通体系的简单变体,而是一种重构。尽管它仍会保持传统秩序的一些主要元素,但表现足够多的多样性。在这个贸易流通体系中,呈现多对多、多对点、点对点、点对多、实时流动、结构扁平化的特征。流动的数据要素分布离散、每个节点都扩充成资源,不同节点组合配置生成功能各异的资源。这种多样性几乎无法被传统的贸易体系完全

---

〔1〕 See M. Mueller, A. Schmidt & B. Kuerbis, *Internet Security and Networked Governance in International Relations*, International Studies Review, Vol. 15:1, p. 86 - 104 (2013).

容纳。

（二）数据要素流动推动数字贸易增长

数据要素流动通过调动全球数字资源，推动数字贸易的发展，它不仅能支撑起几乎所有生产要素的全球化活动，更能产生巨大的经济价值。[1] 在2019年，数据流动所创造的全球GDP达到2.8万亿美元。实际上，全球跨境数据流动价值早在2015年就已超过货物贸易量，2016年已占到全球经济总量的25%，并有望于2025年增加至11万亿美元。[2] 在2015～2024年，跨境流动潜在的最低价值估计为29.7万亿美元。[3] 由此，数据跨境流动将带来全社会经济总体效用的提升，对国家和企业经济增长具有重要的积极意义。

（三）数据要素流动加速技术企业发展

数据要素流动将极大地增加跨国服务和贸易的便利化，助推企业的发展。一方面，数据要素流动估计将会给全球贸易成本平均降低26%。[4] 公司可以根据业务领域而不是地理位置来打造它们的发展战略，[5]可以极大地推动企业的全球商业拓展。如阿里巴巴、亚马逊等数据平台中枢通过获取、处理和跨境传输数据，有效助力企

---

〔1〕 参见张衡：《跨境数据流动的国际形势和中国路径》，载《信息安全与通信保密》2018年第12期。

〔2〕 See Mckinsey Global Institute, *Digital globalization: The new era of global flows*, Mckinsey (24 February 2016), https://www.mckinsey.com/business-functions/mckinsey-digital/our-insights/digital-globalization-the-new-era-of-global-flows.

〔3〕 数据源自阿里巴巴数据安全研究院发布的《全球数据跨境流动政策与中国战略研究报告(2019)》。

〔4〕 See United States International Trade Commission, *Digital Trade in the U.S. and Global Economies (Part 2)*, USITC (August 2014), https://www.usitc.gov/publications/332/pub4485.pdf.

〔5〕 参见张衡：《跨境数据流动的国际形势和中国路径》，载《信息安全与通信保密》2018年第12期。

业融入全球生产链和价值链,有利于构建全球数字贸易用户社区,实现数字贸易的全球发展与扩张。另一方面,企业的升级离不开行业内部的数据资源与外部数据资源的支撑。由于数据资源往往存储于存量信息化系统之中,经过数字技术的高速发展与应用阶段后,已产生并还将持续产生海量的数据资源。这些庞大的数据资源作为数据要素,通过跨境流动的形式来实现更大规模的多维度联通,提供企业进一步发展的基础生成资料。

本章小结:数字贸易的发展需要数据要素流动

笔者在本章讨论了数字贸易和数据要素的理论基础,特别是二者各自的内涵、外延和特征,以此定位它们之间的关系。虽然数字贸易和数据要素均是动态发展的,笔者对它们的基本认识和潜力描述也只能是基于现阶段的认知。但毋庸置疑,这些概念展示和发展描绘对于理解跨境数据流动的政策作用、国内法规制基础和国际法规制的演变有重要的意义。回顾其发展历程,技术推动数据呈现海量、异构和流动的特点,而呈现这些特点的数据又推动人类社会迈向一个网络化连接、数据化描述、融合化发展的数字贸易新阶段。展望其发展前景,数字贸易若要更充分地配置全球要素资源、更便利地融入跨国服务和贸易、更持续地释放发展效能,有赖数据要素的流动发挥积极主动的作用。因此不难理解,数据自由流动存在正当性基础。

本章描绘的技术图景可以帮助我们认识和理解数据流动的角色和作用。这不但为以下各章的研究工作提供了一个宏观技术背景,而且确定了跨境数据流动法律规制的基本前提,即实现数据要素的流动是其重要任务之一。我们需要在这一大的前提下分析认识跨境数据流动法律规制。既然如此,我们如何解读“跨境数据流动法律规制”的角色?因而,这一重要问题还有待进一步的研究解答,亦是下一章要集中讨论的问题。

第三章　跨境数据流动法律规制的理论证成

作为数据控制与数据流动二元矛盾中的一极，细察数据控制在法律体系中实际运行的缘由，虽扑朔迷离交织重叠，但却有着隐约可辨的线索和稳定支撑的正当性基础。本章意在这个基础上辨识数据控制在全球普遍存在的理论依据，为后文深入推进跨境数据流动法律规制的系统性、制度化建构奠定基础。

第一节　跨境数据流动法律规制的概念边界

目前，在论证跨境数据流动法律规制具体方案的可行性、稳妥性方面学者着力颇多，但就其最根本的正当性问题，即“跨境数据流动法律规制”的“元命题”究竟是什么，则鲜少论及。然而，作为研究的逻辑起点，只有首先明确“跨境数据流动法律规制”的内涵与边界，才能在规范意义上更加深入地研究跨境数据流动法律规制的具体方案。

一、跨境数据流动法律规制的内涵

要明确“跨境数据流动法律规制”的内涵，首先意味着对“跨境数据流动"这个"元概念"进行内在的、系统的、整体的解读。其次需要对"法律规制"的本质予以释义。厘清"跨境数据流动法律规制"的概念,既是对已有的知识的总结,也是我们进一步认识和分析的基础。

(一)"跨境数据流动"之释义

由于经验知识和技术认知的不同,法律设计者在理解或界定"跨境数据流动"概念上存在一定的差异。在点状数据流动时代,经合组织、联合国跨国公司中心、欧洲委员会等国际组织或机构均尝试对跨境数据流动作出界定。例如,经合组织在1980年《隐私保护和个人数据跨境流通指南》中将"跨境数据流动"定义为"是个人数据的跨越国家边界的流动";[1]但是到了1985年,同样是经合组织,跨境数据流动的定义在《跨境数据流动宣言》中已经调整为:"计算机化的数据或者信息在国际层面的流动。"[2]1982年,联合国跨国公司中心(United Nations Center on Transnational Corporation)对跨境数据流动的界定则是"基于当事人之间合同协议跨越国界对存储在计算机中的机器可读数据进行处理、存储和检索,可以通过磁带、磁盘、穿孔卡等非电子方式传输、随着电信基础设施的发展,未来将越来越多地使用电子化传输手段"。[3] 欧洲委员会(Council of Europe)1981年通过《个人数据自动化处理中的个人保护公约》,将跨境数据流动界定

[1] See OECD, *Guidelines Governing the Protection of Privacy and Trans-border Flows of Personal Data*, 1980, Article 1(c): "transborder flows of personal data means movements of personal data across national borders."

[2] OECD, *Declaration on Transborder Data Flows*, 1985, Paragraph 1: "computerised data and information now circulate, by and large, freely on an international scale."

[3] United Nations Center on Transnational Corporation, *Transnational Corporation and Transborder Data Flows*, 1982, Article 1.

为"通过任何媒介跨国移转"。[1] 联合国1990年《电脑处理数据文件规范指南》中跨境数据流动定义为信息在"国境之间的流转"(circulation)。[2] 1995年欧盟《关于涉及个人数据处理的个人保护以及此类数据自由流通的第95/46/EC号指令》(以下简称《个人数据处理的个人保护及流通指令》)对跨境数据流动(data transfer)的定义则是"个人数据转移到第三国"。[3] 这一时期对于跨境数据流动概念的界定遵循技术中性原则,将跨境数据流动法律规制的任务限定在对传输借助技术造成的后果的控制或支配之下,以避免由于技术特征的不断叠加更新,出现法律规则因技术发展而处于异步状态。

进入星型和网状技术时代后,随着数据跨境流动速度和数量的"双升",跨境数据流动的概念变得复杂而多元。在2016年欧盟《通用数据保护条例》中,对跨境数据流动(cross-border processing)的描述则是"任何正在转移个人数据的行为或是转移到第三国或国际组织之后意图再转移的行为",以及"从第三国或国际组织转移到另一个第三国或国际组织"。[4] 美国国会报告则将跨境数据流动定义为

---

〔1〕 Council of Europe, *The Convention for the Protection of Individuals with regard to Automatic Processing of Personal Data* (*CETS No.* 108), 1981, Article 12: " the transfer across national borders, by whatever medium, of personal data undergoing automatic processing or collected with a view to their being automatically processed. "

〔2〕 United Nations, *Guidelines for the Regulation of Computerized Personal Data File*, 1990, Article 9.

〔3〕 European Union, *Directive 95/46/EC of the European Parliament and of the Council of 24 October 1995 on the Protection of Individuals with Regard to the Processing of Personal Data and on the Free Movement of Such Data*, Official Journal L 281, 23/11/1995.

〔4〕 European Union, *General Data Protection Regulation*, Official Journal L 119 (2016).

"计算机服务器之间跨越国界的信息传输或其他流动行为"。[1] 2014 年实施的澳大利亚《隐私原则指南》则将数据跨境流动解读为"个人信息的跨境披露"(disclose),包括在互联网上有意或无意公布个人信息,可以为海外的数据接收者访问的行为。[2] 这一阶段的定义依然秉持技术中立的立场,不对数据传输的媒介进行约束。但与早期不同,现有概念界定不仅强调控制数据流动的后果,而且还强调通过控制数据流动的源头,让所有由跨境数据流动技术支持的场景都被纳入规则约束的范畴。

综上所述,随着时间和空间的推演可知,跨境数据流动的概念呈现动态发展态势,经历由单一到多元、由散碎到系统、由技术到结果的发展历程,表现出多重内容。截至 2024 年,学术界和实务界尚未对之达成共识,然而,概念涵摄不统一,很难形成比较一致的讨论基础。就此,笔者试图综合考量技术、结果等因素,立足"跨境事实"和"数据行为"两个要素,来界定"跨境数据流动"。

第一,要有"跨境事实"。这是成立跨境数据流动的前提性条件。跨境数据流动观察和深描的是可以被计算机等发送、接收、识别和处理的二进制信息,在传输的数据链路上多形态的"跨境行为"。多形态,是指在实践过程中"跨境"有广义和狭义之分。前者同时囊括"绝对跨境行为"和"相对跨境行为",后者则排除"相对跨境行为"这一维度。所谓"绝对跨境行为",是指数据的位置要跨越一国或多国的虚拟边境线,即数据跨越国界进行读取、处理、存储等活动,而仅在

---

〔1〕 Rachel F. Fefer, *Data Flows, Online Privacy and Trade Policy*, US Congressional Research Service(March,26,2020), https://crsreports.congress.gov/product/pdf/R/R45584, p. 1.

〔2〕 See Privacy Act 2020 of Australia, S3(2) 16c(1)(a): "An APP entity discloses personal information about an individual to an overseas recipient."

本国流转的传输行为则不可能达至脱域的效果。所谓“相对跨境行为”,是指数据即便没有跨越一国或多国的虚拟边境线,但被第三国的行为主体访问的情形。在这一情况下,数据依然位于本国境内,但因读取、处理、存储等活动借助位于本土或者海外的数据终端设备,导致设施设备企业国籍国或相关第三方有可能获得相应数据。为最大范围地确保规制主体能够实现数据的“整体控制”(total control),笔者认为,宜采用广义的跨境概念,即跨境的成立以属地原则为基础,以国籍原则和行为结果地原则为辅,既包括绝对跨境行为,也包括相对跨境行为。

第二,要涉及“数据行为”。这是成立跨境数据流动的实质性条件。如果数据仅借道某些位于他国的数据传输信道,或通过数据电路终接设备等方式跨越国境,而不进行读取、处理、存储等活动,则不应当受到法律的规制。笔者认为“数据行为”应当包括“数据处理和管理行为”。其中,数据处理,是指“从大量的原始数据抽取出有价值的信息,即数据转换成信息的过程。主要对所输入的各种形式的数据进行加工整理,其过程包含对数据的收集、存储、加工、分类、归并、计算、排序、转换、检索和传播的演变与推导全过程”。数据管理,是指“数据的收集整理、组织、存储、维护、检索、传送等操作,是数据处理业务的基本环节,而且是所有数据处理过程中必有的共同部分”。[1]

---

〔1〕 常见的数据处理包含 8 种行为:(1)数据采集,即采集所需的信息;(2)数据转换,即把信息转换成机器能够接收的形式;(3)数据分组,指定编码,按有关信息进行有效的分组;(4)数据组织,整理数据或用某些方法安排数据,以便进行处理;(5)数据计算,进行各种算术和逻辑运算,以便得到进一步的信息;(6)数据存储,将原始数据或计算的结果保存起来,供以后使用;(7)数据检索,按用户的要求找出有用的信息;(8)数据排序,把数据按一定要求排成次序。参见于隆:《计算机技术在企业管理中的应用研究》,载《电子技术与软件工程》2016 年第 16 期。

二者相互联系又相互区别。相互联系是因为数据管理技术的优劣对数据处理的效率产生直接影响。相互区别在于,在通常情况下,数据处理涉及简单的加工型计算,不同的业务有固定、完善的应用程序帮助解决运算处理。相反,由于可利用数据的增长,数据管理涉及的工作和程序比较复杂,需要管理者根据本部门经验进行定制化处理。如果没有数据处理和数据管理行为就不属于真正意义上的跨境数据流动。

综上所述,笔者认为,跨境数据流动是指数据经终端设备、传输信道和电路设备所构建的数据链路传输时,只要任何数据处理和数据管理行为发生在境外或为第三国行为主体一次性或连续性接触的过程。

(二)“法律规制”之释义

“规制”一词源于英文“regulation”,有管理或制约之意,所以也常常被译作“监管”。它最早源于西方经济学理论,[1]此后在法学、政治学、管理学中都能捕捉到它的身影。各个学科在讨论规制问题时,侧重点各不相同。有英国学者曾将规制的概念概括为 3 种:(1)从法学角度看,规制是当局的规则制定,辅之以监督和促进这些规则实施的机制;(2)从经济学角度观察,规制是政府机构导控经济的所有努力;(3)从管理学角度认知,规制是社会控制的所有机制,包

---

〔1〕 参见张红凤、杨慧:《规制经济学沿革的内在逻辑及发展方向》,载《中国社会科学》2011 年第 6 期。

括无意识的和非国家的过程。[1]

在经济学和管理学的研究视域中,规制通常等同政府(或行政机关)依特定规则控制企业的行为,可以反映政府与工商企业的关系。具体地,经济学领域对规制的概念认知侧重政府机构导控经济。相较经济学和管理学领域,法律视域下的规制侧重探讨控制机制的正当性和合比例性。各个领域对规制的概念莫衷一是进而产生了大量不同的观点。[2] 然而,复杂多元的概念都蕴含一些共性:规制应该是由某个或某几个主体进行的;规制是一种有对象和范围的活动,主要针对企业的市场自主经营活动;规制有手段和方法,其中法律法规是最常见的规制手段或方法;规制具有预定目标。以上要素综合起来可以对认识"规制"提供洞见,对分析具体规制方案提供分析框架以及为政策制定提供理论支撑。基于此,笔者认为,跨境数据流动法律规制是指以法律、法规和技术标准等多种控制手段,通过框定数据出境的条件、方式、责任等机制,有意识干预数据向域外流动的行为。

二、概念的边界:基于比较的视角

如果概念要在后文中能够统摄理论研究,还需要从比较的视野出发,厘清其与相关或相邻概念的边界。与"跨境数据流动法律规制"最相关的概念就是"个人数据法律保护",将二者区别开来,分析

---

〔1〕 See R. Baldwin, C. Scott & C. Hood, *A. Reader on Regulation*, Oxford University Press, 1998, p. 2 – 4; R. Baldwin, M. Cave & M. Lodge, *Understanding Regulation: Theory, Strategy and Practice*, Oxford University Press, 2012, p. 2 – 3; J. Black, *Critical Reflections on Regulation*, Australian Journal of Legal Philosophy, Vol. 27:11, p. 1 – 46(2002); C. Koop & M. Lodge, *What is Regulation? An Interdisciplinary Concept Analysis* 11 Regulation & Governance, Vol. 11:1, p. 95 – 108 (2017).

〔2〕 实际上,金融监管、安全监管这些已经发展了多年的监管理论中对于监管的概念也没有统一的、令人普遍接受的定义。

相互联系、找出相互差异，才能够赋予“跨境数据流动法律规制”概念以独立性，体现其自成一体的合理性。

个人数据法律保护，顾名思义是相较非个人数据而存在的以法律保护个人数据的形式。[1] 虽然，针对个人数据保护制度同时发展出“隐私说”、“关联说”和“识别说”等多种理论学说，[2]但目前主流观点依然采用“识别说”，即数据与数据主体间是否能被“直接”或“间接”地“识别”出来。无论是经合组织1980年的《隐私保护和个人数据跨境流通指南》还是欧盟1995年的《个人数据处理的个人保护及流通指令》或是2018年的《通用数据保护条例》，抑或是美国主导的《APEC隐私框架》均以“可识别”作为范围划定的基准。所以，数据的“可识别性”（identifiable）成为区分个人数据与非个人数据的关键标准。

就跨境数据流动法律规制的起源而言，其最初是个人数据法律保护的一环，约束“可识别”的个人数据的跨境流动。例如，作为个人数据保护的国际纲领性文件，1980年经合组织《关于保护隐私和个人数据跨境流动指南》的内容主要分为“国内适用的基本原则”及“国际间适用的基本原则”。后者解决的就是个人数据跨境流动问题。无论是欧盟1995年的《个人数据处理的个人保护及流通指令》还是2016年的《通用数据保护条例》，有关跨境数据流动规制的内容

---

[1] APEC将其称为“个人信息”，我国的法律也称为“个人信息”。虽然表述不同，但在内涵上并无差别。

[2] “隐私说”来自英美法系相关立法，即以隐私定义个人信息。“关联说”认为，凡是与个人相关的一切事项均为个人信息。参见吴苌弘：《个人信息的刑法保护研究》，上海社会科学院出版社2014年版，第14页。“识别说”来自欧盟立法，它强调的是信息与信息主体之间被直接或间接“认出来”的可能性。参见齐爱民：《大数据时代个人信息保护法国际比较研究》，法律出版社2015年版，第136页。

都是对意图离开欧盟地理位置的"与一个身份已被识别或可被识别的自然人相关的任何信息"[1]进行的限制。所以,跨境数据流动法律规制的起始是个人数据保护。

然而,由于数据赋能的影响,不仅催生更严格的跨境数据流动约束规则,而且令原先隐于无形的非个人数据跨境流动受到关注。例如,2018 年 10 月 4 日,欧盟议会投票通过《非个人数据自由流动条例》。该条例以保障数据安全为基本前提,目的是促进欧盟境内非个人数据自由流动。该条例在数据流动的问题上将规制的对象从"已识别"的个人数据扩大至如匿名数据和设备衍生数据等"与已识别或可识别的人无关的任何数据"。[2] 虽然,仅适用于欧盟层面,但其明确地将非个人数据也纳入跨境数据流动法律规制框架中,使其进入重要的规制对象范围。

所以,现阶段,跨境数据流动法律规制与个人数据保护之间既有区别又有联系,并不是相互独立的两条平行线,而是共同构筑于数据治理体系之中,并分别在不同的领域、范围发挥保护数据的作用。从二者的区别来看,跨境数据流动法律规制的范围经历个人数据向个人数据和非个人数据兼具的扩展。被规制的数据范围应当包含全类型数据,即个人数据和非个人数据。从二者的联系来看,跨境数据流动法律规制和个人数据保护具有内在统一性。个人数据保护当中必

---

[1] See European Union, *Directive 95/46/EC of the European Parliament and of the Council of* 24 *October* 1995 *on the Protection of Individuals with Regard to the Processing of Personal Data and on the Free Movement of Such Data*, Official Journal L 281, 23/11/1995, Article 2(1); See European Union, *General Data Protection Regulation*, Official Journal L 119, 2016, Article 4(1).

[2] European Union, *Regulation* 2018/1807 *of the European Parliament and of the Council on a Framework for the Free Flow of Non-personal Data in the European Union*, Official Journal L 303/59, 2018, Article 3(1).

然有跨境数据流动，因为每一个国家每一种跨境数据流动规制模式背后都有一套个人数据保护的法律体系，都有一套基于个人数据的价值判断。此外，跨境数据流动法律规制和个人数据法律保护之间还存在相互衔接和协调的问题。跨境数据流动法律规制体系的建设需要与个人信息保护法实现有效衔接，支持个人数据价值的法理依据；个人信息保护法的完善也需要实现对跨境数据流动法律规制准确的定位，最大限度发挥两者功能避免内耗，产生“1 + 1 > 2”的效果。

第二节 跨境数据流动法律规制的生成逻辑

作为基本矛盾的一极，数据控制以跨境数据流动规制性法律的形式呈现。鉴于此，面对数据流动的重要性以及数据竞争的政治格局，如何在当今数字贸易释放强大动力的背景下，去理解跨境数据流动法律规制的生成逻辑；如何认知适当性、现实性和可能性，进而更全面地理解数据控制与数据流动的互动关系，就成为本章寻找关于跨境数据流动法律规制的整体性叙述的关键所在。

一、法律规制的适当性：基于主权原则确认的需求

法律规制的适当性是由当下内嵌的规范、制度和认同推动的。[1] 在适当性逻辑下，规制主体的行为由内化的身份认同、价值和准则驱动，而规则是规制主体行动的基础，指引规制对象遵循与特定情境相关联的规则行事。因此，适当性逻辑通过规则体现规制主

[1] 参见[美]詹姆士·G. 马奇、约翰·奥尔森：《国际政治秩序的政治动力》，载彼得·卡赞斯坦、罗伯特·基欧汉、斯蒂芬·克拉斯纳编：《世界政治理论的探索与争鸣》，秦亚青、苏长和、门洪华等译，上海人民出版社2006年版，第366~367页。

体的共同目标和志向。具体到跨境数据流动法律规制领域，在笔者看来，其规制主体的共同目标和志向在于满足对数据主权确认原则的需求。

数据能否(whether)以及如何(how)出境，这在本质上讲属于数据自主权(autonomy of data)问题。换言之，数据控制者和数据处理者均有权自由地进行包括数据流动在内的相关市场活动，有权利用全球产业链自主决定数据资源的跨境流动。数字贸易参与者只有拥有必需的数据自主权才能在数字贸易中有立足的可能。所以，数据控制者以及处理者在数字贸易中围绕数据的自主权均应当受到法律的确认和保护。与此同时，数据控制者在数据活动中又具有相应的趋利性。作为数据流动中极度自主权的相反面相，少数数据巨头处于优势地位，并据此对传统的国家主权概念形成挑战，使国家与数据控制者、数据主体与数据控制者之间形成了复杂的关系。[1] 所以，跨境数据流动法律规制大多确立以“国家数据权与数据控制者数据流动自主权”以及“公民数据权与数据控制者数据流动自主权”两组两两对立的权利为内容的矛盾协调框架。任何国家关于跨境数据流动的法律规制，实际上都遵循相同的适当性生成逻辑。

(一)国家数据权与数据控制者数据流动自主权

习近平总书记在中央网络安全和信息化委员会第一次会议上指出：“网络信息是跨国界流动的，信息流引领技术流、资金流、人才流，信息资源日益成为重要生产要素和社会财富，信息掌握的多寡成为国家软实力和竞争力的重要标志。”[2] 随着数字贸易的发展，信息资

[1] 参见许可：《从网络主权看个人信息权利》，载《中国信息安全》2017年第5期。

[2] 《习近平：总体布局统筹各方创新发展　努力把我国建设成为网络强国》，载《人民日报》2014年2月28日，第1版。

源的价值更加凸显，更关涉国家安全问题的核心要务。数据跨境流动议题由此与国家主权与安全密切联系，具有极为重要的保护价值。然而，由于数据传输的跨国界特性让数据主权的管辖边界实际上非常模糊。各国基于理性自保的需求，在新生的网络空间确立边疆以追逐国家数据权，主要表现在国土安全、执法有效性和金融稳定性三个方面。

第一，国土安全与数据主权原则确认的需求。截至 2024 年，互联网 13 台根服务器中，唯一的主根服务器在美国，12 台辅根服务器中有 9 台在美国。所有的互联网域名解析工作，由美国商务部控制的互联网名称与数字地址分配机构（The Internet Corporation for Assigned Names and Numbers，ICANN）来完成。[1] 谷歌的搜索引擎、脸书的社交工具、思科的路由器、IBM 的服务器、微软的操作系统等软硬件技术控制大多数国家的数据核心节点技术。“大数据的透明化悖论折射的数据被秘密采集的风险，身份悖论透视的数据主体身份被识别的风险，权力悖论警示的权力倾向数据控制者的风险，无一不是以控制核心技术节点为前提。”[2] 数据资源存储和分配的过度集中，特别是向少数外国数据巨头的集中控制，形成的支配力足以威胁国家主权安全。所以，确立数据主权原则以控制数据出境、防范数据外流，目的在于保障数据话语权和数据安全控制力。

[1] 由 ICANN 集中管理作为互联网核心的 TCP/IP 协议，具体实施对 IP 地址的空间和标识符分配以及域名和根服务等管理。在成立 ICANN 之前，此类管理职能最初由美国 NSI 公司和互联网号码分配局管理，而后由美国商务部接管，虽然美国政府于 2016 年 10 月 1 日将互联网域名管理权移交 ICANN，但并不意味着域名管理真正摆脱了美国政府的实际控制，其实际是全球数据对美国单向透明。

[2] 肖冬梅、文禹衡：《在全球数据洪流中捍卫国家数据主权安全》，载《红旗文稿》2017 年第9 期。

第二,执法有效性与数据主权原则确认的需求。得益于数据的全球化存储和流动,刑事案件的电子数据证据趋向全球化分布,执法机关证据提取和甄别需要耗费大量的时间和人力资源。欧盟委员会在2018年《常见问题:欧盟电子证据取证新规》的报告中指出,当今社会至少85%的犯罪侦查针对的是电子数据证据,而超过50%的犯罪侦查涉及跨境数据的收集提取。[1] 数据控制者因其掌握、控制或占有大量数据,已经成为重要的,甚至关键的执法证据持有者。然而,在跨境数据取证的合作过程中,不同司法管辖区域之间的刑事司法协助机制仍然是目前世界各国主要的跨境取证方式,但这一方式难以有效应对网络空间的电子数据证据的全球高速流动,使域外取证活动处于被动地位,增大了执法成本。所以,通过对数据流出进行限制可以弥补跨国犯罪管辖权不足、提升执法便利性。

第三,金融稳定性与主权原则确认的需求。数字金融的发展生成了大量数据。以中国银联为例,其涉及43亿张银行卡、超过9亿持卡人、超过1000万商户、每天近7000万条交易数据,产生的核心交易数据都超过了TB级。[2] 为服务金融领域的审慎监管,万亿字节级的核心交易数据流动频繁,在诸多环节向交易所在地传输各类身份信息。近年来,我国境外金融服务高速发展,以2016年为例,我国境外外币支付系统业务量达198.58万笔,金额达5.47万亿元;2019年上半年,我国跨境贸易人民币结算业务为2.80万亿元,与

---

〔1〕 See European Union, *Frequently Asked Questions: New EU rules to obtain electronic evidence*, European Commission (September 28, 2020), https://ec.europa.eu/commission/presscorner/detail/en/MEMO_18_3345.

〔2〕 参见程红星、王超:《金融市场基础设施数据跨境流动法律问题研究》,载《证券法律评论》2019年第0期。

2018 年同期相比增长 20.72%。[1] 境外金融服务的发展意味着流出或流入的金融数据类型十分丰富，包括身份信息、交易信息、信用信息、金融产品研发相关记录和数据、数据库、计算机软件、内部操作细节等内容，不仅涉及敏感信息具有更高的识别性，而且与国家安全、经济发展以及社会公共利益密切相关，甚至涉及商业机密或者国家秘密，[2] 以上都关乎国家经济安全的根本，需要国家具有数据控制权。

基于此，围绕国家数据权，跨境数据流动法律规制着眼数据全球流动与数据国家控制的互动平衡和基于这种平衡之上的主权权威维护。它更多地体现为以法律手段调节对流动秩序的需求。法律规制手段之所以具有适当性，是因为主权国家作为规制主体，承担了其他行为主体不具有的基本职能，也承担其他行为主体不具有的职责。[3] 所以，国家具有集体性的权力和职责，以公共利益最大化为价值取向，通过限制数据出域来实现强力维护国家对于数据秩序的愿景。

（二）公民数据权与数据控制者数据流动自主权

绝大多数国家对跨境数据流动进行约束都是从保护公民数据权的角度出发，对数据控制者的数据自主权进行限制的。例如，欧盟有限度流动的措施与欧盟更强调个人数据权保护的倾向有密切关系。

---

〔1〕 参见刘绍新：《全球化背景下的个人数据跨境流动》，载《中国金融》2019 年第 23 期。

〔2〕 以期货交易所为例，生成信息中如保证金水平、手续费等信息涉及商业秘密范畴。此外，期货交易中可解析的客观经济数据、跨境交易信息等都属于国家秘密。

〔3〕 See L. Glanville, *The Myth of "Traditional" Sovereignty*, International Studies Quarterly, Vol. 57:1, p. 79–90 (2013).

欧盟从人权保护的历史传统出发,将数据权利作为一项基本人权,[1]来创建严格限制个人数据跨境流动的规制路径,进而反对实行数据自由化。长期以来,欧盟的数据法律保护强调个人数据的政治属性,强调平等,甚至将其视为人权的重要组成部分。这也构成欧盟在跨境数据流动规制上的基本立场。

与数据控制者的数据流动自主权一样,公民数据权作为主观权利,其内涵同样包含个人数据自由,数据自我决定之意,以享有、实现公民的数据自由为基本价值取向,尊重个人人格和行动自主。[2] 如果说每个数据控制者,特别是少数数据垄断者,都希望践行企业数据自主意志,反过来,保障具体公民的自由意志也当然是重要的秩序需求。诚然,对跨境数据流动进行规制确实阻碍数据控制者的自由意志,不利于实现数字贸易发展的协调性。即便如此依然需要约束数据控制者的数据流动自由,原因实则蕴藏于数据流动秩序缺失的诸多表象之中。在数据空间中,失去传统公权力对公民基本权利的保护,公民的数据权利难以得到有效保障。公民作为数据主体基于主观权利的数据自由意志,需要捍卫自己的数据资源控制权,从而公平享有数据带来的权益,保障数据背后的个人价值。为此,跨境数据流动法律规制也是为解决由于主权原则的缺失而导致公民利益欠缺维护者的问题。

综上所述,无论是基于公民数据权保护还是国家数据权维护,都

---

〔1〕 20世纪70年代捷克著名法学家卡雷尔·瓦萨克(Karel Vesak)提出了人权的三代历史发展划分。虽然,数据权利(the right to personal data)尚未得到具有广泛性的国际条约的确认,但在欧盟看来,其应该属于随着社会与技术发展所产生的新的人权,也是从隐私权演化而来的,属于第三代人权,并且,其实现需要依赖国家在制度上的保障。

〔2〕 See European Union, *Charter of Fundamental Rights of the European Union*, 26 October 2012, 2012/C326/02.

会赋予数据流动控制的适当性。在适当性逻辑下,规制主体可以进行一定的行为或要求别人进行一定的行为,以满足自身的利益需求。无论是公民数据权还是国家数据权,体现的都是国家这个规制主体的共同意志。最终,共同意志以法律的形式被固定下来。

二、法律规制的现实性:基于调和数字贸易区域发展不平衡之需求

数据已经成为数字贸易的要素资源,市场主体通过对海量、实时、异构数据资源的开发利用取得巨大商业成功。然而,因为数字产业竞争力差距的存在,数字贸易也面临与其他贸易市场一样的集中化问题。数字贸易推动着数据"食利者"的崛起。它们拥有技术、市场和数据等相对,甚至绝对控制力,进而将数据跨境流动对国家和企业产生的潜在裨益作最大化处理。

以美国为例。在云存储领域,2017 年全球数据存储中心(hyperscale providers)达到 390 个。其中 44% 的超级中心都位于美国,紧随其后的中国、日本和英国加起来占比为 20% 。而澳大利亚、德国、新加坡、印度等国家的占比更少只有 3% ~5%(见图 3 - 1)。对于 56% 不位于美国的数据存储中心,也大多为美国的四大数字巨头亚马逊、微软、IBM 和谷歌所持有。四大巨头平均拥有超过 45 个超级数据中心,位置遍布北美、亚太、欧洲和拉美地区。[1] 截至 2019 年,全球超级数据中心增加到 504 个,美国的数据优势地位有所下降,但依然控制接近 40% 的超级数据中心,稳居全球第一。紧随其后的中国、日

---

〔1〕 See Synergy Research Group, *Hyperscale Data Center Count Approaches the 400 Mark*; *US Still Dominates*, Srgresearch(December 20, 2017), https://www.srgresearch.com/articles/hyperscale-data-center-count-approaches-400-mark-us-still-dominates.

本、英国、德国和澳大利亚总共占32%的比例(见图3－2)。[1] 根据2017～2019年的数据显示,美国在数据源方面仍拥有其他国家和地区无法比拟的优势。特别是亚马逊、微软、谷歌、IBM四家美国企业在全球IaaS公共云服务市场上占据优势,赋予美国对全球数据的控制可能性。所以,美国对于数据跨境自由流动具有最迫切的需求,这也使它更加重视通过鼓励数据跨境流动确立和固化已有的数据控制优势,最大限度地扩展数据控制潜力。

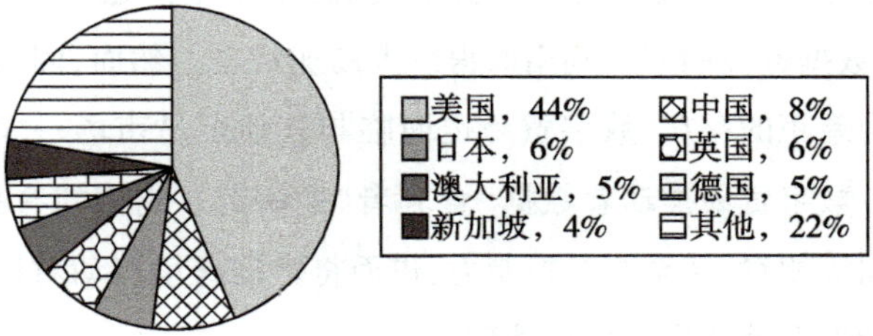

图3－1　全球数据存储中心分布(2017年)

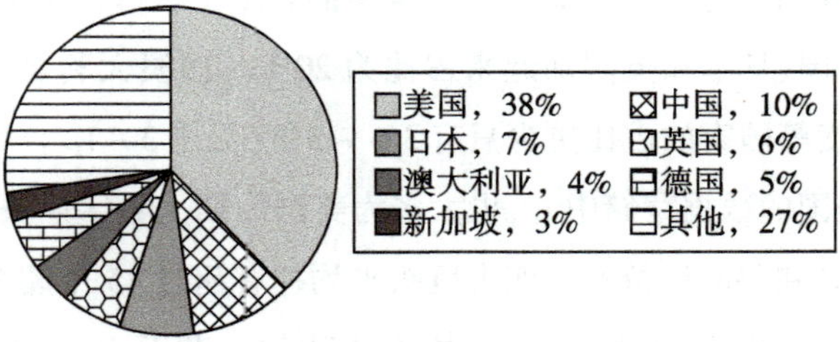

图3－2　全球数据存储中心分布(2019年)

数据来源:笔者根据Synergy Research Group研究统计整理后绘制。

---

〔1〕 See Synergy Research Group, *Hyperscale Data Center Count Passed the* 500 *Milestone in Q*3, Srgresearch (October 17, 2019), https://www.srgresearch.com/articles/hyperscale-data-center-count-passed-500-milestone-q3.

数据食利者的优势规模和政治影响力不仅使数据强国，甚至使数据垄断者自身都成为市场规则的制定者。如果缺少规制措施的约束，数据流动也会造成地理上的分化，数据产业竞争力较弱国家成为数据的主要提供者，数据产业竞争力较强国家的公司则是数据主要控制者。数据自动向数据控制者所在国家汇聚。因而使产业能力较弱国面临"两难"境地：拒绝数据跨境流动有可能被排除在全球数据体系之外，影响经济发展；但是，若不加以管理、放任数据自由流动则将会引发数据向外集中的问题。如此，不仅不能纠正历史造成的经济发展南北不平衡、贸易发展不均衡的问题，甚至让新的数据不平衡状态日益明显。

实际上，这种分化不仅留存于南北国家之间，也逐渐出现在北北国家之间。根据世界银行数据显示，欧盟 2019 年 GDP 总量超 15 万亿美元，占美国的 73%，也超过占美国 GDP 67% 的中国，是仅次于美国的世界第二大经济体。[1] 但欧盟在全球数据经济中的市场份额与其经济实力并不匹配，根据联合国发布的《2019 年数字经济报告》，中国与美国占全球 70 个最大数字平台市值的 90%，而欧洲在其中的份额仅为 4%。[2]

综上所述，跨境数据流动法律规制的现实性在于解决由于发展差异而导致的全球数据流动中的"新殖民主义"倾向问题，进而避免

---

〔1〕 根据世界银行的统计，2019 年欧盟 GDP 总量为 15.626 万亿美元，中国 GDP 总量为 14.342 万亿美元，美国 GDP 总量为 21.433 万亿美元。See The World Bank: *GDP (current US $) - European Union, United States, China*, IBED (December 21, 2020), https://data.worldbank.org/indicator/NY.GDP.MKTP.CD? end = 2019&locations = EU-US-CN&start = 2008.

〔2〕 See the United Nations Conference on Trade and Development *Digital Economy Report*, UNCTAD (September 4, 2019), https://unctad.org/webflyer/digital-economy-report-2019.

出现由于技术发展的不利而将不平等的数据控制关系转移至技术欠发达国家和地区,造成更深层次的不平衡局面。基于此,跨境数据流动法律规制具有现实性。

三、法律规制的可能性:基于成功实践经验的预期结果激励

除上述内在自洽性因素外,跨境数据流动法律规制的生成逻辑也受到外在影响,即其他国家的政策预期也起到推动作用。在从不接受规制向接受规制的转变过程中,接受规制方为传播方所"说服"。说服的结果之所以出现,除接受规制方从内在自洽性逻辑上认同跨境数据流动的规制恰当性和现实性外,还可能因为被传播方相信对跨境数据流动进行规制可以获得更高的预期收益。以更高的预期收益来说服行为主体接受跨境数据流动法律规制的过程,也是跨境数据流动国内法规制国际化的生发过程。这一因果机制不同于基于适当性逻辑和现实性逻辑的规制正当化效应,而是一种基于预期结果逻辑的规制利益化效应,由预期结果逻辑和结果预期中形成的有限偏好推动。[1] 跨境数据流动的法律规制利益化效应主要是受对跨境数据流动进行约束的国家的成功实践所影响的。申言之,由于对跨境数据流动是否进行规制的效果到目前依然难以精确预知,故而潜在规制主体只能根据实施规制的国家在实践中的成效来判断其规制意图可获得的预期收益。综合来看,俄罗斯和欧盟的成功经验对其他国家采取跨境数据流动法律规制具有重要激励作用。

---

〔1〕 参见[美]詹姆士·G.马奇、约翰·奥尔森:《国际政治秩序的政治动力》,载彼得·卡赞斯坦、罗伯特·基欧汉、斯蒂芬·克拉斯纳编:《世界政治理论的探索与争鸣》,秦亚青、苏长和、门洪华等译,上海人民出版社2006年版,第366~367页。

(一)俄罗斯经验:数据本地化带来的数字贸易发展

俄罗斯在数字贸易方面起步较晚。从数字贸易规模来看,2017年俄罗斯数字贸易规模年均增幅为4.8%,不仅低于欧盟国家平均6%~7%的增速,也低于美国8%~9%的平均速度,与中国年均增幅超过20%相比更是相距甚远。[1] 到2018年俄罗斯数字贸易额仅占其GDP总量的5.1%。[2] 为改变这一情况,俄罗斯推行以数据本地化为主要特征的跨境数据流动法律规制政策,以保护主义政策推动国家数字贸易发展。俄罗斯的规制政策到目前为止看起来是比较成功的。一方面,信息化基础条件不断完善,基础设施建设程度全球排名从2018年的第56位,上升至2019年的第48位;[3] 另一方面,数字技术市场化应用加速推进,市场规模正以每年30%~40%的速度增长。[4] 俄罗斯最大的移动网络运营商MTS开发的移动支付服务,超越了三星支付和苹果支付占据本国移动支付领域最大的市场份额。[5] 在视觉技术商业化应用领域,CameraIQ、Mallenom Systems等本土公司正在为食品、采矿、冶金、医药等行业提供服务。[6] 在金融领域,莫斯科证券交易所开始创建数字资产交易平台,计划上线交易

---

[1] 参见高际香:《俄罗斯数字经济战略选择与政策方向》,载《欧亚经济》2018年第4期。

[2] 参见李明琪、张江平:《俄媒:2018年俄罗斯数字经济规模占GDP总量5.1%》,载人民网,http://ru.people.com.cn/n1/2019/0418/c408039-31037841.html。

[3] 网络社会就绪指数(NRI)排名,Portulans Institute (December 21, 2020), https://networkreadinessindex.org/countries/russian-federation/。

[4] See Решение компании Parallels для бизнеса, Parallels (December 21, 2020), http://www.parallels.com/ru/products/mac-management/.

[5] See Решение компании Parallels для бизнеса, Parallels (December 21, 2020), http://www.parallels.com/ru/products/mac-management/.

[6] See Решение компании Parallels для бизнеса, Parallels (December 21, 2020), http://www.parallels.com/ru/products/mac-management/.

加密货币及代币、数字资产衍生品及相关交易所交易基金,圣彼得堡证券交易所也在考虑增加数字资产交易;阿尔法银行与 S7 航空公司开始采用建基在区块链技术之上的智能合约进行交易。在商品零售领域,客户关系管理系统、地理信息系统和射频识别标签得到广泛应用。[1] 从俄罗斯的跨境数据流动法律规制效果来看,俄罗斯对数据管控在数字贸易中能发挥的作用定位准确,而俄罗斯通过数据本地化措施强制数据回流,夯实了数字贸易发展基础、推动了经济数字化。

(二)欧盟实践:严格数据流动规制提升话语权

长期以来,欧盟内部一体化进程所带来的和平与繁荣构成其话语权基础。然而,在数字贸易领域,欧盟的发展水平与其国际政治、经济地位长期"倒挂"。尽管 2016 年发布的《欧盟全球战略》仍然强调"吸引力"(power of attraction)的重要性,但也证明其"软实力"已经不足以应对挑战。[2] 技术竞争力的优势弱化,让欧盟寄希望于通过制定标准高、程序复杂的数据流动规制政策提升其在数字贸易领域的话语权,即"用自己的价值观和自己的规则……找到欧洲道路"。[3] 简单来说,欧盟希望用完善的法律规制体系优势弥补数字贸易优势的不足。从结果上看,欧盟制定的跨境数据流动规则的确实现了提升话语权的目标,不仅欧盟成员先后将《个人数据处理的个

---

[1] See Решение компании Parallels для бизнеса, Parallels (December 21, 2020), http://www.parallels.com/ru/products/mac-management/.

[2] See European Union, *Shared Vision, Common Action: A Stronger Europe. A Global Strategy for the European Union's Foreign And Security Policy*, EEAS (June 28, 2016), https://www.eeas.europa.eu/sites/default/files/eugs_review_web_0.pdf.

[3] U. von der Leyen, *Shaping Europe's Digital Future*, European Commission (February 19, 2020), https://ec.europa.eu/info/strategy/priorities-2019-2024/europe-fit-digital-age/shaping-europe-digital-future_en.

人保护及流通指令》和《通用数据保护条例》的内容内化为本国数据保护法的具体规定，而且许多非欧盟成员，如阿尔巴尼亚、玻利维亚、克罗地亚、马其顿、安道尔、阿根廷、澳大利亚、新西兰等国家，以及中国香港特别行政区、澳门特别行政区及台湾地区等地区，或按照欧盟数据保护标准相应地提升各自个人数据和信息保护水平，或按照欧盟的法律要求对标制定全新个人数据保护法律，以确保本国或地区相关规定与欧盟规定相一致，防止涉及个人数据传输的国际贸易因不符合欧盟指令而遭到质疑。这些实践都充分显示了欧盟在跨境数据流动方面已实现了最大限度的规制自主（regulatory autonomy），与其“技术主权”所追求的目标遥相呼应。

本章小结：跨境数据流动法律控制具有正当性

本章重点在于对跨境数据流动法律规制的概念和生成逻辑的搭建。首先，概念界定问题是法律规制产生和建构的起点，它不仅关系着跨境数据流动技术与法律规制之间交叠范围的设定，也决定着跨境数据流动法律规制制度的合理性。笔者给定的一系列概念界定，是基于笔者目前对技术知识的认识和风险程度的认知，具有一定的局限性。但就其实质意涵而言，显然笔者所讨论的跨境数据流动法律规制定义在许多方面都区别于其他概念框架，因为它具有较弱的“时代性”和较强的“目的性”，使该概念框架具有普遍意义。

其次，有关跨境数据流动法律规制生成逻辑是其规制缘由的落脚点。跨境数据流动法律规制的适当性、现实性和可能性，决定其作为一种特殊的法律行动形式约束数据要素的导向。在这一章中，笔者提出了数据流动控制的生成思路，其核心来自“超国界性”基础上的跨境数据流动的副作用。它打断了国家的数据保护法律链，削弱了国家对本国数据的控制,限制了实施数据国家战略的能力,最终,转变为极度自由主义式的数据要素流动,导致跨境数据流动法律规制的启动。规制主体通过不同法律控制在各个层次间的收放变化,最终生成跨境数据流动法律规制。

本章的观察和分析,为解读“数据控制与数据流动”这一基本矛盾提供另一面向的解释。下面的章节将讨论不同国家和地区围绕这一基本矛盾所进行的法律控制及其收放变化,以及在数字贸易背景下这些控制及其变化的效果优劣。

第四章　全球跨境数据流动的国内法应对机制及发展负荷评价

跨境数据流动法律规制承载维护国家数据权和公民数据权的任务，重要性与日俱增，成为具有全球普遍性的法律现象。围绕跨境数据流动法律规制问题，各国曾经或正在进行一系列探索。本章拟编码不同国家[1]的跨境数据流动法律规则的模式与强度，结合仿真计算工具的分析，预测各国法律规制对数字贸易后续发展的影响，为评价国内法应对机制的规制质量和效果提供参考。

---

〔1〕 本章采用"国家"作为分析单位，以主权概念为基础。主权是现代国际法的基本原则，它界定一个国家的自主权和管辖权的范围。本章将采用联合国的主权标准确定主权国家的范围。该标准赋予成员在其领土内最高的权威，以及完全的内部管辖权、免受其他国家管辖的豁免权，以及在其领土内免受外部干预的自由。基于此，数据集的构建将排除那些在处理数据转移问题方面具有完整法律框架的非主权地区，例如，中国港澳台地区、英属根西岛、泽西岛、直布罗陀、百慕大、维珍群岛、法罗群岛和开曼群岛。虽然排除此类非主权地区，可能会存在不完备之处，因为部分地区的数据转移法律方案受到广泛认可。又如，自2010年起，法罗群岛已被认为符合欧盟的要求，是全球少数几个达到欧盟"同等保护"标准的区域。然而，排除的影响在数量上是微不足道的，因为与129个样本国家相比，它仅排除极少数的数据采集点，并不会使分析得出的结论失真。此外，由于第六章对中国的跨境数据流动问题进行了详细分析，所以本章未将中国的规制情况纳入予以观察。

第一节 跨境数据流动各国法律规制的现实图景

为了解跨境数据流动法律规制的全球图景,笔者以联合国“全球个人数据保护和隐私立法”数据库[1]以及“DLA Piper”组织的“全球个人数据保护手册”数据库[2]为基础,对两个数据库共计 193 个主权国家的相关法律条文进行文本挖掘,人工摘录其中与跨境数据流动相关的信息。[3] 在筛除无跨境数据流动法律规制条目、无英文法律文本的 64 个国家后,聚类获得 129 个国家的跨境数据流动法律规制情况汇总。

一、跨境数据流动各国法律规制体系的发展变迁

从跨境数据流动法律规制内容 1973 年首次出现在《瑞典个人数据保护法》开始,截至 2019 年 12 月有 129 个国家对跨境数据流动进行规制。在时间分布上,2010~2019 年的 10 年中新增 58 个国家,数量接近从 1970~2009 年围绕数据进行立法的国家的总数(71 个国家)。过去 46 年中,2018 年立法增长最多,共有 14 个国家出台包含

---

〔1〕 See United Nations Conference on Trade and Development, *Data Protection and Privacy Legislation Worldwide Database*, UNCTAD (Dec. 22, 2020), https://unctad.org/en/Pages/DTL/STI_and_ICTs/ICT4D-Legislation/eCom-Data-Protection-Laws.aspx.

〔2〕 See DLA Piper, *Data Protection Laws of the World Database*, DLA Piper (Dec. 22, 2020), https://www.dlapiperdataprotection.com/index.html? t = about&c = VN.

〔3〕 笔者对于跨境数据流动法律规制的文本范围采用克里斯托弗·库内的界定,主要以立法者制定各种明确限制被监管对象的跨境数据流动的法律规则为主。See C. Kuner, *Regulation of Transborder Data Flows Under Data Protection and Privacy Law: Past, Present, and Future*, OECD Digital Economy Papers, No. 187, OECD Publishing, Paris (Dec. 8, 2011), https://www.oecd-ilibrary.org/science-and-technology/regulation-of-transborder-data-flows-under-data-protection-and-privacy-law_5kg0s2fk315f-en, p. 5.

跨境数据流动法律规制内容的法律（见图 4－1）。[1] 在地域分布上，欧洲国家中除梵蒂冈外，对跨境数据流动进行规制基本实现了全覆盖，其次是北美洲（70%）和南美洲（67%）（见表 4－1）。

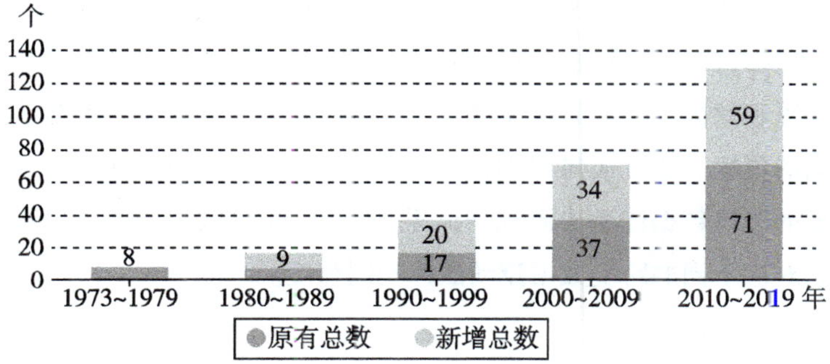

图 4－1　1973～2019 年跨境数据流动法律规制新增

数据来源：笔者统计。

表 4－1　跨境数据流动法律规制全球分布情况

地理位置	国家数量/个	采用国家数量/个	采用率/%
北美	23	16	70
南美	12	8	67
欧洲	45	44	98
大洋洲	16	2	13
亚洲	46	29	63
非洲	54	31	57

数据来源：笔者统计。

---

〔1〕 根据统计，20 世纪 70 年代共有 8 个国家对跨境数据流动进行规制，20 世纪 80 年代新增 9 个国家，20 世纪 90 年代新增 20 个国家，21 世纪共计新增 93 个国家。其中，2019 年乌干达、多哥、尼日利亚和乌兹别克斯坦 4 个国家通过法律形式对跨境数据流动进行规制。

二、全球跨境数据流动各国法律规制的比较

考察 129 个样本国家的跨境数据流动法律规制体系发现,当今世界跨境数据流动立法膨胀,各国的立法越来越多,法律文本越来越长,不受约束的跨境数据流动行为已近绝迹。这不仅反映在传统的以法国和德国为代表的成文法国家,也有美国这样的推崇数据自由流动的国家。通过横向国别比较,可以发现不同的国家建立了不同类型的跨境数据流动法律规制体系,不同的跨境数据流动法律规制体系对应不同的跨境数据流动法律规制强度。

(一)总体趋势

全球跨境数据流动法律规制总体展现出一副由趋同和差异共同组成的拼图,形成了混合并存、交错对立的制度格局。[1] 129 个样本国家普遍接受跨境数据流动需要进行法律规制的事实,数据跨境自由流动受限成为一种无法回避的现实,但就总体而言,跨境数据流动法律规制呈现路径多样化、目标趋同化的发展趋势。

1. 规制路径的多样化

通过比较 129 个国家跨境数据流动国内法发现,尽管同样以“保护数据权”作为目的表达,但是各国跨境数据流动法律规制模式的选择组合走向呈现显著差异。即使欧盟主推的“充分性保护”规制路径为更多的国家所采用,但全球治理并未朝某一确定的模式发展。究其原因,笔者认为是当下跨境数据流动的“发展性”决定其法律规制的多样态。

首先,规制目标的发展复合化要求模式的多样化。在相对固定

〔1〕 仅是指法规的内容和数量,不涉及法规的有效性。

的语境下，规制主要解决允许与禁止的问题。[1] 然而，在跨境数据流动技术急剧发展、数据蕴藏的巨大经济利益在数字贸易强有力的撬动下得以显现后，语境的不确定让跨境数据流动法律规制要解决的问题已经不仅是允许或禁止的问题。全球的法律设计者探索如何让规制强度与发展负荷形成合理的激励相容。要实现这一目的需要跨境数据流动规制模式设计的干预、试错与调整。显然，这种要求不能通过单一的某种压倒性的规制模式完成。而当各国都进行探索，必然会发展出多样化的模式。所以，从各国的规制模式来看，既有延续本国传统而设置自成一派的规制模式，也有学习借鉴其他国家规制模式的情况；既有建构主义下人为添附的制度，也有演进主义下自然生长出的机制；既有扁平的统合型规制模式，也有立体的阶梯型规制模式。从这个角度来说，多样化既是国家之间竞争的手段，也是探索跨境数据流动法律规制最优模式的试验田。

其次，规制对象的发展精细化要求模式的多样化。传统的跨境数据流动规制机制大多是约束个人数据离境的，但是随着法律规制向纵深发展，被规制的数据开始出现精细化分级分类的发展趋势。规制对象范围从个人数据扩大至非个人数据，规制重点从个人敏感数据扩展至公共关键数据、金融数据、关键设施生成数据。规制对象的精细化分级分类就是要从静态的法律规制走向动态的法律规制，从笼统宏观的法律体系设计走向微观细致的法律细节调整。受各国不同的政治、经济、社会、文化、技术等之影响，规制精细化程度和分类程度也不尽相同，除此之外，严苛程度、行使手段和适用范围也各不相同。所以各国针对数据分级分类规制衍生出各异的要求和

---

〔1〕 参见蒋大兴、王首杰：《共享经济的法律规制》，载《中国社会科学》2017 年第9 期。

路径。

最后,依存对象的发展差异性要求模式的多样化。跨境数据流动法律规制建设与数字贸易发展相伴随。一方面,跨境数据流动的法律规制建设影响数字贸易的发展;另一方面,数字贸易的发展也推动跨境数据流动法律规制的建设,二者之间互动与冲突并存。全球跨境数据流动法律规制建设不得不面对全球数字贸易发展不平衡的具体情况。这种不平衡既表现为空间上的国别差异,又表现为数据流动量级上的差异。所以,跨境数据流动法律规制不是统一进行的,对跨境数据流动法律规制的需求和侧重点也不一致,有些国家发展的时间更长一点,发展得更成熟一些;有些国家发展的时间短一些,发展得慢一些。

2. 规制效果的趋同化

跨境数据流动法律规制路径的多样性并不意味着规制效果的多元化。诚然,样本国家在跨境数据流动规制路径方面存在差异,但是这并不影响它们效果的趋同。所谓趋同,笔者并不是指内容接近或趋向一致,而是指不同国家的跨境数据流动法律规制大体呈现的同质化思维进路。具体包括以下两个方面:

第一,追求形式和内容合理性趋同。首先,跨境数据流动法律规制形式合理性体现在规制规则的体系化。在形式合理性的召唤下,专章立法成为87%的样本国家采用的立法体例。专章立法通过制定具有统一性的规则,对数据出境行为的评价和规范设定了集约化的操作标准。其次,跨境数据流动法律规制内容合理性体现为保护数据权和促进数字贸易发展的协调与交集。样本国家尽管规制路径丰富多元,但是在内容合理性上依然追求“数据控制”以及“数据流动”的互融。反映在具体规则的内容中,或是增加规制规则的选择以提高规制的灵活性，或是对不同来源类型的数据规定不同规制规则。具体来说，为规制目的控制数据跨境流动而控权，为促进数字贸易保障必要数据流动而授权。例如，通常被认为依据“充分性保护”规则的欧盟，实际上是以该规则为基本原则的，在此基础上不仅制定“用户同意和其他合法数据传播”条款，也确定“标准合同条款、有约束力的公司规则、行业准则机制”等多种替代规则。质言之，以欧盟成员国为代表的国家以通用的、普遍适用的规制原则，辅以替代性规制路径设定统一的最低流动标准，对规制规范进行“软化处理”，力图弥补刚性缺陷，以解决不同行业和领域特殊数据流动需要。

第二，数据流动控制偏向趋同。尽管保障数据自由流动的渐进实现与促进数据权容量的饱满依然是各国跨境数据流动法律规制所蕴含的基本精神。但不可回避的是，现阶段全球跨境数据流动法律规范的创设以及制度的运作，总体呈现以提升国家对数据的控制力来固化数据国家边界的基本格局。这种格局反映出各国对于数据价值越来越深刻的认识，以及普遍接受跨境数据流动需要进行法律规制的事实。基于此，跨境数据流动法律规制全球整体发展效果在共性上是向严格的规制形式趋同，并由此引发了法律供给与数字贸易发展需要之间的偏差日趋严重。

（二）分类差异

为深入研究各国就跨境数据流动法律规制强度的具体状况，笔者对指标体系中 3 个基本指标进行了细化分析（详见附件 1）。

1. 立法体例的结构差异

通过对 129 个国家的立法架构进行分析可知，各国采取的跨境数据流动立法编纂模式各异。笔者发现，跨境数据流动规制问题尚未在任何一个样本国家实现专门独立立法，即样本国家都没有制定一部结构完整、内容全面、逻辑严谨、可操作性强的跨境数据流动法律规制法典。相反,跨境数据流动法律规制的立法主要存在两种形式:独立成章式体例和分散条款化体例。具体而言:

首先,采用独立成章式立法体例的国家大多将跨境数据流动法律规制问题置于个人数据保护的法律中,以专章或专篇形式出现。样本国家中共有 112 个国家以专章/专篇式立法形式规定了跨境数据流动法律规制内容。其中,90 个国家的法律文件以"个人数据保护法"为名,4 个国家采取"隐私法"命名,[1]另有 4 个国家采取"个人信息保护法"的形式。[2] 此外,还有 14 个国家采用其他特殊的法律名称,例如,圣马力诺共和国《计算机处理个人数据收集、处理、使用法》、匈牙利《信息自决和信息自由法》、西班牙《数据保护和数据权基本法》、克罗地亚和罗马尼亚均为《〈一般数据保护条例〉适用法》、津巴布韦《隐私保护和信息接入法》、贝宁《数字法》、菲律宾《数据隐私法》、白俄罗斯《信息、信息化和信息保护法》、土库曼斯坦《私人生活信息及其保护法》、黎巴嫩《信息通讯与媒体法案》、不丹《信息通讯与媒体法案》、赞比亚《电子通讯和交易法》和乌干达《个人数据和隐私法》。从 112 个国家立法体例来看,无论如何确定法律名称,跨境数据流动都是作为个人数据保护的一个重要内容出现的,与其他章节的内容区分明显。与纲领性条款总分结构不同,有关跨境数据流动的规则旨在明确数据主体享有各种类型的数据权利中包含对积极行使或保护行使数据流动的控制。在章节内,它们的条款内容大多简短且高度抽象,条款内容相扣,结构编排有据,形成了合理

〔1〕 这 4 个国家是以色列、澳大利亚、新西兰、智利。

〔2〕 这 4 个国家是韩国、日本、巴拉圭、肯尼亚。

的逻辑承接和严密的框架结构。这一架构之下，跨境数据流动虽然未能从个人数据保护内容中剥离出来，但是可以在有限的范围内实现独立建制，辖制与总领本国有关跨境数据流动法律规制事宜。

其次，采取分散条款式立法体例的国家共有 17 个。[1] 究其原因，这些国家大多没有完整的个人数据保护法，个人数据保护的相关内容内化为多个具体子项被纳入不同法律的保护轨道，跨境数据流动法律规制也以条款分割的形式分散置于多个法律中。在这种立法模式下，跨境数据流动法律规制的内容被多部法律吸收包含，一部法律只涉及跨境数据流动的某一方面或某一类数据的规制，法律与法律之间往往具有并行的法律效力。如印度，[2] 目前围绕跨境数据流动的法律以《信息技术法案》(2000 年)[3] 为主，辅以《隐私条例》(2011 年)[4] 行政法规对公司出境个人信息的程序作出规定。除此以外，印度的金融部门(Reserve Bank of India)在 2018 年发布规定对金融数据的跨境流动进行单独规定。又如，越南的跨境数据流动法律规制立法形式也颇具特色。为配合国家战略，快速实现数据控制和数字贸易发展，越南围绕跨境数据流动，以分散立法的形式将法律

[1] 这 17 个国家为美国、加拿大、阿联酋、马来西亚、越南、安哥拉、哥斯达黎加、印度、也门、洪都拉斯、厄瓜多尔、印度尼西亚、马拉维、危地马拉、萨尔瓦多、沙特阿拉伯、伊朗。

[2] 虽然，印度已经制定完成《个人数据保护法案(草案)》，并于 2019 年在印度下议院通过，但尚未完成立法程序。

[3] See Information Technology Act, 2000, issued by Indian Parliament amended by the Information Technology (Amendment) Act, 2008.

[4] See The Information Technology (Amendment) Act, 2008 inserted Section 43A in the IT Act and the Central Government, in exercise of the powers conferred by clause (ob) of sub-section (2) of Section 87 read with Section 43A of the IT Act, 2000 notified the Information Technology (Reasonable security practices and procedures and sensitive personal data or information) Rules, 2011.

规制扩张并渗入网络空间的方方面面。《刑法》(2015 年)[1]、《网络安全法》(2017 年)[2]、《网络信息安全法》(2018 年)[3]、《消费者权益保护法》(2018 年)[4]、《信息技术法》(2017 年)[5]、《电子交易法》(2005 年)[6]、《关于信息系统安全分级的 85 号政令》[7]、《关于政府管理、提供和使用网络信息服务及在线信息的 72 号政令》[8]、《关于国有企业经营管理的 52 号政令》[9]、《全国范围内信息安全

---

[1] See Vietnam Criminal Code No. 100/2015/QH13, passed by the National Assembly on 27 November 2015.

[2] See Vietnam Law No. 24/2018/QH14 on Cyber security, passed by the National Assembly on 12 June 2018.

[3] See Vietnam Law No. 86/2015/QH13 on Cyber information Security, passed by the National Assembly on 19 November 2015; as amended by Law No. 35/2018/QH14 dated 20 November 2018, on amendments to some articles concerning planning of 37 Laws.

[4] See Vietnam Law No. 59/2010/QH12 on Protection of Consumers' Rights, passed by the National Assembly on 17 November 2010; as amended by Law No. 35/2018/QH14 dated 20 November 2018, on amendments to some articles concerning planning of 37 Laws.

[5] See Vietnam Law No. 67/2006/QH11 on Information Technology, passed by the National Assembly on 29 June 2006; as amended by Law No. 21/2017/QH14 dated November 14, 2017 on planning.

[6] See Vietnam Law No. 51/2005/QH11 on E-transactions, passed by the National Assembly on 29 November 2005.

[7] See Vietnam Decree No. 85/2016/ND-CP dated 1 July 2016, on the security of information systems by classification (Decree 85).

[8] See Vietnam Decree No. 72/2013/ND-CP dated 15 July 2013 of the Government, on management, provision and use of Internet services and online information; as amended by Decree No. 27/2018/ND-CP dated 1 March 2018 and Decree No. 150/2018/ND-CP dated 7 November 2018 (Decree 72).

[9] See Vietnam Decree No. 52/2013/ND-CP dated 16 May 2013 of the Government; as amended by Decree 08/2018/ND-CP dated 15 January 2018, on amendments to certain Decrees related to business conditions under state management of the Ministry of Industry and Trade (Decree 52).

相应协作体系的通知》[1]、《公共数据跨境提供的通知》[2]和《使用管理互联网资源的通知》[3]等都对跨境数据流动提出了极高的要求。

根据上述分析可知，围绕跨境数据流动立法体例安排的背后，不仅是一种微观的立法技术问题，实际上还牵扯宏观意义上的立法思维。采用专章式立法的国家提倡跨境数据流动概念式思维，是一种相对静态的定性思维；采用分散式立法的国家则是跨境数据流动类型化思维，是一种动态的定量思维。两种思维的共性在于，都对具有规制意义的跨境数据流动现象进行归纳、提炼和抽象，再进行一定归类。二者的区别在于，以概念式思维设计法律的立法者从对作为客观存在的、具有共性的个别现象的观察中，抽象获得其所代表的共同体即数据主体的某种权利诉求，进而将此价值诉求表达成专章式的规范。这是一个从"实然"到"应然"的过程。相对地，以类型化思维设计法律的立法者则是将跨境数据流动法律规制所表达的共同体即数据主体的权利诉求予以具象化，进而形成具体行业合规操作。这是一个从"应然"到"实然"的过程。二者各有利弊，也各有思维基础。

---

[1] See Vietnam Circular No. 20/2017/TT-BTTTT dated 12 September 2017 of the Ministry of Information and Communications, providing for Regulations on coordinating and responding to information security incidents nationwide (Circular 20).

[2] See Vietnam Circular No. 38/2016/TT-BTTTT dated 26 December 2016 of the Ministry of Information and Communications, detailing cross-border provision of public information (Circular 38).

[3] See Vietnam Circular No. 24/2015/TT-BTTTT dated 18 August 2015 of the Ministry of Information and Communications, providing for the management and use of Internet resources (Circular 25).

2. 规制规则的采用差异

规制的核心内容在于规则设置,数据出境国通过一系列数据向域外流动的条件、方式、责任承担等规则,来刻画数据流动合法渠道。笔者对全球129个国家的法律内容进行归纳、提炼,从而作出一定归类后共发现8种流动规则。采用率最高的是“充分性评估”,有94个国家采用;采用最少的是“数据本地处理”,只有1个国家采用(见表4-2)。跨境数据流动政策工具的采用率反映其在全球的分布情况:采用率越高意味着立法者越是频繁地采用该种基本工具跨境数据流动行为,同时也反映出该政策工具的重要性。

表4-2 跨境数据流动法律规制工具采用情况

规制工具	采用国家数量/个	采用率/%
单方无条件数据自由流动	12	9
基于充分性保护认证条件下流动	95	73
在用户同意或其他合法的数据传播条件下流动	91	70
基于充分保障承诺下的流动	48	37
数据本地化存储	27	13
数据本地化处理	1	1
关键数据生成设施本地化	6	5
数据副本本地留存	2	2

数据来源:笔者根据各国法律文本统计。

8种规制规则作为实现约束数据流动行为的规则工具,具有很强的差异性,即不同的工具干预数据流动的方向不同、介入数据流动的时间不同、约束数据流动的程度亦各不相同。具体如下:

第一,单方无条件数据自由流动是指一国基于国内法的规定向其他国家单方授予无障碍的、无规制要求的数据出境许可。在该规则下,无论事前还是事后,无论是存储、处理、迁移以及其他任何单一操作或一系列操作,数据入境国或数据接收方都无须承担任何附加义务以换取数据入境。采用这一规则的国家,数据具有高度可获得性和可迁移性。数据获得既不受政府主管当局的限制,也不受到基于合同或技术理由的限制;数据迁移的具体信息和操作要求由数据出境方和入境方自行确定,可以实现数据有效切换。采取这一政策工具的国家全球共计 12 个,大多为经济发展较落后或法治水平较低的国家。[1]

第二,基于充分性保护认证条件下流动,是指一国对数据保护达到至少不低于数据生成国保护的水平。保护的充分与否取决于数据生成国对数据流动目的国法律和实践状况的评估,通过评估决定目的国能否充分保护本国的数据。如果通过充分性验证,数据生成国与目的国之间传输数据便不再需要额外的保障措施。作为采纳率最高的流动规则,它在 1981 年由欧洲委员会《个人数据自动化处理中的个人保护公约》创设,该公约要求在其他缔约方提供"相同程度保护"的条件下确保跨境数据自由流动。1995 年,欧盟《个人数据处理的个人保护及流通指令》确立了"只有在第三国确保提供适当保护水平时,才能将个人数据向第三国转移"的基本原则。2018 年,《通用数据保护条例》保留这一规制工具,并更详细地拓展"充分"依据的覆盖范围,考量因素覆盖政治因素、法治因素、数据保护立法与执法

〔1〕 这 12 个国家为巴拉圭、津巴布韦、埃塞俄比亚、加纳、菲律宾、圣卢西亚、安提瓜和巴布达、厄瓜多尔、马拉维、萨尔瓦多、沙特、黎巴嫩。

情况、签订的国际协议等。[1] 从1981年至今,这一基本规则的影响早已突破法域的空间界限,内化为全球73%国家的基本选择,充分显示了欧盟在数据跨境流动国际规则制定中的超强影响力。"充分性评估"并没有全球统一的标准。作为"充分性评估"规则的"发源地",欧盟的评估标准颇具指示意义。以欧盟评估日本的保护水平为例,欧盟侧重数据出境国的立法质量和执行效果的评估,包括日本的规则与欧盟法律规制体系之间的差异、[2] 日本政府为刑事执法和国家安全目的访问数据的必要性和合比例性保障,[3] 以及权利救济机制。[4] 日本在这三个层面的数据保护水平都达到了欧盟水平,最终通过了欧盟的充分性评估。

---

[1] 目前,欧盟委员会确认的白名单国家共有12个,包括安道尔、阿根廷、加拿大(仅商业组织)、法罗群岛、根西岛、以色列、马恩岛、泽西岛、新西兰、瑞士、乌拉圭和日本。韩国正在与欧盟谈判之中,印度也被考虑纳入谈判议程。《通用数据保护条例》还允许欧盟委员会对第三国或国际组织内的特定地区、一个/多个部门进行充分性认定。这似乎为一个国家内的特定地区或经济部门提供了充分性认定的大门。

[2] 欧盟认为,日本的数据保护增补规则可以弥补两个数据保护系统之间的若干差异。这些额外的保障措施(如保护敏感数据)将强化行使个人权利以及欧盟的数据可以从日本进一步转移到另一个第三国的条件。这些补充规则将对从欧洲境内传输数据至日本的日本公司产生约束力,并可由日本个人情报保护委员会(Personal Information Protection Commission, PPC)和法院执行。See European Commission adopts adequacy decision on Japan, *Creating the Worlds Largest Area of Safe Data Flows*, European Commission (September 10, 2018), https://ec.europa.eu/commission/presscorner/detail/en/IP_18_5433.

[3] 欧盟认可日本政府向欧盟委员会保证的有关日本公权力机关以刑事执法和国家安全目的来访问数据的保障措施,确保任何此类个人数据的使用仅以(处理目的)必要和相称为限,并有独立的监督及有效的救济机制。See European Commission adopts adequacy decision on Japan, *Creating the Worlds Largest Area of Safe Data Flows*, European Commission (September 10, 2018), https://ec.europa.eu/commission/presscorner/detail/en/IP_18_5433.

[4] 欧盟认可日本设立的投诉处理机制,用于调查和解决欧洲对日本公权力机关访问其数据的投诉。这一新机制将由日本独立数据保护机构管理和监督。See European Commission adopts adequacy decision on Japan, *Creating the Worlds Largest Area of Safe Data Flows*, European Commission (September 10, 2018), https://ec.europa.eu/commission/presscorner/detail/en/IP_18_5433.

第三，在用户同意或其他公益或私益例外条件下流动是指在以禁止出境为基本原则的环境中，通过包含用户同意在内的多种减损设定禁止出境的例外情况，为数据控制者进行必要的数据流动提供合法性基础。综合 129 个国家的立法，笔者归纳出以下例外：(1)数据主体在知悉个人数据被传输到境外的风险后，作出明示同意(consent)；(2)因履行与数据主体的合同而必须传输数据；(3)在无法取得数据主体明示同意的情况下，因法定范围内公共利益所需的数据传输，如反恐活动所需；(4)因提起诉讼、答辩或行使诉讼权利而为的数据流动；(5)为保护数据主体或他人的重大利益以解决某些紧急情况所需的数据流动，如为数据主体健康医疗服务；(6)在完成相关合规保障程序要求后为数据控制者的合法利益而进行的必要数据流动；(7)因数据东道国履行国际义务所需的数据流动。采纳例外方式设置本国跨境数据流动法律规制政策的国家数量仅次于采取充分性评估的国家，达到了 91 个国家，占总量的 70%。

第四，基于充分保障承诺下的流动，是指数据接收者以数据生成国认可的形式承诺数据在其管理范围内有不低于数据生成国保护水平的充分保障。该规则以可被问责的事后处罚来实现阻吓功能。采纳这一规则的国家总量达到了 48 个，位列 8 种流动规制规则第三名，仅次于充分性评估和减损例外。常见的充分保障形式包括“有约束力的公司规则”、“标准合同条款”和“行业共识”等。有约束力的公司规则适用于执行跨国企业集团内部的数据传输活动。作为一种内部的数据传输规则，有约束力的公司规则只有在特定的企业集团、国际组织范围内才有效，以保障这一范围内自由安全的数据流动。即便只是一种内部规则，有约束力的公司规则仍然具有法律约束力与可执行性，通过规则明确要求集团采取足够安全措施，来保障数据主体处理个人数据权利的执行。标准合同条款是指企业采纳并承诺按照数据生成国监管机构认可的传输数据范本合同履行其数据保护义务。合同一经采纳便可以认定该数据控制者满足了数据保护的要求,监管者将对其数据传输予以放行。行业共识是数据控制者可以成立协会并提出遵守本国法律的详细行为准则(如数据控制者协会),以行业自治准则的形式获得认可。

第五,数据本地化存储是指通过制定法律规则要求任何本国或者外国公司对于控制的数据只能存储于数据生成国境内的服务器,而禁止将数据传输至数据生成国之外存储。这一规则实际上明确禁止数据出境,共27个国家采取这一规则,但没有一个国家要求所有的数据控制者都承担无差别的数据本地化存储责任。相反,27个国家根据不同主体与不同场景要求数据控制者满足数据本地化存储的规定。阿根廷、印度、荷兰、尼日利亚和印度尼西亚对公共部门的政务活动中产生的数据进行本地化存储;法国和马来西亚则对司法数据进行限制;韩国对地理测绘数据和信用卡数据离境进行限制;希腊对媒体数据进行限制;比利时、丹麦、芬兰、德国、瑞典、英国、美国和新西兰对企业财务数据离境进行限制;比利时、德国、美国对税务数据离境进行限制;印度、卢森堡和瑞典对金融机构生成数据进行限制;印度尼西亚、委内瑞拉、土耳其对数字货币有关数据离境进行限制;澳大利亚对个人健康数据离境进行限制;比利时对股东信息离境进行限制;保加利亚、波兰和罗马尼亚对博彩消费者数据离境进行限制;尼日利亚对消费者数据离境进行限制;德国和俄罗斯对通讯元数据离境进行限制;哈萨克斯坦对域名数据离境进行限制;美国和越南对云设备生成数据离境进行限制;越南还对涉及国家机密的数据实行严格的核准出境制度。

第六,数据本地处理是指数据的采集、存储、检索、加工、变换和传输都只能使用数据生成国境内的服务器,禁止数据处理链条上任何环节使用数据生成国之外的处理器。相较数据本地化存储,数据本地处理以尺度更严苛的“处理”替代“存储”。当然,“处理”或“存储”本身皆属于数据处理链条上的环节,二者的区别具有模糊性和弹性,需要法律设计者综合考虑后使用。目前,仅有尼日利亚中央银行规定要求所有的销售终端和ATM终端产生的商业数据必须本地处理。

第七,关键数据生成设施本地化是指外国服务商必须适用本地设备。共有6个国家要求能够收集海量本国公民个人数据的设施,如域名解析服务、数据中心云服务、互联网基础网络或社交媒体服务等,必须采用本地设备进行处理和存储,以避免海量数据被置于境外对国家安全、经济安全、公共健康或安全中的一项或多项产生破坏性影响。以印度尼西亚为例,该国《信息与电子交易条例》要求电子系统运营者将其数据中心、灾难恢复中心设于本国境内,并配备印度尼西亚生产或认可的设备。[1] 保加利亚和韩国要求通信设备和信息中枢控制系统设施为本国企业提供;巴西、越南和俄罗斯则要求云计算设备作为关键设施要使用国产设备并设置于本国境内。

第八,数据副本本地留存规则是云计算系统特殊存储方式的产物。在云计算环境下,数据呈分散式存储方式,数据的可靠性通过冗余存储的方式来保证,但一份数据在存储时会同时生成多个副本。[2] 在这种技术背景下,严格意义上的原件只存在于特定的网络

[1] See Indonesia Law No. 11 of 2008 on Electronic Information and Transactions.

[2] 参见吴吉义、章剑林、傅建庆等:《基于Kademlia的云储存系统数据冗余方案研究》,载《电信科学》2011年第2期。

服务器中,而数据副本散落在各个系统中,在灵活、位置独立的基础上进行分配,只有在使用时才集合。[1] 俄罗斯和土库曼斯坦就要求存储时生成的副本要存储在本国境内。俄罗斯联邦《个人数据法》[2]要求个人数据应当境内存储,且还要求信息拥有者、信息运营者应当在俄罗斯建立数据中心存储副本。土库曼斯坦的《个人数据保护法》[3]则要求流动出土库曼斯坦的个人数据应当在土国境内留存副本。虽然数据副本本地留存是数据本地化措施的一种,但是实际上并没有给跨境数据流动设置任何障碍,因为副本并不等于"原件"。俄罗斯和土库曼斯坦也仅要求副本存储于国内,并未对"原件"进行约束。

在规制规则的具体运用上,有 43 个国家的跨境数据流动法律规制效果依赖于单一规则的效率,另外 86 个国家则选择运用多种规则组合搭建阶梯化的规则网络。43 个采用了单一规则的国家中,有 15 个国家采用概括性"充分性保护";[4]有 12 个国家采用"单方数据自由流动";有 14 个国家采用"用户同意和其他合法数据传播";[5]有 2 个国家采取单一的"问责制"。[6]

86 个采取组合规则国家的流动规则虽然是一个集中体,但并不

---

〔1〕 参见[英]克里斯托弗·米勒德编著:《云计算法律》,陈媛媛译,法律出版社 2019 年版,第 4 页。

〔2〕 See Russian Federal Law of 27 July 2006 N 152 – FZ ON PERSONAL DATA, adopted by the State Duma on 8 July 2006, approved by the Federation Council on 14 July 2006.

〔3〕 See The Law of Turkmenistan No. 519 – V " On Information about Private Life and its Protection".

〔4〕 这 15 个国家是摩纳哥、新西兰、乍得、安道尔、布基纳法索、塞内加尔、莱索托、也门、科特迪瓦、土耳其、卡塔尔、尼日尔、不丹、肯尼亚、博茨瓦纳。

〔5〕 这 14 个国家是韩国、智利、塞舌尔、阿联酋、墨西哥、哥斯达黎加、多米尼加、洪都拉斯、印度尼西亚、白俄罗斯、危地马拉、阿尔及利亚、圣基茨和尼维斯、赞比亚。

〔6〕 这 2 个国家是加拿大和毛里塔尼亚。

是混沌一体的，它们是由不同层次、不同结构的具体规则相互作用、相互协调、相互制约形成的有机整体。基于类型学原理，86个采取阶梯化规则网络的国家可以提炼出四种不同的结构。其一，有41个国家采用以“充分性保护”为基础，配合“基于用户同意或其他法定减损原则”和“基于充分保障承诺下的流动”的三重规则体系。这41个国家中，有14个国家在这一组合路径之外增加了数据本地存储的要求，[1]有2个国家不仅增加了数据本地存储的要求还增加了关键数据设施本地化的要求，[2]剩余25个国家没有数据本地化的相关规制内容。[3] 其二，有33个国家则采用以“充分性保护”为基础，辅之以“基于用户同意或其他法定减损原则”的规则体系。33个国家中，有3个国家在这一路径之外增加了数据本地存储的要求，[4]有1个国家不仅增加了数据本地存储还增加了数据本地处理的要求，[5]另有1个国家则要求数据本地存储、数据副本留存和关键数据设施本地化的要求，[6]其他28个国家则未作数据本地化的规制。[7] 其三，还

---

〔1〕 这14个国家是瑞典、德国、法国、丹麦、挪威、卢森堡、英国、芬兰、澳大利亚、荷兰、比利时、希腊、波兰和罗马尼亚。

〔2〕 这2个国家是保加利亚和印度。

〔3〕 这25个国家是奥地利、以色列、圣马力诺、爱尔兰、冰岛、斯洛文尼亚、葡萄牙、捷克、匈牙利、斯洛伐克、西班牙、瑞士、意大利、立陶宛、拉脱维亚、塞浦路斯、马耳他、波黑、列支敦士登、克罗地亚、爱沙尼亚、塞尔维亚、乌拉圭、秘鲁、巴林。

〔4〕 这3个国家是阿根廷、马来西亚、哈萨克斯坦。

〔5〕 这1个国家是尼日利亚。

〔6〕 这1个国家是俄罗斯。

〔7〕 这28个国家是日本、泰国、阿塞拜疆、阿尔巴尼亚、佛得角、亚美尼亚、毛里求斯、突尼斯、马其顿、萨尔瓦多、哥伦比亚、吉尔吉斯斯坦、黑山、摩洛哥、加纳、特立尼达和多巴哥、乌克兰、格鲁吉亚、马达加斯加、赤道几内亚、圣多美和普林西比、巴拿马、埃及、伊朗、塔吉克斯坦、乌干达、多哥、乌兹别克斯坦。

有6个国家采用“充分性保护”和“充分性保障”的规则组合形式。[1]其四,有3个国家采用“用户同意和其他法定减损”以及“充分性保障”的规则组合形式。[2]

从总体上看,无论是哪一种规制规则或规则集,对数据流动的规制在原初意义上都表现为对数据控制的意志性因素,这种主观化的因素借助法律工具,形成了本国的数据流动冲突解决方案。采用单一规制规则可以发挥出唯一的规制规则的最大功能优势,也可以更有针对性地解决问题。但是无论哪一种规制工具与数据流动之间都不可避免地存在空隙。例如,采用“充分性保护”路径需要考虑大多数达不到本国要求的国家跨境数据流动的具体需求;采用“用户同意和其他合法数据传播”路径需要考虑私人或企业是否会规避这种规制要求;而采用“问责制”路径需要考虑企业数据合规的有效性。相反采用规则集的形式被认为可以有效填补空隙,弥补原则性规制路径的不足,帮助减轻单一规制工具所带来的如规制僵化、效率低下、企业消极合规等诸多症状。如果规则集的设计能够做到规则之间各有侧重而又相互顺承与衔接,最能体现跨境数据流动法律规制体系性与内容的完整性。

3. 规制机构的设置差异

规制机构设置考察一国是否设置数据流动规制监管组织以及如何作横向和纵向安排协调等。由于129个样本国家中总共有105个国家设立了监管机构,可见通过规制机构提供执行信息以改善法律规制质量是主流选择。按照跨境数据流动规制机构的监管集中程度

〔1〕 这6个国家是巴哈马、贝宁、安哥拉、马里、巴西、巴巴多斯。其中,巴西还要求关键数据设施本地化。

〔2〕 这3个国家是新加坡、南非、牙买加。

划分,可以分为综合监管和机构监管两种类型组织。

首先,综合监管重点关注“数据”,而非数据涉及的行业或机构本身。设置综合监管的国家大多将与数据流动有直接关联的数据控制者的活动或行为纳入综合监管机构监管范围。综合监管不以数据生成的行业归属作为监管对象范围的划分依据,它监管的是数据流动的整个过程。在这一过程中,所有涉及跨境数据流动的功能由同一监管者进行监管,无论这种数据是由哪一个行业的数据控制者所控制。其目的在于实现跨境数据流动中跨数据类型、跨机构、跨市场的协调。样本国家中共有91个国家设立专门的综合监管机构来监管包括跨境数据流动在内的所有数据监管业务。以日本为例,日本设置了日本个人情报保护委员会(Personal Information Protection Commission)作为日本的个人资料私隐管理部门。虽然个人信息保护委员会不具备基本的执法权,但它作为一个咨询建议机构,负责出台面向所有涉及跨境数据流动问题的法律解释或企业合规建议,这依然是一种以行为监管为核心的综合监管模式。

其次,机构监管是基于数据类型确定监管权力的边界权限,以数据生成行业范围作为数据监管范围的划分依据。通过在原有行业监管机构的基础监管功能之外增加数据流动监管功能,让同一类型的数据由特定的监管者监管。不同行业之间即使具有相同的待监管数据流动,仍然分属各自行业的监管部门行使流动监管权限,如当前的美国各行政机构之间的数据流动监管范围划分。在电信数据领域,美国联邦通信委员会对电信运营商的用户信息跨境流动工作负有监管职能;在科技数据出口规制方面,商务部和安全部则承担监管任务;在外国投资关键领域则是由商务部进行把控;在金融领域,美国金融消费者保护局负责金融消费者数据跨境流动的监管任务;而在金融之外领域的消费者保护由美国联邦贸易委员会负责。

在分散体制下,监管者的权力行使指向的主要不是数据,而是数据来源机构本身。凡属金融业的公司机构生成数据即属于金融监管机构的监管对象,而非属金融业的公司机构即使收集了银行卡等金融信息,也可脱离金融监管部门的监管。例如,社交媒体为实现实名注册等功能向不特定用户收集银行卡信息,但是从事这类活动的公司机构却不能纳入金融机构的数据流动监管对象范围。样本国家中共有 14 个国家采用了机构监管设置,最多只能算是微弱趋势。

三、跨境数据流动国内法强度指标体系设计

上一节展示了笔者建立的涵盖 129 个国家跨境数据流动法律规制内容的数据库。由于各国规制模式不一,内容纷繁复杂。在此基础上,笔者构建了跨境数据流动法律规制强度评估体系。该评估体系指标设计涵盖立法模式、规制规则和监管组织。强度指标不仅可以作为比较各国跨境数据流动法律规制标准的工具,而且还有助于从国家层面考察数据流动限制程度对数字贸易的动态影响。

(一)评估的可行性

跨境数据流动法律规制评估首先要解决的是评估的可行性问题。就样本国家范围而言,即如何把处在不同数字技术发展水平、不同数字贸易发展水平、不同法律规制水平的国家,用同一标准评估。笔者认为,各国跨境数据流动法律规制模式有着内赋的融普遍性与特殊性于一身的特点,这一特点也构成评估可行性的基础。

1. 跨境数据流动法律规制的普遍性

就跨境数据流动法律规制的普遍性而言,虽然在运行过程中有许多技术性的内容,如立法体例、规制规则、监管机构等,但是其基本

内涵具有一定的中立性和规律性。概言之，无论哪一个国家，跨境数据流动法律规制的出发点都是规范数据控制者的权力，追求的都是“国家数据权与数据控制者数据流动自主权”以及“公民数据权与数据控制者数据流动自主权”两组对立两权的权衡，归属是协调数据控制和数据流动的紧张关系，以最终实现一种良性的数据秩序。基于此，具有普遍性的理论基础构成跨境数据流动法律规制的全球最大公约数。

2. 跨境数据流动法律规制的特殊性

经过40年的发展，随着跨境数据流动法律规制的扩充和手段的增多，跨境数据流动法律规制日益增强，各国跨境数据流动法律规制模式都是由大量洞见交织而成的复杂集合体。从维持数据自由流动发展到严格控制跨境数据流动，规制工具设计越来越精致化，规制模式越来越多样化。可以清楚地看到各国两权对立框架内，两权地位的消长协调的现实方案差别很大，不是千篇一律、固定不变的，这便是跨境数据流动法律规制模式的特殊性所在。

鉴于此，考虑各国跨境数据流动法律规制价值基础的普遍性和法律规制内容构造的特殊性，建立一种适用于全球范围的全局性指标体系是可行的。

（二）评估方案的设计

笔者评估的主题设定为对全球129个主权国家的跨境数据流动法律规制体系进行宏观评估。在综合考虑基础上，作出评估方案设计。

第一，在本体论方面，评估建立基于实质性数据的流动治理。首先，只要一国的跨境数据流动法律规制能够通过官方发布的法律文本进行统计、量度，就被纳入评估对象。其次，为避免评估仅停留在

“纸面上的法律”而出现孤立、静止看待跨境数据流动法律规制的问题，本评估的结果是从实质性数据治理的角度解读的：确定性的法律规范在规制效果上的强度，即企业因遵守法律规制而面临的数据自由流动限制程度，比单纯比较法律条款数量、法律内容安排更具有说服力和解释力。

第二，在价值论方面，评估的价值在于优化法律规范的完备性和科学性。跨境数据流动法律规制的价值优化对规范性法律文件的制定有很高的要求：一是文本完备、结构严谨、上下有序、内外协调、有效衔接、价值融贯、调控严密。二是法律内容要科学，立法需合乎规律，对“可以做什么”和“不能做什么”的范围划定要具有可操作性。法律文本完备性是对法律规范体系的形式要求，法律效果科学性是对立法内容的要求。就整体上而言，这两个方面的价值要求是相互协调的，构成一个形式完备、规制强度适中的法律规制体系。

第三，在方法论角度，规制强度指标体系采用定性评估方法。在通常情况下，定量评估和定性评估均是可以采用的评估方法。定量评估是指通过数据的形式客观展示跨境数据流动法律规制的实施效益；定性评估是指根据法律内容及其组合评判某个国家符合跨境数据流动法律规制价值的程度。笔者认为，以法律内容为评估对象进行定性研究更符合本研究的目的。一方面，129 个样本国家无论采用何种立法模式，都是从本国的规制生成逻辑出发，以国内法的形式建立规制的基础，形成相同或相异的跨境数据流动法律规制模式，引导数据控制者的所有数据出境活动的。法律规制的实施效能建立在法律内容之上，它不可能超出法律内容所预设的范围，也不能突破法律内容的界限。另一方面，实施效能的定量评估适合数量巨大的样本，涉及大量极其复杂并难以获取的数据信息。这些信息通常取决于特定数据流动的具体情况，如数据出境方和入境方之间的关系、法院和行政机构对数据流动法律执行的严格程度甚至涉及法域的法律基础和法治环境。如果对这些额外的主观变量进行分析，不仅复杂难控，更容易干扰评估的本意，[1]导致结果精确度的不稳定。基于此，本方案采取定性评估方法，通过 129 个国家法律文本中的跨境数据流动法律内容，实证考察全球跨境数据流动法律规制现状，并用可视化的评估结果呈现当前国际跨境数据流动治理秩序所面临的多维挑战。

（三）评估指标的选择

对于任何定性评估来说，首要工作在于把干扰项排除出去，分离出纯粹的规则，使变量可以把相关性（correlation）和因果关系（causation）等同起来。这需要通过评估指标的选择来实现。评估指标作为表征既以数量特征的形式传达研究对象某方面信息的概念载体，还以性质特征的形式完成同样的传达，所以，指标的观测基点和判断依据需要能真实反映规制的强度效果。基于此，为提高不同模式间的可比性及分析结论的准确性，笔者参考法治评估体系，明确指标应具备互斥性（mutually exclusive）、穷尽性（exhaustive）、单项性（uni-dimensional）和互换性（interchangeability）4 个要求，[2]并根据法律规制横向的运行过程，将跨境数据流动分为立法规制指标、规则规制指标和监管规制指标。3 个指标组成的框架可以反映跨境数据

[1] 因为在大部分情况下，定量评估只会展示一种司空见惯的共识：在经济落后的国家，对法律的遵守很差，法律执行机构也很弱；而在先进的国家则会投入更多的社会资源到执行工作中去。

[2] 参见冯玉军：《中国法律规范体系与立法效果评估》，载《中国社会科学》2017 年第 12 期。

流动法律规制的动态性特点，立法、规则与监管各阶段的规制政策各有侧重而又相互顺承与衔接，基本覆盖跨境数据流动法律规制涉及的方方面面，体现规制体系与内容的完整性。基于此，笔者根据法律法规条文，设计出由3个一级指标，12个二级指标组成的跨境数据流动法律规制体系指标框架。[1] 其中一级指标和二级指标相互联系、层层深入，对样本国家可能提供的法律资源进行梳理与评估，避免重复评价的可能，能够检验现存的正式法律规制体系和数据流动限制程度（见表4－3）。

需要说明的是，在129个样本国家跨境数据流动法律规制中，提取出的法律规制内容数量庞大，不可能分别精确划分到既有的分类体系中，并且这些内容本身具有一定的相似性，并非简单、绝对的正相关关系。由此，笔者的聚类分析方法仅是不同相似度的集合划分。

表4－3　跨境数据流动立法规制评估指标详解

一级指标			二级指标	
名称	权重	具体评估判断点	名称	分数
立法架构	0.2	这一指标探寻的是围绕跨境数据流动进行规制的法律条款，即那些涉及跨境数据流动原则、条件、操作规则等内容的具体规定条款是如何设置的	专章立法	1
			分散立法	0.5

〔1〕 由此，本章的聚类分析方法仅是不同相似度的集合划分，并从这些集合中分解出关键的指标。实际上，各国间围绕跨境数据流动法律规制存在大量可测量的差别。本章所列出的对比分析仅为这些差别的一部分。

续表

一级指标			二级指标	
名称	权重	具体评估判断点	名称	分数
流动规则	0.5	各国法律设计者为了解决跨境数据流动的有效控制或实现数据保护目标而设置的数据出境必要条件	单方无条件数据自由流动	0
			基于充分性保护条件下流动	1
			在用户同意或其他合法的数据传播条件下流动	0.5
			基于充分性保障承诺下流动	0.25
			数据本地化存储	1
			数据本地化处理	1
			关键数据生成设施本地化	1
			数据副本本地留存	0.25
监管组织	0.3	一国是否设置数据流动规制监管组织以及如何做横向和纵向安排协调，这些规制机构负责具体实施某项干预活动的手段、步骤和做法	综合监管	1
			机构监管	0.5

跨境数据流动法律规制评价体系的一级指标是在法律文本的基础上的进一步细化，其对具体的跨境数据流动法律规制的因素进行评估，成为规制效能的重要参考依据。一级指标对应立法、规则、监管3个部分。“立法指标”测试法律的形式体例，考察样本国家的立法体例结构是否健全。“规则指标”测试法律明确公开的跨境数据流动规则，为数据控制者所普遍遵循，旨在对数据控制者的数据出境行为进行限制，包括“哪些流动是法律允许的”“哪些流动是法律禁止

的”“哪些流动是法律禁止的例外”等。“监管指标”测试法律在执行中如何保障其强制力被公正地执行。二级指标是具体内容的评价,从微观层面分析跨境数据流动具体的规制内容。“立法指标”由2个二级指标组成“专章式立法”“分散式立法”,考察样本国家将跨境数据流动法律规制的法律规范或者法律文件按照一定的体例集约为一个还是分散为多个法律文件。“规则规制”由8个二级指标组成:(1)单方无条件数据自由流动;(2)基于充分性保护认证条件下流动;(3)在用户同意或其他合法的数据传播条件下流动;(4)基于问责制条件下的流动;(5)数据本地化存储;(6)数据本地化处理;(7)关键数据生成设施本地化;(8)数据副本本地留存。8个二级指标涉及样本国家的法律对数据流动作出的限制,考察法律设计者如何设计本国的跨境数据流动政策体系。“监管规制”包含“综合监管”和“机构监管”2个二级指标,体现法律在执行和适用流动政策中所具有的适应性和效率性。以上指标全部是客观指标,[1]这些指标的优点包括:(1)这些指标是有效的测试手段解释一个国家以法律的形式对待跨境数据流动问题的基本态度。(2)这些指标是可测量的,能达到合理的精确度。相比较而言,其他那些与一般意义上的法律风格和文化相关的主观指标无法实现精确测量。(3)这些指标在数量上是有限的,不会因为烦琐的细节而让人感到困惑。(4)这些指标都是硬法,可以通过观察直接获得。

---

[1] 数据生成过程均由人工操作进行,包括手工提取和样本指标人工归类这两个环节。当前并不存在其他有系统完整的数据库能够支撑计算机提取操作代替人工介入,所以数据和分类有人工干预的局限性。评估本身就是一种主观性的实践,不存在绝对的“客观”,客观指标的选择本身就是主观性的。即便如此,客观指标更能反映评估对象的真实情况,更易于统一评估标准,对于实际决策有更大的影响力。

(四)评估结果的计算

跨境数据流动法律规制强度评价体系的设计遵循系统性、代表性、区分性和可操作性原则,结合数据限制政策主要体现,最终形成指标体系。具体计算步骤如下:

步骤一:数据的收集。笔者以静态文本为基础,通过文献分析梳理和划分,判断该指标被实现的程度以获得一手数据。在进行编辑审查,去掉可疑数据和异常值之后,用简单的均值计算法对数据处理。

步骤二:权重的确定。由于评价体系包含复合型指标体系,对于数据自由流动和企业负担程度影响不一,因此根据每个一级指标和二级指标对跨境数据流动法律规制构成的影响程度赋予不同的权重。规则规制所占权重最大(0.5)。对于以定性为目的维度构建的指标,笔者主要根据二级指标 0 ~ 1 虚拟变量,若样本国家法律文本出现相应的内容,则获得相应赋权,然后适用一级指标按照不同的权重进行加总平均,以此度量该样本国家跨境数据流动法律规制的总体情况。应用笔者所构建的跨境数据流动立法评价体系,最终得出 129 个国家的得分及最终排名(见附件 2)。

四、全球跨境数据流动法律规制强度谱系测量

跨境数据流动法律规制强度评估不是简单地对法律内容的各个方面进行数量化处理,而是以可计量的方式概观地说明"是什么"。这是判明跨境数据流动法律规制现象和规制水平的关键。同时,法律规制强度评估也以量化的形式,类型化各国法律设计者推进跨境数据流动法律规制的成效。不仅对特定国家的规制水平作出恰当、准确的评估和定位,还对不同国家的规制强度进行排位,来比较和彰

显不同国家强化本国跨境数据流动法律规制的程度和成效。

根据强度测量得分可知，每个国家跨境数据流动法律规制模式都是从中间立场出发，根据本国需要调节数据控制和数据流动博弈价值之间的比重进而得分发生高低变化，并分别向开放型规制和控制型规制两个强度方向偏移。跨境数据流动法律规制的强度就像一个控制阀门，没有达到一定的“量”则属于低强度控制，在控制的程度超出特定的“阈值”(threshold)就成了高强度控制。为更好地说明这一现象，笔者采用“强度阈值”一词指称在跨境数据流动规制法律内容中具有标定数据出境“门槛”意义的技术标准，即究竟哪些流动可以获得法律认可，这实际上也是跨境数据流动法律规制的基本表达。为更好地观察跨境数据流动规制强度的横向分布，笔者以平均值(0.75,0.85)为基础把129个国家分为3组，得分高于0.85分的国家为一组，得分在0.75～0.85分的国家为一组，得分低于0.75分的国家为一组。由于样本包含所有的欧盟国家，笔者对欧盟国家的评价指标将取27个成员国的平均值(0.819)。3组强度值为笔者观察和把握各国跨境数据流动法律规制在全球数字治理体系中的应然位置提供了一个比较客观的参照系。

第一，当强度值处于(0.75,0.85)区间时，法律规制处于内外兼顾、动静平衡的中间态势，法律干预数据流动程度有限可控。和高规制强度国家一样，以中等强度值为标定功能的国家也在尽量压缩数据自由流动的空间。同时，和低规制强度国家一致的是中等规制强度国家对数据主体施加的特殊保护并不至于构成数据自由流动准则的显著破坏。毫无疑问，从数据出境概率来看，数据控制者在中等强度值国家既不可能拥有低规制强度国家那样高的出境概率，也不至于和高规制强度国家一样罕见。这一类国家一方面表现出靠近自由流动目标的显著倾向,另一方面又未完全摆脱控流倾向的影响,从而,在跨境数据流动的整体谱系定位上介于自由流动和控制流动之间,处于一个折中的位置。所以(0.75,0.85)是数据出境的“门槛”。第二,当强度值调低(<0.75)时,意味着法律介入数据流动程度弱化,脱离中间态势逐渐向数据开放流动型规制模式倾斜,逐渐扩大数据流动的机会或可能性。共有44个国家属于低规制强度类。在低规制强度下,数据流动规制降至低限度以维护自由流动这一价值取向。第三,当强度值调高(>0.85)时,法律介入数据流动程度加深,脱离平衡状态逐渐向禁止型规制模式倾斜,渐次压缩跨境数据流动的概率。共有40个国家属于高规制强度类型。在这一倾向下,数据的产生与控制高度合一,政府对于本国的数据拥有绝对的掌控能力,表现为对处于自己控制下的数据具有实际支配的可能,而不存在指向他国的请求性前提。

通过前述对129个样本国家跨境数据流动法律规制体系所作的客观量化评估,基本摸清了当前全球跨境数据流动法律规制体系创制与实施的基本情况。以上分析表明,跨境数据流动法律规制并非一个纯粹抽象的概念,相反,其内涵随着规制强度值的变动不居而展示出灵活多样的动态图景。正是法律规制的强度值伴随不同立法体例、规制规则和规制组织配置的不断变幻,决定了跨境数据流动法律规制体系中缤纷多样的强度系谱。作为法律规制强度类型化的结果,以“法律介入预期高低——强度值高低——规制模式选择”为链条的关联性考察,不仅为跨境数据流动规制模式研究找到一个数量化的视角与理由,同时也为规则建构与制度界分提供了较直观和清晰的一般分析模型。从宏观上说,跨境数据流动强度类型通过变虚为实、变抽象为具象,引导规划在数据控制和数据流动对立框架下寻求能够科学合理兼顾博弈的平衡点。从微观上说,类型化的规制强度把跨境数据流动法律规制转化为易于判别的具体标准,有助于对数据控制和数据流动之间的互动平衡点勾画清晰可辨的位置。但需要说明的是,本节就全球跨境数据流动法律规制体系与强度效果进行的客观性评估还属于初步研究,得出的相关结论还有待与本章其他环节进行衔接分析。

第二节 跨境数据流动法律规制强度的具体实践:以美、俄、欧为例

笔者对 129 个样本国家的跨境数据流动法律规制强度进行了类型化探索,大致分为 3 种类型的跨境数据流动法律规制强度:低强度值、中等强度值和高强度值。不同的强度值体现法律对跨境数据流动的不同要求,对应着不同的法律内容设计,体现了立法者对数据控制不同程度的预期。鉴于此,笔者拟以 3 种跨境数据流动法律规制强度为参照系,对 3 个代表国家的跨境数据流动法律规制内容进行梳理,为后文结合各国经验优化我国的法律规制奠定基础。

一、低强度值类型:美国跨境数据流动法律规制体系

美国的跨境数据流动强度值为 0.563,属于“低强度规制”模式国家。由于在信息通信产业和数字经济上具有全球领先优势,美国是跨境数据自由无障碍流动的支持者,其还试图利用数字产业全球领导优势主导数据流向。美国立法者认为强硬的法律结构会“不可

避免地阻碍商业活动”,[1]导致一个断裂的、“巴尔干化”的互联网世界(balkanization of the internet),[2]进而降低数字贸易的有效性创造的价值。这一基本价值导向构成了美国跨境数据流动法律规制体系中的浓重底色。因而,其规制模式表现出接近自由流动的开放流动或准自由流动倾向。

(一)立法体例:分散式立法模式

美国针对跨境数据流动进行规范的法律法规分散在不同类别、不同位阶的法案当中,是一种分散立法的体例,条款分割是主要特点。究其根源,美国联邦最高法院未正面阐述个人信息权,国会也一直不肯制定统一立法或建立统一的监管机构,而是坚持采取分散立法的方式。[3] 受其影响,跨境数据流动制度安排同样无法采用统一立法的方式,而是惯于通过分别调整相互协调,渐次稳妥地兼顾来全面统筹。但从实际保障效果来看,分散立法并不意味着立法不健全或不完善。美国跨境数据流动规制的法律依据包括由美国国会通过的涉及跨境数据流动规制的立法以及多个行政部门制定的法规和规则(见表4-4)。

---

〔1〕 [英]戴恩·罗兰德、伊丽莎白·麦克唐纳:《信息技术法》(第2版),宋连斌、林一飞、吕国民译,武汉大学出版社2004年版,第308页。

〔2〕 See A. Mattoo& JP. Meltzer, *International Data Flows and Privacy: The Conflict and Its Resolution*, Journal of International Economic Law, Vol. 21: 4, p. 769–789 (2018).

〔3〕 美国联邦最高法院虽然承认了信息隐私利益的宪法地位,但一直不肯正面加以阐述。See Whalen v. Roe, 429 U. S. 589(1977); See also NASA v. Nelson, 131 S. Ct. 746, 760(2011);孙平:《系统构筑个人信息保护立法的基本权利模式》,载《法学》2016年第4期。

表4－4　美国跨境数据流动法律规制相关的代表性法案(或提案)

序号	法案/提案名称	领域及立法目的	适用范围	效力
1	《2019年国家安全与个人数据保护提案》(National Security and Personal Data Protection Act of 2019)	特定国家的数据跨境传输限制	联邦	2019年11月18日提交参议院审议
2	《2018年出口管制法》(Export Control Reform Act of 2018)	出口数据出境限制	联邦	2018年3月13日生效
3	《外国投资风险评估现代化法》(The Foregn Investment Risk Review Modernization Act of 2018)	对外资在美投资涉及数据的业务限制	联邦	2018年3月13日生效
4	《数据保护法案》(Data Care Act)	阻止网站和应用程序使用传输个人数据伤害用户	联邦	2018年未通过,2019年12月3日重新提出
5	《澄清海外合法使用数据法案》(Clarifying Lawful Overseas Use of Data Act)	域外数据管辖	联邦	2018年3月23日生效
6	《金融现代化法》(Gramm-Leach-Bliley Act)	对金融机构传输非公开的个人信息进行规定	联邦	1999年11月12日生效

续表

序号	法案/提案名称	领域及立法目的	适用范围	效力
7	《健康保险隐私及责任法案》(Health Insurance Portability and Accountability Act)	对医护人员收集、披露和出境受保护的健康资料进行规定	联邦	1996 年 8 月 11 日生效
8	《公平信用报告法》(Fair Credit Reporting Act)	对收集和使用用户报告中的数据进行规定	联邦	1970 年 10 月 26 日生效
9	《视频隐私保护法》(Video Privacy Protection Act)	对视频租赁和输出过程中的隐私保护进行规定	联邦	1988 年 11 月 5 日生效
10	《家庭教育权和隐私权法案》(Family Educational Rights and Privacy Act)	对公共或私立小学、中学或符合学校的、公共资助的教育机构和外国政府获取个人教育信息和记录进行规定	联邦	1974 年 8 月 21 日生效
11	《联邦证券法》(Federal Securities Act)	对公司的数据安全保护措施和出境报告义务进行规定	联邦	1933 年 5 月 27 日生效

续表

序号	法案/提案名称	领域及立法目的	适用范围	效力
12	《儿童线上隐私保护法》(Children's Online Privacy Protection Act)	对网络运营商收集和出境儿童的数据进行规定	联邦	1998年10月21日生效
13	《电子通信隐私法》(Electronic Communications Privacy Act)	对在储存或传输中未经授权地获取或截取他人电子通信进行规定	联邦	1986年10月21日生效
14	《计算机欺诈与滥用法》(Computer Fraud and Abuse Act)	对未经授权的访问受保护的计算机进行规定	联邦	1986年生效
15	《联邦贸易委员会法》(Federal Trade Commission Act)	禁止不公平或欺骗性交易行为	联邦	1914年生效
16	《金融消费者保护法》(Consumer Financial Protection Act)	对与消费者金融产品或服务有关的不公平、欺骗或滥用行为进行规定	联邦	2010年7月21日生效

续表

序号	法案/提案名称	领域及立法目的	适用范围	效力
17	《加利福尼亚州消费者保护法案》(The California Consumer Privacy Act)	对在加利福尼亚州有业务或其网站可在加州访问的公司对用户的数据保护进行规定	加利福尼亚州	2020 年 1 月 1 日生效

(二)规制规则:以单方数据自由流动为原则,以特定数据的本地化存储为例外

1. 美国跨境数据流动的总括性规定:单方数字自由流动

美国尽管并未明确形成以"单方数字自由流动"命名的法律条款,但实质上维护数据自由流动的理念在法律内容中得到了广泛使用。换言之,其内容蕴藏在美国主导的双多边协定当中,呈现"外向性"特征。双边协定多表现为以"肯定性列表"方式对双方跨境数据流动作出开放承诺。以美韩 2012 年签署的自由贸易协定为例,美韩自贸协定对双方主要的贸易往来规定相应的关税优惠待遇,并以此促进美韩贸易发展。信息流动内容也被纳入其中。自由贸易协定第 15 章"电子商务"章节第 8 条"跨境信息流动"之规定,[1] 和第 13 章

[1] See U. S. -Korea Free Trade Agreement, 2012, "ARTICLE 15.8: CROSS-BORDER INFORMATION FLOWS Recognizing the importance of the free flow of information in facilitating trade, and acknowledging the importance of protecting personal information, the Parties shall endeavor to refrain from imposing or maintaining unnecessary barriers to electronic information flows across borders'. USTR (February 8, 2021), https://ustr.gov/trade-agreements/free-trade-agreements/korus-fta/final-text.

"金融服务"章节的附录 B[1]都反复重申美韩应尽量避免对电子信息的跨境流动施加或维持不必要的障碍。[2] 多边协定多以"负面清单"方式通过明确禁止数据本地化,缩小其他缔约方的自由裁量权,促进数据往美国流动的便利和自由,来保护美国的数据自由流动基本价值。再以美国与墨西哥和加拿大2018年达成的《美国—墨西哥—加拿大协定》(United States-Mexico-Canada Agreement, USMCA)多边协定为例。[3] USMCA 以"负面清单"的模式,在第19.12条"计算机设施的本地化"中以否定性列表形式标明:缔约方不能以要求条约所涵盖的人使用当地计算机设备或将计算机设备安置于东道国境内作为允许当事人进行商业活动的前提。多边协定在"负面清单"的引领示范下,美国(0.562)、墨西哥(0.75)和加拿大(0.525)均属于低强度法律规制国家行列。

---

[1] See U. S.-Korea Free Trade Agreement, 2012, "Annex 13 – B: Specific Commitments: Each Party shall allow a financial institution of the other Party to transfer information in electronic or other form, into and out of its territory, for data processing where such processing is required in the institution's Ordinary course of business. Korea shall give effect to this commitment no later than two years after the date this Agreement enters into force". USTR (February 8, 2021), https://ustr.gov/trade-agreements/free-trade-agreements/korus-fta/final-text.

[2] 参见张生:《国际投资法制框架下的跨境数据流动:保护、例外和挑战》,载《当代法学》2019年第5期。

[3] 相较原《北美自由贸易协定》,USMCA 在数字贸易方面主要作出了四个方面的改变:第一,将电子商务章节改为"数字贸易"(digital trade)章节。数字贸易的兴起源于数字经济,其早期的表现形式主要为电子商务,是全球化和数字经济发展到一定阶段的产物,也可以视为一种对跨境电子商务的数字化拓展。第二,USMCA 进一步扩大了它的涵盖范围。除涉及个人信息外,USMCA 也对政府信息和交互计算机服务进行了规定。第三,在相关规定方面,USMCA 的内容更具可操作性。相较 TPP,USMCA 明确提及了 APEC 的相关原则和指南文件,为缔约方采取或维持相关的政策提供了更加明确的指引。第四,USMCA 更加注重维持自由数字贸易与政府出于公共利益或合法政策目标而进行规制之间的平衡。

2. 特定数据的本地化存储规定

根据分析笔者发现,美国不同于通常认为的数据自由流动国家,因为自2010年起美国行政部门逐渐发展出针对不同数据的不同规制标准,以“负面清单”的方式对特殊数据的流动设置禁止模式,这一确认数据流动不可触及的保留领域,实质上构成了具有美国特色的类型化数据本地化。

第一,“非国家秘密数据清单”管控规制。根据2010年13556号行政令要求,美国档案局牵头,各相关政府部门协同参与形成管控非国家秘密数据清单(Controlled Unclassified Information, CUI)。[1] CUI仅作框架性规定,将农业、受控技术信息、关键基础设施、应急管理、出口控制、金融、地理产品信息、信息系统漏洞信息、情报、国际协议、执法、核、隐私、采购与收购、专有商业信息、安全法案信息、统计、税收18个门类产生的数据归入“重要数据”。[2] 具体的规制细化留给每一类数据的主管部门。2015年,国防部修订规则,要求所有为国防部工作的云计算服务提供商仅在国内存储数据。[3] 2016年美国国家税务局发布《联邦、州和本地机构税务信息安全指南》,要求联邦机构必须将接收、处理、存储、传输联邦税务信息的信息系统位置限制在美国领土、大使馆或军事设施内的区域。[4] 电信部门则要求所有存储的国内通信数据、国内通信公司客户接收到的或存储在其账

[1] See US Executive Order 13556, the Controlled Unclassified Information (CUI) program. National Archives(November 10, 2020), https://www.archives.gov/cui.

[2] CUI清单的管制分为7种档位:禁止向外国传播、联邦雇员专用、联邦雇员和承包商专用、不向承包商开放、受管制的开放列表、只允许开放给某些国民。

[3] See US Department of Defense-Controlled Unclassified Information, CUI(November 10, 2020), https://www.dodcui.mil/.

[4] See US Tax Information Security Guidelines For Federal State and Local Agencies, Pub 1075, IRS(November 10, 2021), https://www.irs.gov/pub/irs-pdf/p1075.pdf.

户内的通信数据、与国内通信相关的交易数据(呼叫识别信息、与用户位置或身份相关的信息、电话号码、域名、IP 地址等)和呼叫相关数据、CPNI 和用户数据、用户账单记录、网络管理信息、涉密信息和敏感信息等都应仅在美国境内存储。[1]

第二,科技数据的出口管制。《出口管制法》(2018 年)[2]、《出口管制条例》[3]对科技数据出境进行限制。受管制的技术数据若需传输到位于美国境外的服务器保存或处理,要取得商务部产业与安全局出口许可。境外人员即使是在美国境内获得受管制技术的信息也"视同出口"受到同等管制。

第三,域名注册信息本地化存储。从 2001 年开始,美国商务部国家电信和信息管理局(National Telecommunications and Information Administration,NTIA)将". US"域名的具体管理职能以合同方式授权给美国纽思塔公司(Neustar)进行管理,NTIA 负责监督纽思塔公司的合同执行情况。在与纽思塔公司签署的合同中,美国政府对注册信息的境内托管,注册者资质以及注册信息的及时性、准确性均提出了很高要求。例如,在对". US"注册信息的存储方面,NTIA 要求纽思塔公司必须能证明其所有主要的注册服务都位于美国境内,域名注册信息也必须托管在位于美国境内的计算机上,分包商必须实

---

〔1〕 See National Telecommunications and Information agency, The Public Safety Interoperable Communications Grant Program, NAIA (November 10, 2021), https://www.ntia.doc.gov/category/grants.

〔2〕 See US H. R. 5040 – Export Control Reform Act of 2018, Congress Budget Office (November 10, 2020), https://www.cbo.gov/publication/53916.

〔3〕 See US Export Administration Regulations (EAR) 9/9/2020, BIS (November 10, 2020), http://www.bis.doc.gov/policiesandregulations/ear/index.htm.

施基于其位置的顶级域名结构和二级域名结构。[1]

第四,关键技术与关键基础设施的外国投资限制。美国《外国投资风险评估现代化法》(2018 年)扩大了"涵盖交易"的范围,将对掌握"关键技术""关键基础设施"的公司以及保存或收集美国公民敏感个人数据的公司的任何非控制性、非被动性投资纳入审查范围,以防止外国企业涉足处理非国家秘密信息和公民敏感个人数据的行业。[2]

综上所述,结合美国围绕跨境数据流动制定的规则,美国的"数据自由流动"带有明显的"双重标准"。在美国跨境数据流动法律体系中,同样存在限制性措施的运用,只是运用的程度和方式不同于欧盟等较明确提出控制诉求的国家。究其实质,美国关注贸易伙伴的市场开放度和流动执行规制,看重的是以美国为数据流入国的单向性数据自由流动。[3]

(三)监管组织:自律监管为主,行业监管为辅的组织机构配置

目前,美国跨境数据流动法律规制对生成于不同领域的数据监管呈现一种"弥散"状态:不同种类的数据分别适用各自的规制规则,而出自不同监管部门的规制规则对于各自"治下"的数据流动审核条件和程序、流动监管措施、违反数据控制规定的法律责任等方面的内容均是"各自表述"。以美国联邦贸易委员会为例

---

〔1〕 See Neustar Selected to Continue Operating . US Top-Level Domain, Neustar(July 17, 2019), https://www. home. neustar/about-us/news-room/press-releases/2019/neustar-selected-to-continue-operating-us-top-level-domain.

〔2〕 See US The Foreign Investment Risk Review Modernization Act of 2018, treasury dep(May 22, 2018), https://home. treasury. gov/policy-issues/international/the-committee-on-foreign-investment-in-the-united-states-cfius.

〔3〕 See Susan A. Aaronson, *What Are We Talking about When We Talk about Digital Protectionism?*, World Trade Review, Vol. 18:4, p. 541 – 577(2018).

(Federal Trade Commission,FTC)。FTC仅负责除金融消费者外的消费者的数据跨境流动规制问题。FTC利用多种执法手段来保护消费者隐私和个人信息,以此维护各种跨境数据流动协议目标的实现。具体包括:要求企业聘请独立的专家进行评估;对用户进行金钱赔偿;退还不法所得;给用户提供明确的通知和选择机制;保留记录和合规报告。此外,FTC不涉足其他任何数据的跨境流动规制事宜。

美国弥散型规制机制设置有两个现实基础:其一,美国跨境数据流动法律规制规则并非从数据的共同法律属性出发统一协调制定的,而是由各个监管部门基于各自部门的数据监管需要而分别制定的。机构分业监管有利于监管机构针对数据流动的监管技术和监管能力的专业化培养。毕竟在这一体制下,数据生成部门的数据类型只要是给定的,它所生成的数据和数据流动的要求也就是明确的,因此,强调数据流动机构监管的体制模式非但不会有什么问题,反而会显示其数据控制职责划分清晰、高效率的一面。其二,美国对数据流动的规制在行业监管机构之外,还有以行业自律机制和企业内部合规机制为特征的自律型规制组织为辅助。行业自律型机制,是指由行业内部自行制订数据流动规则和出境标准等规范性文件,由行业内部成员相互监督,以实现自我约束和自律管理。美国在1997~2007年产生了大批具有代表性的数字行业自律组织,为规制跨境数据流动发挥了重要作用。最具代表性的行业自律模式有:技术保护模式(Technical

Protection Mode)、[1] 建议性行业指导模式(Suggestive Industry Guidelines)[2] 和网络隐私认证计划模式(Online Privacy Seal Program)[3]。通过自律模式,数据控制者自行承诺数据保护权利与义务的范围和保护计划,在允许数据跨境流动的前提下(无论数据在何地理位置),要求数据控制者负责确保个人数据在跨境传输过程中的安全。[4] 政府仅在该组织机构导致违反义务的结果后方才进行问责,大大减轻了对跨境数据流动的限制。因而,在自律型规制组织运转良好的情况下,越过自律机制层面设置一个综合性数据流动监管机构,恐难以"嵌入"既有的规制体制中。

通过对美国实践的解读,可以明显看到,美国与通常认为的纯粹

---

〔1〕 技术保护模式,是指通过某些保护性软件,向用户提供是否同意包含数据出境目的在内的选择,该软件会提醒用户什么样的个人信息正在被收集。用户自行决定是否继续浏览网站,或在软件中预先允许收集的特定信息,以此控制数据被出境的可能。这一模式中最为著名的隐私保护软件是"全球网站协会"(world wide web consortium)开发的"个人隐私偏好平台"(personal privacy preference platform)。除此之外,还有 cookies 中的插件,如 safe clean 或 Anonymizer 等。

〔2〕 建议性行业指导,是指通过行业组织、公司或其他组织制订该行业的行为指引或隐私标准,为该行业的个人信息和隐私保护提供示范,例如,在线隐私联盟、隐私领导倡议。最具代表性的"在线隐私联盟"(Online Privacy Alliances)于 1998 年公布了包含数据流动在内的在线隐私指引政策,以规范私人机构通过网上收集用户的个人信息。加入联盟的成员自愿接受并执行该隐私指导政策,并采取适当的安全保障措施确保数据出境后的安全。

〔3〕 网络隐私认证计划,是指通过私人机构在行业实现包含数据出境保护在内的自律形式,要求那些被许可在其网站上张贴类似商标的隐私认证标志的网站必须遵守在线个人隐私资料收集的行为规则,并服从多种形式的监督管理。最著名的网络隐私认证组织是由非营利性网络隐私认证机构 TRUSTe 以及由美国促进商业顾问局实行的 BBBonline (Better Business Bureaus Online)隐私计划。TRUSTe 的认证标准被纳入了美欧之间的数据流动协议,为数千家美国企业提供认证。TRUSTe 要求成员保持充分的透明度,尊重用户的选择和查阅权利,该组织也会定期对成员的信息收集、处理和出境行为进行审查(web-site review 或 one-site review)以确保其符合认证计划的要求。

〔4〕 数据控制者,是指收集数据并决定数据处理目的和方式的主体。它要求数据控制者违反数据安全管理责任所应承担的责任,要求其承担在数据跨境的整个过程中的安全管理责任,包括对数据主体的通知、对外包商的资质审查和监督。

的数据自由流动型国家并不相同。美国式数据自由流动具有双重标准:一方面,它希望推动数据的自由流动,建立一个几乎没有障碍的充满活力的全球互联网体系;另一方面,为维护美国数据主导地位,其又将数字保护主义作为其贸易和国家安全战略的组成部分。[1]通过考察跨境数据流动法律规制在美国形成低强度的原因,可以得到这样的启示:跨境数据流动法律规制在实践中的运用方式,并不完全是理念建构、逻辑推导或概念分析的结果,而是在相当程度上受到一国经济、文化、法律传统和政治环境的影响。

二、中等强度值类型:欧盟跨境数据流动规制体系

欧盟跨境数据流动控制强度为0.819,高于平均值,属于"中等强度规制"类型。若以"地理范围"为基准将欧盟跨境数据流动法律规制一分为二,那么欧盟构建出两套平行的跨境数据流动法律规制规则:一方面,在欧盟内部禁止以数据保护为由阻碍跨境数据自由流动,消除欧盟境内数据自由流动障碍,实施欧盟数字化单一市场战略。《非个人数据在欧盟境内自由流动框架条例》(2018 年)、[2]《网络安全条例》(2019 年)[3]以及《开放数据指令》(2019 年)[4]集中规

---

[1] See SA. Aaronson, *Digital Protectionism? Or Label the U. S. Government Uses to Criticize Policy It Doesn't Like?*, Council on Foreign Relations(March 3, 2016), https://www.cfr.org/blog/digital-protectionism-cr-label-us-government-uses-criticize-policy-it-doesnt.

[2] See Regulation (EU) 2018/1807 of the European Parliament and of the Council of 14 November 2018 on a framework for the free flow of non-personal data in the European Union.

[3] See Regulation (EU) 2019/881 of the European Parliament and of the Council of 17 April 2019 on ENISA (the European Union Agency for Cybersecurity) and on information and communications technology cybersecurity certification and repealing Regulation (EU) No 526/2013 (Cybersecurity Act).

[4] See Directive (EU) 2019/1024 of the European Parliament and of the Council of 20 June 2019 on open data and the re-use of public sector information OJ L 172, 2019.

定了欧盟内跨境数据自由流动原则,以确保成员国能够及时获取数据,保障用户能够自由迁移数据。另一方面,在欧盟之外建立以“受控的数据跨境流动”为预设,以专章式立法为架构,以充分性为核心,以综合监管为主的跨境数据流动法律规制体系。本书中,笔者仅就欧盟境外的规制进行分析。

(一)立法体例:专章/专篇式立法体例

近年来,在跨境数据流动领域,欧盟立法最频繁,欧盟理事会以多种法律文件的形式就管辖领域内的数据流动问题采取措施,来逐步建立共同体内部市场正常运行所需要的数据流动自由与安全的环境。尽管这些法律限制了成员国的利益,但是符合共同市场的要求和能够实现欧盟的“技术主权”诉求。欧盟理事会的法律文件在成员国领域具有直接或间接实施的效力,所以,欧盟各国基本随着欧盟新的立法而变化,而少有欧盟立法之外的制度发展。欧盟规制数据跨境流动的法律先后以《个人数据处理的个人保护及流通指令》和《通用数据保护条例》[1]为主,均以专章/专篇的形式对跨境数据流动问题进行立法规定,据以保障欧盟公民的个人数据在欧盟外同样享受高保护水平。根据1995年《个人数据处理的个人保护及流通指令》第四章第25条之规定,只有当数据转移目的国达到欧盟所认可的“充分保护水平”的条件下,才可以进行数据转移。截至《个人数据处理的个人保护及流通指令》失效,欧盟承认具有充分数据保护能力的国家仅包括加拿大、瑞士、阿根廷等12个。2018年生效的《通用数

---

〔1〕 从《个人数据处理的个人保护及流通指令》到《通用数据保护条例》,欧盟监管理念和监管模式发生了变革。《通用数据保护条例》的诞生是欧盟反思指令的结果,是对欧盟长期存在的内部制度分散化的矫正。《通用数据保护条例》对于统一的规则和各成员在数据立法领域的自主权有了更加客观和平衡的态度。

据保护条例》是欧盟在跨境数据流动领域的最新立法成果，体现了欧盟统一数据保护法晚近发展状况和较高立法水平。《通用数据保护条例》第五章规定了“向第三国或国际组织转移个人数据”的内容。《通用数据保护条例》不仅沿用《个人数据处理的个人保护及流通指令》的“充分性规定”内容，还增加了更多可实现个人数据跨境转移的条件。目前，欧盟委员会认定12个国家符合“充分性认定”标准。由于《通用数据保护条例》在成员国层面直接适用，从而消除了成员国数据保护规则的差异性，是针对数字贸易宏大的法律跨境构建工作的一个重要的里程碑。

（二）规则规制：以“充分性”为重心的梯形流动工具集

对于跨境数据流动规制，欧盟建立一套以“充分性保护”为一般原则，同时附有若干例外规则的规制规则体系。

1. 充分性保护原则

总体而言，欧盟《个人数据处理的个人保护及流通指令》和《通用数据保护条例》都以“充分性保护”作为跨境数据流动法律规制的一般原则。将第三国对个人数据权利保护及其利用情况与欧盟提供保护水平的高低作比较，以此判断能否将欧盟公民的个人数据转移到本地区以外的地理区域。欧盟创设“充分性保护原则”的目的，一方面在于保障欧盟公民的数据在全世界获得无差别保护，另一方面在于提高欧盟的技术主权。

（1）《个人数据处理的个人保护及流通指令》时代的“充分性保护”评估

《个人数据处理的个人保护及流通指令》第25条专门规定：“欧盟委员会将根据数据的性质、数据处理的目的和期间、数据接收国的法治程度以及行业规则和安全措施等四种因素来判断。"[1]该规定意味着，只有当第三国对于个人数据的保护水平达到欧盟的要求，[2]欧盟成员国公民个人数据才能进行跨境流动。然而，《个人数据处理的个人保护及流通指令》的规定过于空泛模糊，因此难以认定和把握，很难发挥法律在指导行政规制方面的功能。但是，欧盟法院（The Court of Justice of the European Union）在具体判例中明确了"充分性保护"的法律内涵及其认定标准。2015 年，欧盟法院在"施泰姆斯诉爱尔兰数据保护委员会案"[3]中对"充分性保护"的认定提出了具体考量因素。欧盟法院在该案裁决中强调，充分性并非要求第三国的法律内容与欧盟完全相同，而只是要求立法的核心应当一致，[4]欧盟委员会在评估第三国是否提供"充分性保护"时，认为应将根据第三国、第三国中的某区域，或其中一个或多个特定部门，或国际组织的个人信息保护状况都纳入考量范围，以便作出综合评估。[5] 欧盟法院认为，特别要考量以下两点：第一，第三国是否存在相关的法律法规；第二，第三国有关规定的实际运作情况。[6] 欧盟法院在该案先行裁决中的措辞是"充分性能够通过一系列赋予数据

---

〔1〕 Directive 95/46/EC of the European Parliament and of the Council of 24 October 1995 on the protection of individuals with regard to the processing of personal data and on the free movement of such data, OJ L 281, 23. 11. 1995.

〔2〕 See Article 29 Data Protection Working Party, "Adequacy Referential (updated)", WP254, adopted on 28 November 2017.

〔3〕 See Case C-362/14, Maximillian Schrems v. Data Protection Commissioner, 6 October 2015 (§ § 73, 74) (Schrems I).

〔4〕 See Case C-362/14, Maximillian Schrems v. Data Protection Commissioner, 6 October 2015 (§ § 73, 74) (Schrems I).

〔5〕 See Case C-362/14, Maximillian Schrems v. Data Protection Commissioner, 6 October 2015 (§ § 73, 74) (Schrems I).

〔6〕 See CJEU Opinion 1/15, on the draft agreement between Canada and the European Union, 26 July 2017, ECLI:EU:C:2017:592 (Opinion 1/15), § 134.

主体的权利和由数据处理者承担的义务实现。然而,数据保护规则的有效性不仅体现在实践中的可执行性……也体现在直接运转保护规则的制度质量上”。[1] 这表明上述两方面评估具有约束力,欧盟委员会对任何第三国的数据保护水平进行评估认定时必须参照这项先行裁决确立的标准。

(2)《通用数据保护条例》时代的“充分性保护”评估

《通用数据保护条例》第五章重申将个人数据传输到欧盟以外的行为普遍受到“充分性保护”限制。被欧盟委员会认定为个人数据提供了充分保护的第三国,如果数据被传输到这些国家,无须采取进一步措施。[2]《通用数据保护条例》在保持“充分性保护”基本原则不变的基础上,即使依然未对“充分性保护”的法律内涵进行全面阐释和论证,但因吸收了欧盟法院关于“充分性”的认定,有的放矢,重新对“充分性保护”的具体内容进行了设计,为优化具体内容放弃宏观上的泛泛而谈,更有助于发挥指导功能。

第一,评估标准明晰化。《通用数据保护条例》关于“充分性保护”的评估标准继受了欧盟法院在施泰姆斯案先行裁决中的认定因素,将之细化扩充至对立法状况、执法能力,以及是否存在有效的救济机制,等因素的共同要求。《通用数据保护条例》第 45 条第 2 款规定,当评估保护程度是否充分时,欧盟委员会应当特别考虑如下因素:其一,法治,对人权与基本自由的尊重,包括关于公共安全、国防、国家安全、刑法和公共机构访问个人数据的一般性与部门性立法,以

---

〔1〕 Case C – 362/14, Maximillian Schrems v. Data Protection Commissioner, 6 October 2015, ECLI:EU:C:2015:650, § § 73 and 74 (Schrems I), para 142.

〔2〕《通用数据保护条例》虽然在生效后可以直接被各成员适用,但一些个人数据的转移,仍需要满足成员的某些特殊规定。例如,就儿童的个人数据而言,允许成员对于儿童的年龄在 13 ~ 16 岁作出调整。

及此类立法的实施、数据保护规则、职业规则和安全措施,还包括将个人数据转移到另一第三国或国际组织所必须遵循的第三国或国际组织的规则、判例法以及有效可执行的数据主体权利、对其个人数据正在转移的数据主体的司法救济。其二,在国际组织是主体的情形中,第三国内存在一个或多个有效运作的独立监管机构来保证数据保护规则的实施,且该机构具有充分的执行权力,在数据主体行使其权利时和与成员国的监管机构合作时提供帮助和建议。其三,第三国或国际组织已经许下的国际性承诺,或者承诺愿意承担有法律约束力的条约或法律文件所引起的其他责任,以及参加多边或地区性的体系,特别是和数据保护相关的体系所引起的其他责任。[1] 相较欧盟法院解释将《个人数据处理的个人保护及流通指令》的"充分性保护"核心意思确定为最大边界,《通用数据保护条例》立法者则将"充分性保护"的核心意涵继续往外扩展。

第二,评估范围扩大化。《个人数据处理的个人保护及流通指令》仅针对国家的保护水平进行评估,即只有当一个国家作为一个整体的各个方面符合欧盟的要求,才能进行个人数据的跨境流动。但以国家作为唯一评估对象,使规则过于刚性而缺少回旋余地。《通用数据保护条例》第 45 条第 1 款规定,第三国中的某区域,或其中一个或多个特定部门、国际组织具有充足保护,也可以在不需要特定授权的情况下,将个人数据转移到该区域、特定部门或国际组织。[2] 不仅将规制对象扩展至特定地区、行业领域以及国际组织,而且更详细

〔1〕 See Regulation (EU) 2016/679 (General Data Protection Regulation) in the current version of the OJ L 119, 04.05.2016; cor. OJ L 127, 2018.

〔2〕 See Regulation (EU) 2016/679 (General Data Protection Regulation) in the current version of the OJ L 119, 04.05.2016; cor. OJ L 127, 2018.

地拓展“充分”依据的覆盖范围。以数据输出目的地的不同类型为纽结,柔化《个人数据处理的个人保护及流通指令》过于严苛极端的法律效果,来力图增加法律的灵活性。

第三,评估结果动态化。《个人数据处理的个人保护及流通指令》项下的“充分性保护”由静态的一次性评估即告解决。然而,“充分性保护”措施的合目的性及其程度是动态的,为了保证充分性决定的连续性与科学性,《通用数据保护条例》新增评估结果周期性审查规定,动态检视跨境数据流动实施过程。《通用数据保护条例》的动态评估具体建议分为两个层次:其一,首次评估时欧盟委员会可以通过制定实施性法案说明第三国、第三国内的领地,或其中一个或多个特定部门,或一个国际组织是否具有充足的保护;其二,后续动态检视则以公开年度报告的形式进行,至少每四年对第三国或国际组织的所有相关发展进行审查。[1] 如若不再符合充分性保护的要求,那么成员国应该采取必要的措施以防止数据跨境流动。新增规定让“充分性保护”结果受到动态评估和检视,以摆脱依赖一次性结果的窘境。

2. 充分性原则的例外

《通用数据保护条例》中“充分性保护”原则得以保留,但在没有“充分的决定”的情况下,《通用数据保护条例》提供了“合适的安全保障”和“减损”两种例外途径,以保护数据并据此系统地进行数据的跨境传输。

(1)基于充分性安全保障条件下的流动

在缺乏充分性认定的情况下,欧盟为企业提供了遵守充分性保

〔1〕 See Regulation (EU) 2016/679 (General Data Protection Regulation) in the current version of the OJ L 119, 04.05.2016; cor. OJ L 127, 2018.

障措施条件下的转移机制，包括公共当局或机构间具有法律约束力和执行力的文件、约束性公司规则（Binding Corporate Rules）、标准数据保护条款（Standard Clauses Contract）、批准的行为准则（Approved Code of Conduct）和批准的认证机制（Approved Authorization）等，以为在欧盟收集处理个人数据的企业提供可选择的数据跨境流动机制。[1] 不同于"充分性保护"规则通过事前命令控制规范数据流动的准入，"充分性保障"是数据控制者按照一定的程序选择法律认可的转移机制进行的跨境数据流动，目的是保证数据控制者的企业合规与法律要求一致，监管者在数据控制者按照转移机制开展业务过程中进行不定期评估和检测，对存在的问题纠察原因，对违规企业进行事后追究和问责。

第一，约束性企业规则，是指经过欧盟委员会批准后适用于集团内部数据传输的具有约束力的内部规则。[2] 与"充分性保护"带来的广泛性流动自由不同，约束性公司规则是一种内部数据传输规则，只有在特定的企业集团、国际组织范围内适用。《通用数据保护条例》里关于约束性公司规则的规定与《通用数据保护条例》的个人数据保护规制要求存在一定的重合，所以，对"充分性保护"的评估框架可以为约束性公司规则提供框架指导，有助于企业完善其自身合规系统，提升内部数据保护意识。企业集团在订立有效的约束性公司规则之后便可较高效地进行内部数据传输，不再需要根据特定活动单独订立传输协议，因而可以减轻数据跨境传输的管理压力，改善企

[1] See Regulation (EU) 2016/679 (General Data Protection Regulation) in the current version of the OJ L 119, 04.05.2016; cor. OJ L 127, 2018.

[2] See Art. 47 GDPR Binding corporate rules in Regulation (EU) 2016/679 (General Data Protection Regulation) in the current version of the OJ L 119, 2016; cor. OJ L 127, 2018.

业效率,对结构复杂的跨国公司而言显得尤为重要。所以,欧盟委员会鼓励跨国集团采用约束性公司规则的方式完成数据流动合规要求。截至2018年5月,通过授权的企业共计150余家。第二,标准合同条款是指为了便利企业数据流动,各行业制定的标准合同、标准合同条款以及一般数据保护条件。标准合同条款在经过欧盟委员会通过或批准后对采用者产生约束力。如果一国企业在与欧盟成员国企业的经济往来中使用了标准合同,承诺按照合同履行其数据保护义务,便可以认定其为欧盟成员国公民的数据提供了"充分保障"。欧盟委员会提供了两种不同的标准合同条款版本:以数据控制者之间数据流动为内容的消费者对消费者合同(Consumer-to-Consumer)〔1〕和以数据控制者与处理者之间流动的消费者对生产者合同(Consumer-to-Producer)。〔2〕第三,行业共识是指行业内部通过合作自行设定标准或工作流程、程序(包括惩罚机制)对有关数据流动的自我约束与监督。行业共识,是指私法意义上的主体承担起数据流动规则制定的职能,但其设立依据来自《通用数据保护条例》,且其执行必须接受欧盟和成员国监管机构的严密监管,行政监管机构依然是其托底的力量。

(2)基于用户同意或其他合法的数据传播条件下流动

当处于欧盟之外的国家、地区或国际组织既没有通过充分性保

---

〔1〕 See 2004/915/EC: Commission Decision of 27 December 2004 amending Decision 2001/497/EC as regards the introduction of an alternative set of standard contractual clauses for the transfer of personal data to third countries (notified under document number C(2004)5271) Decision 2004/915/EC.

〔2〕 See 2010/87/: Commission Decision of 5 February 2010 on standard contractual clauses for the transfer of personal data to processors established in third countries under Directive 95/46/EC of theEuropean Parliament and of the Council (notified under document C(2010) 593) (Text with EEArelevance) OJ L 39, 2010.

护审核也无法提供充分的安全保障时，个人数据的传输可以采取获得用户同意或符合其他法定条件的方式进行传播。《通用数据保护条例》第49条规定了7种免除禁止传输义务的情况，包括：第一，提示风险后数据主体仍然明确同意转移；第二，为履行合同义务或缔约前数据主体的请求事项；第三，为了履行对数据主体有利的协议；第四，为了重要公共利益；第五，是立案、起诉或应诉的必要条件；第六，在数据主体由于生理或法律上的原因不能给予同意的情况下，为保护数据主体或他人重要利益所必需；第七，数据转移至依欧盟或成员国法律设置的公示登记簿。[1] 这7类例外规定在事实上或法律上会造成“充分性评估”效力减损的效果，这是一种限制的限制。由于减损的目的是更好地保障数据主体的权利，因此并不是无限度的减损，而是存在“底线”的，即“转移是非重复性的；关乎很小一部分数据主体的权利；对于实现控制者压倒性的正当利益是必要的，不会减损数据主体有限性的利益或权利与自由；控制者已经对围绕数据传输的情形进行评估，而且基于这种评估对个人数据保护采取了合适的安全保障。控制者除了提供规定的信息之外，应当将转移和追求的压倒性正当利益告知数据主体”。[2] 同时，对于“公共利益”特别要求“应当为欧盟或其成员国为控制者所制定的法律所确认”。[3] 所以，《通用数据保护条例》规定的减损是一种有限减损，若没有明确的法律规范依据，数据控制者或处理者无论是否自己采取措施都是违反欧盟法律规则的。

---

〔1〕 See Regulation (EU) 2016/679 (General Data Protection Regulation) in the current version of the OJ L 119, 04.05.2016; cor. OJ L 127, 2018.

〔2〕 See Regulation (EU) 2016/679 (General Data Protection Regulation) in the current version of the OJ L 119, 04.05.2016; cor. OJ L 127, 2018.

〔3〕 See Regulation (EU) 2016/679 (General Data Protection Regulation) in the current version of the OJ L 119, 04.05.2016; cor. OJ L 127, 2018.

（三）监管组织：欧盟和成员国的双层综合监管

从《个人数据处理的个人保护及流通指令》时代开始，欧盟就采用综合监管的方式，以法律确定的宗旨、理念、任务为监管目标与依据，在欧盟层面和成员国层面都建立专门的数据监管机构，有法律的充分授权，维护数据流动的正常运行。凡是与个人数据有直接关联的数据控制、处理等活动，包括跨境数据流动法律规制都被纳入监管的范围。它不以数据生成主体的行业归属作为监管对象范围划分依据，无论是金融机构、商业组织、医疗机构，其数据流动都应接受综合监管机构的监管。无论是欧盟层面的监管机构还是成员国层面的机构都独立于其他部门，拥有较大的自主权和相当的权威性。在这种体制下，政府积极参与数据流动的管理，并且，在数据流动监管中占据主导地位，各种自律性组织则起到协助政府监管的作用（见图4－2）。[1]

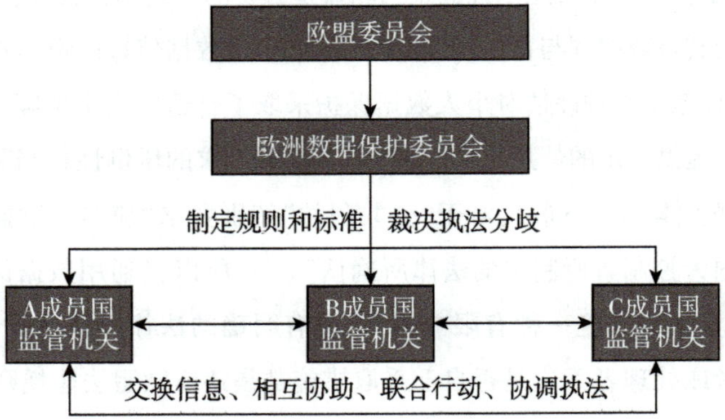

图4－2 GDPR监管执法体系示意

---

〔1〕 除此之外，日本（Personal Information Protection Commission）、新加坡（Personal Data Protection Commission）、加拿大（Office of the privacy commissioner of Canada）都采用这一模式进行监管。

欧盟委员会一手主导欧盟的跨境数据流动规则的确立和变革。它对内负责《通用数据保护条例》等跨境数据流动相关规则在各成员国的执行情况，并在监管机关之间就个案发生分歧时进行协调和裁决；对外代表欧盟参与谈判、发起“充分性保护”谈判。无论是《个人数据处理的个人保护及流通指令》、《通用数据保护条例》、《安全港框架》或《隐私盾协议》，还是与日本构建的全世界最大的“数据安全流通区”谈判，[1]与韩国正在进行中的对等“充分性”谈判等，[2]都是由欧盟委员会代表欧盟进行的。在具体执行问题上，由欧盟综合性监管机构——数据保护委员会（European Data Protection Board, EDPB）开展，其主要工作任务是保障《通用数据保护条例》在所有欧盟成员国的一致执行。在《个人数据处理的个人保护及流通指令》时代，EDPB 的功能由两个部门“欧盟数据专员办公室”（The European Data Protection Supervisor, EDPS）和“第 29 条工作组”（Article 29 Data Protection Working Party, 29WP）执行。EDPS 负责监管欧盟机构和组织的个人数据处理，并积极参与有关数据保护等问题的讨论。29WP 是独立咨询机构，它由欧盟各机构和组织制订的代表、各成员国数据保护监管机构指定的代表、欧盟委员会的代表组成。它最主要的功能是为欧盟数据保护的立法和执法中的相关问题提供不具有法律约

---

〔1〕 2019 年 7 月，欧盟和日本在东京签下了《经济伙伴关系协定》（EU-Japan Economic Partnership Agreement, EPA）和《战略伙伴关系协定》（EU-Japan Stratesic Partnership Agreement, SPA）。其中，欧盟和日本宣布，双方约定互相将对方的数据保护系统视为“同等有效”（equivalent），这将允许欧盟和日本之间自由地传输数据，就是所谓的“建立一个数据安全流通区”。这是欧盟首次与第三国在相互承认已达到充分的保护标准（ensures an adequate level of protection）的基础上缔结的协议。这一协议已于 2019 年 12 月生效。

〔2〕 根据欧盟 2019 年《数据保护规制是欧盟内外的信任基石》（Data protection rules as a trust-enabler in the EU and beyond-taking stock）汇报，欧盟委员会积极开展跨境数据流动的“充分性的谈判”跨境数据流动方面。

束力的意见。它所发出的关于跨境数据流动的意见共有16份。[1] 在

[1] Namely: (1) Working Document 01/2016 on the justification of interference with the fundamental rights to privacy and data protection through surveillance measures when transferring personal data (European Essential Guarantees) - WP 237; (2) Recommendation 1/2012 on the Standard Application form for Approval of Binding Corporate Rules for the Transfer of Personal Data for Processing Activities-WP 195a (17. 09. 2012); (3) Opinion 7/2010 on European Commission's Communication on the global approach to transfers of Passenger Name Record (PNR) data to third countries-WP 178; (4) FAQs in order to address some issues raised by the entry into force of the EU Commission Decision 2010/87/EU of 5 February 2010 on standard contractual clauses for the transfer of personal data to processors established in third countries under Directive 95/46/EC-WP 176 (12. 07. 2010); (5) Opinion 3/2009 on the Draft Commission Decision on standard contractual clauses for the transfer of personal data to processors established in third countries, under Directive 95/46/EC (data controller to data processor) - WP 161; (6) Opinion 2/2007 on information to passengers about the transfer of PNR data to US authorities, Adopted on 15 February 2007 and revised and updated on 24 June 2008 - WP 151; (7) Recommendation 1/2007 on the Standard Application for Approval of Binding Corporate Rules for the Transfer of Personal Data-WP 133 (10. 01. 2007); (8) Opinion 2/2007 on information to passengers about transfer of PNR data to US authorities-WP 132; (9) Opinion 6/2004 on the implementation of the Commission decision of 14 - V - 2004 on the adequate protection of personal data contained in the Passenger Name Records of air passengers transferred to the United States' Bureau of Customs and Border Protection, and of the Agreement between the European Community and the United States of America on the processing and transfer of PNR data by air carriers to the United States Department of Homeland Security, Bureau of Customs and Border Protection-WP 95 (22. 06. 2004); (10) Opinion 2/2004 on the Adequate Protection of Personal Data Contained in the PNR of Air Passengers to Be Transferred to the United States' Bureau of Customs and Border Protection (US CBP) - WP 87 (29. 01. 2004); (11) Working Document on Transfers of personal data to third countries: Applying Article 26 (2) of the EU Data Protection Directive to Binding Corporate Rules for International Data Transfers-WP 74 (03. 06. 2003); (12) Opinion 7/2001 on the Draft Commission Decision (version 31 August 2001) on Standard Contractual Clauses for the transfer of Personal Data to data processors established in third countries under Article 26(4) of Directive 95/46 - WP 47 (13. 09. 2001); (13) Opinion 1/2001 on the Draft Commission Decision on Standard Contractual Clauses for the transfer of Personal Data to third countries under Article 26 (4) of Directive 95/46 - WP 38 (26. 01. 2001); (14) Working Document: Transfers of personal data to third countries: Applying Articles 25 and 26 of the EU data protection directive-WP 12 (July 1998); (15) Working Document: Preliminary views on the use of contractual provisions in the context of transfers of personal data to third countries-WP 9 (22. 04. 1998); (16) Discussion Document: First Orientations on Transfers of Personal Data to Third Countries-Possible Ways Forward in Assessing Adequacy-WP 4 (26. 06. 1997).

《通用数据保护条例》时代，两个机构合并成立 EDPB，仍然不具备实际的执法权限，但是通过为《通用数据保护条例》提供一般性解释，指导利益相关方、成员方监管机构和公众对《通用数据保护条例》的共同理解和适用。自成立以来，EDPB 在 29WP 编写的 16 项指南基础上，另外还编写了 4 项有关跨境数据流动的指南。[1]

在成员方层面，从《个人数据处理的个人保护及流通指令》时代开始，每个成员方都设立了一个或多个独立机构，负责监督在其领域内根据《个人数据处理的个人保护及流通指令》所制定的本国法的实施情况，对个人数据的流动活动进行监管，对违法行为提出警告、建议或处罚制裁。成员方的综合性监管者具有足够的权威性，享有广泛的职权，包括对数据控制者或处理者进行调查、纠正以及处罚的权力。监管机关可以通过要求数据控制者提供信息、进行数据保护审计、审查认证、现场检查等方式行使调查权；可以通过警告、训诫、责令遵守、责令告知、临时限制或永久限制数据处理、责令根据数据主体要求更正、清除数据或限制处理、撤销认证等方式行使纠正权；还可以通过罚款的方式行使处罚权。以爱尔兰为例，爱尔兰数据保护专员早在 1988 年就根据《数据保护法案》予以设立，后在 1992 年根据欧盟《个人数据处理的个人保护及流通指令（草案）》进行调整，运转至今。数据保护专员由爱尔兰政府任命，独立地运转和履行责任，

[1] ①Recommendations 01/2020 on measures that supplement transfer tools to ensure compliance with the EU level of protection of personal data-version for public consultation; ②Guidelines 2/2020 on articles 46（2）（a）and 46（3）（b）of Regulation 2016/679 for transfers of personal data between EEA and non-EEA public authorities and bodies-version adopted after public consultation; ③Guidelines 2/2018 on derogation of Article 49 under Regulation 2016/679; ④Guidelines 1/2019 on Codes of Conduct and Monitoring Bodies under Regulation 2016/679 – version adopted after public consultation.

对全爱尔兰的数据用户实施全面的监督管理。因为众多数字巨头企业的欧盟分部落户爱尔兰,在跨境数据流动问题上,爱尔兰的监管者影响力也较大,因而它的身影闪烁于欧盟与数字巨头企业围绕跨境数据流动产生的纠纷或解决文件中。无论是"施泰姆斯Ⅰ案"还是"施泰姆斯Ⅱ案",抑或是2020年9月欧盟因禁止脸书将欧盟用户的相关数据传输到美国并暂停为欧洲用户提供服务的纠纷中,爱尔兰数据保护专员都独立行使权力,作出裁决,执行决定。

通过对欧盟法律体系的解读,可以明显看到,欧盟也不同于我们通常认为的纯粹数据流动限制型地区。"充分性保护"的确尽量压缩了数据自由流动彰显空间,表现出了规制规则的禁止性倾向。然而,《通用数据保护条例》加入了辅助规则集以构建多元化的规制路径,让欧盟对数据流动的控制程度并不如其预想的那么高。通过考察欧盟中间规制强度的模式,可以得到这样的启示:即使是在法律技术成熟的地区,为应对数据流动法律规制的复杂性,法律体系的建设依然是一个逐步完善的过程,而不是一蹴而就的过程。《通用数据保护条例》在《个人数据处理的个人保护及流通指令》基础上对跨境数据流动法律规制作比较细致改进,并配置大量的配套指导,逐渐以多层次的法律体系健全跨境数据流动法律规制,并对跨境数据流动进行全面地、全程地、精细化地严格规制。精细化的严格规制并不完全意味着数据流动强度大。相反,这些规制内容基于不同流动要求,发展出了自主程度不同、强度高低不同的流动渠道,并分别在不同程度上容纳数据控制与数据流动的消长,实质上构成具有欧盟特色的跨境数据流动法律规制的类型化运用模式。

三、高强度值类型：俄罗斯跨境数据流动法律规制体系

俄罗斯的跨境数据流动强度阈值为0.875，远超平均值，属于“高强度规制”模式国家，从数据流动概率上看，数据脱域是极特殊情况，其发生具有显著的低频性。高强度值从原因上看，是因为俄罗斯旨在通过强有力的数据流动法律规制，来强化国家数据主权和安全。基于此，俄罗斯构建了以“严控数据跨境流动”为预设的跨境数据流动法律规制体系。

（一）立法体例：专章/专篇式立法体例

俄罗斯跨境数据流动问题以宪法为基准，以信息保护法和个人数据法为轴心，将数据保护法律与国家安全类法律相结合，在《关于信息、信息技术和信息保护法》[1]、俄罗斯联邦《个人数据法》（以下简称第152号法令）[2]中根据需要穿插作出专章、专节的规定，来实现基本法与辅助法的衔接。

（二）规制规则：以“同等保护”和“数据本地存储”为基本路径

1.“同等保护”规制标准及其例外

俄罗斯跨境数据流动规则以前置性规定为主，具有单层式的特点。第152号法令对个人数据的跨境移转提出了类似于欧盟“充分性保护”的要求。第152号法令要求在进行个人数据跨境移转前，处理者有义务确认数据跨境转交的其他国家会对俄罗斯公民的个人数

〔1〕 2006年《关于信息、信息技术和信息保护法》是对1995年《关于信息、信息化和信息保护法》的更新。该法主要调整相关主体在进行寻找、获得、传递、生产和传播信息以及使用信息技术和进行信息保护时产生的法律关系。See Federal Law No. 149 - FZ of July 27, 2006 On Information, Informational Technologies and the Protection of Information.

〔2〕 See Federal Law No. 152 - FZ on Personal Data dated 27 July 2006.

据权利提供“同等”于俄罗斯法律的保护。第152号法令以欧洲委员会《个人数据自动化处理中的个人保护公约》为评估标准，并用这一标准评价第三国的数据保护规范。当第三国规定的数据保护规范与标准规范之间存在差距时，就认定第三国规定的规范存在漏洞，无法达到给予俄罗斯公民数据权的同等保护的要求。鉴于此，第152号法令主动认可《个人数据自动化处理中的个人保护公约》缔约方提供了等同俄罗斯法律的保护。[1] 对于非《个人数据自动化处理中的个人保护公约》缔约方则以《个人数据自动化处理中的个人保护公约》为标尺进行认定参照和指引，只要相关国家现行法规和所采取的措施与《个人数据自动化处理中的个人保护公约》的规定相符，也可列入同等保护的国家名单中。[2] 和欧盟一样，第三国也可基于用户同意和其他法定事由的例外，在未达到“同等保护”标准的情况下获准数据移转。[3] 根据第152号法令，具体的例外情况包括：(1)个人数据主体以书面形式同意跨境传输其个人数据；(2)俄罗斯联邦国际条约规定的情况；(3)联邦法律以维护俄罗斯联邦宪法制度原则、保障国防和国家安全以及为保障运输系统安全稳定运行、在运输系统方

---

〔1〕 由于俄罗斯于2001年签署加入《欧洲理事会第108号公约》(the Council of Europe's Convention for the Protection of Individuals with regard to Automatic Processing of Personal Data)。因此，俄罗斯 No. 152 – FZ 联邦法案允许个人信息从俄罗斯境内传输至其他《个人数据自动化处理中的个人保护公约》的签署方。签署方主要是欧洲国家，加上摩洛哥和乌拉圭。

〔2〕 根据 No. 152 – FZ 联邦法案，Roskomnadzor 可以将非《个人数据自动化处理中的个人保护公约》的签署方，加入其个人信息跨境流动的“白名单”中。按照 Roskomnadzor 的说法，其主要评判标准是该国是否具备有效的个人信息保护法律、是否设立了个人信息保护机构，以及是否针对违反个人信息保护法律的行为建立了有效的惩罚措施等。目前，该名单的当前版本包括安哥拉、阿根廷、澳大利亚、贝宁、加拿大、佛得角、智利、哥斯达黎加、加蓬、以色列、哈萨克斯坦、马来西亚、马里、墨西哥、蒙古国、摩洛哥、新西兰、秘鲁、卡塔尔、新加坡、南非、韩国和突尼斯。

〔3〕 See Federal Law No. 152 – FZ on Personal Data dated 27 July 2006.

面保护个人、社会和国家的利益不受非法干涉为目的规定的情况；(4)个人数据主体作为合同当事人履行合同；(5)不能取得个人数据主体的书面形式同意，但为了保护个人数据主体或他人的生命、健康和其他切身利益。[1] 但是与欧盟不同的是，俄罗斯采纳的并非类似欧盟的“白名单”式的绝对自由流动方案，相反为了保护俄罗斯联邦宪法制度原则，维护道德、健康权利和保护公民权利以及保障国防和国家安全，俄罗斯政府可以中止或者限制向“白名单”国家的具体的数据跨境转交行为。

2.“数据本地化”预防性规制

在“同等保护”规则之外，俄罗斯法律采取了“数据本地化”措施以强化本国的数据控制。从强度值的角度来看，数据本地化在一定程度上表现出与同等保护较相似的特征。这表现在，两者都以数据流动严格受控为其出发点。数据自由流动的全球硬原则在二者面前几乎被全面否定了。但是，从实际效果角度来看，同等保护与数据本地化还有一定差距。这表现在“同等保护”并未如“数据本地化”一般完全禁止数据出境，它禁止的仅是第三国在立法状况、执法能力，以及是否存在有效的救济机制等因素未达到本国保护水平时的数据流动。

俄罗斯实施的数据本地化措施极具试验性。2014 年俄罗斯联邦第 97 号法令修改《关于信息、信息技术和信息保护法》之规定，增加“数据首次生成后 6 个月内的俄罗斯境内留存”的要求。[2] 同年 7 月，联邦第 242 号法令对《关于信息、信息技术和信息保护法》和俄罗

---

[1] See Federal Law No. 152 – FZ on Personal Data dated 27 July 2006.

[2] See Federal Law No. 152 – FZ on Personal Data dated 27 July 2006.

斯联邦《个人数据法》[1]进行修改,新增俄罗斯公民数据俄罗斯存储要求。自此俄罗斯联邦确认"数据本地化"成为俄罗斯跨境数据流动法律规制实践中最具特色的部分。

为"尽量减少因制定第242号联邦法律而引起的紧张局势",俄罗斯通信和大众传媒部公布了关于数据本地化的书面指南,阐明了第242号联邦法实施的新个人数据本地化要求。第一,规制对象包括以注册登记地标准确定的俄罗斯实体;以住所地标准确定的在俄罗斯有官方代表和分支机构的外国实体;和以属人标准确定的虽然没有在俄罗斯的官方存在,但开展针对俄罗斯消费者的业务的外国实体。第二,该指南阐明规制仅针对规制对象收集俄罗斯公民在俄罗斯境内生成的个人数据。第三,该指南再次确认"同等保护"为主要标准的跨境数据流动法律规制路径,即只要数据流出目的国能够提供《个人数据自动化处理中的个人保护公约》标准下的同等数据保护,数据控制者就可以避开数据本地化要求,将俄罗斯公民的个人数据转移出俄罗斯。即便如此,该指南仍对第152号法案所确认的"同等保护"进行细微的调整,要求数据即便是转移至提供同等保护的第三国也应当在以俄罗斯数据库为主数据库完成首次数据处理和数据管理之后,方才可以转移到俄罗斯以外的其他二级数据库。指南要求,位于俄罗斯之外的二级数据库不应存储俄罗斯的主数据库中没有的数据。俄罗斯的主数据库应当含有必须是最新的、最全面的数据。

---

[1] See Federal Law No. 242 – FZ of July 21, 2014 on Amending Some Legislative Acts of the Russian Federation in As Much As it Concerns Updating the Procedure for Personal Data Processing in Information-Telecommunication Networks (with the Amendments and Additions of December 31, 2014) Adopted by the State Duma July 4, 2014 Approved by the Federation Council July 9, 2014.

2019 年俄罗斯联邦《〈俄罗斯联邦通信法〉及〈俄罗斯联邦关于信息、信息技术和信息保护法〉修正案》(以下简称第 90 号法令)[1] 提出了主权互联网理念。该法案由俄罗斯的国家杜马于 2019 年 2 月 12 日通过,于 2019 年 11 月 1 日部分生效。[2] 第 90 号法令的主要内容围绕确立俄网的"自主可控"网络主权展开,在"平台管控"部分提出"主权互联网"设想。主权互联网概念也是俄罗斯的数据本地化措施中最引起争议的概念。在技术层面,数据本地化措施不仅无助于阻止网络攻击,反而还有可能为此类行为提供便利。在政治层面,主权互联网概念的提出将俄罗斯的数据本地化措施推向极端。

(三)监管规制:综合监管为主

俄罗斯联邦的规制机构是通信、信息技术和大众传媒监督局(The Federal Service for Oversight of Communications, Information Technologies and Mass Media, Roskomnadzor),这一机构被俄罗斯联邦政府授权控制和监督跨境数据流动的合规性。[3] 随着俄罗斯跨境数据流动法律规制体系的逐渐形成,法律规制的政策逐渐复杂化,Roskomnadzor 的监管力量和监管手段得到扩容。[4] 特别是 2019 年后,Roskomnadzor 的执法权力得到极大的扩展。首先,增加计划外审

---

〔1〕 Federal law dated 01.05.2019 No. 90 - FZ On amendments to the Federal law "On communications" and the Federal law "On information, information technologies and information protection", named as Stable Runet Act or Sovereignty Internet Law.

〔2〕 其中,有关国家域名系统的内容将于 2021 年 1 月 1 日生效。

〔3〕 俄罗斯国家资讯科技、通信及大众传媒监察机构。俄罗斯法律授权该机构监管各企业对俄罗斯公民个人数据的处理是否合规。它根据法律的相关规定,对企业或其他组织处理个人数据的程序、是否遵守俄罗斯对数据监管控制责任要求等方面进行监管。

〔4〕 See Decree of the Government of the Russian Federation No. 146 on Approval of the Rules for Organizing and Exercising State Control and Oversight of Personal Data Processing dated 13 February 2019.

查的权限。在修改法律之前,Roskomnadzor 只能基于俄罗斯联邦总统或政府要求,在检察官许可后才能开展计划外审查。法律修改之后,该监管机构可以依职权或依相关数据主体申请进行。根据 Roskomnadzor 的统计,修改法律后已经进行了超过 3000 次计划内审查和超过 200 次计划外审查,超过 4500 次监视操作,发现违规的比例不足 1%。[1] 其次,提高每年开展计划内审查的频率。在修改法律之前,针对一家企业的计划内审查每 3 年仅能开展一次。法律修改后,针对数据跨境传输至没有提供"同等保护"的国家的企业、代表外国政府、外国法人企业或外国自然人从事数据处理的经营者、在政府信息系统中处理个人数据的经营者、收集俄罗斯公民的生物数据或其他特定类型(包括民族、宗教信仰、政治立场、健康和犯罪记录有关的数据)数据的企业,审查频率可以提高至每 2 年一次。再次,缩短计划外审查的时间。在修改法律之前,无论是开展计划内审查还是计划外审查,时间都是 20 天,在必要情况下可以再延长 20 天。法律修改后,计划外审查的时限缩短至 10 天,在必要情况下最多延长 10 天。最后,限制违规企业的改正措施最高时限。在修改法律之前,对于被 Roskomnadzor 认为违反数据本地化措施的企业需要提供补救措施,但是并没有规定措施要在多长时间内完成。法律修改之后,补救措施提供时限被规定为最多 6 个月。最后,除监管手段的扩容外,俄罗斯对 Roskomnadzor 的处罚手段和权限予以调整,加大了处罚力度。2019 年修改第 152 号指令中的条款后,对违反数据本地化

---

〔1〕 在数据存储本地化规则开始实施的第一年,俄罗斯监管机构就对 317 家企业进行了检查,发现只有两家当地企业违反了数据本地化要求的规定。2016 年,监管数量增加到了超过 1500 家,大多数企业都很好地遵守了数据本地留存的规定,仅发现了 4 家违规企业。数据来源:Roskomnadzor(https://rkn.gov.ru/plan-and-reports/reports/p449/)官方公布内容。

要求企业的处罚得到提高。对于初次违规企业的处罚标准设置为最低 100 万卢布(约合 15,660 美元)、最高 600 万卢布(约合 93,690 美元);对于再次违规企业处罚标准则增加至最高 1800 万卢布(约合 281,070 美元)。对于初次违法企业负责人处以最低 1600 美元、最高 3200 美元的浮动处罚;对于再次违规的企业负责人,处以 12,800 美元的罚款。

通过以上分析可以看出,从模仿欧盟模式再到引领新的潮流,俄罗斯的法律规制实现了政府对数据存储、跨境传输、处理等环节的全面控制。俄罗斯跨境数据流动法律规制作为高强度模式,其法律内容不是一个扁平的结构,而是一种梯形衔接的结构,其效果放射至国境之外,主要是为了努力掌握本国数据跨境流动的主动权。俄罗斯推进数据本地化措施的经验已经证明,高强度控制模式下不仅需要扩增和强化数据控制,同样也需要构建一个体系严密、层次多维的基本规制整体。

四、跨境数据流动法律规制强度配置

总结跨境数据流动法律规制的 3 种强度代表国家的实践。简言之,随着跨境数据流动法律规制范围的扩张和规制要求的增强,全球大多数国家对跨境数据流动从不予规制发展到尽可能多地规制,规制体系设计也越来越精细化。考虑法律规范本身的构造、复杂的现实状况、规制对数字贸易影响程度等因素,各国根据自身具体情况,施以不同强度的法律规制。排除部分国家一味高举强保护之大旗,或墨守消极保护之成规,绝大多数国家都在“数据控制”和“数据流动”基本矛盾框架中对诸多因素进行权衡,见机行事。梳理分析各国跨境数据流动法律规制强度从低强度到中等程度再到高强度之后,笔者对3种规制强度的要素作简要总结。

首先,关于立法模式的选择问题。不同国家围绕跨境数据流动问题所进行的立法实践涉及对跨境数据流动的范围划界、内在体例和外部衔接的设计,反映出不同国家对数据控制和数据流动互动关系的预期和目标定位。

采用专章/专篇式立法模式的国家,虽然在规范建构上并未追求传统法典的完美逻辑,但是其整体上也属于实质性的编纂:将一些共通性的规定通过抽象和集中,以专章立法的形式实现数据控制者或处理者因具体实践而异的参照适用,实现"找法"的角度集约化。通过将跨境数据流动问题纳入系统化的个人数据保护体系,以创制一套互相耦合的规则来协调跨境数据流动的内外边界。笔者认为,近年来关于跨境数据流动法律规制的立法增长趋势,需要不小的制度空间。这样体量的规范群只有通过独立安置成编,才能不破坏个人数据保护自身的科学性和逻辑性,也为未来它的发展和最终法典化留下充足空间。专章式立法体例有利于跨境数据流动的一般预防和执法机关统一适用,但其存在的缺陷是:第一,"稳定性原理"要求个人数据保护法律应当具有稳定性,但"合目的性"又要求法律要予以及时修改,这便带来了个人数据保护法的稳定性与跨境数据流动技术发展与规制手段的相对易变性之间的矛盾或冲突。第二,将跨境数据流动归入个人数据保护项下,就容易出现以下不当局面:任何涉及数据流动的修改都会导致个人数据保护法的修改;反之,在修改个人数据保护法时,也必须修改其他涉及数据的法律,否则容易导致法律之间的矛盾与冲突。第三,随着社会生活的复杂化,需要控制流动的数据类型会越来越多,一部个人数据保护法事实上不可能囊括所有的跨境数据流动法律规制诉求。

相较专章式立法，分散式立法的体系化编排仅具有一定程度的条理要求，基于松散的结构将跨境数据流动的某一方面或某一数据的规定直接汇入专门性法律进行形式上的统一，在容纳技术发展带来的法律变化性上具有较高的开放性，对于特定行业或领域的跨境数据流动具有较高的针对性。在有关跨境数据流动法律规制的立法规划尚未清晰确定的情况下，立法者无法预见将来可能出现的所有数据流动类型并提前规定，所以，分散条款化立法也不失为一种保障和落实数据控制的立法体例选择。与此同时，具体跨境流动的数据外延在变动拓展，跨境数据流动法律规制的内涵与外延也会展现不同的时代特色。分散立法客观上有助于保证跨境数据流动法律规制体系的开放性，通过开放体系缓和数据流动规制内容法定带来的控制僵硬与涵摄范围的拘束，留有开放且包容的"窗口"。当然，分散式立法在结构严密度上要稍逊一筹，采用这一模式需要将各部调整对象、效力层级不同的跨境数据流动立法叠加在一起。因为这一模式不仅需要国家完成分散的立法，还需要实现分散立法中跨境数据流动规则规范的有效衔接，否则，法律之间相互重复、矛盾、缺乏一致性等问题就会凸显出来。所以这种立法方式并未被较多国家采纳。

其次，关于规制规则的安排问题：笔者以跨境数据流动法律规制后果追究的时间轴观察，除"单方数据自由流动"外的 7 种规制规则分为主体控制型规制方式、行为控制型规制方式以及责任约束型规制方式。规制介入时机越靠近数据流动链条前端，规制强度越高；法律规制干预越接近流动链条的后端，规制强度越低（见图 4－3）。

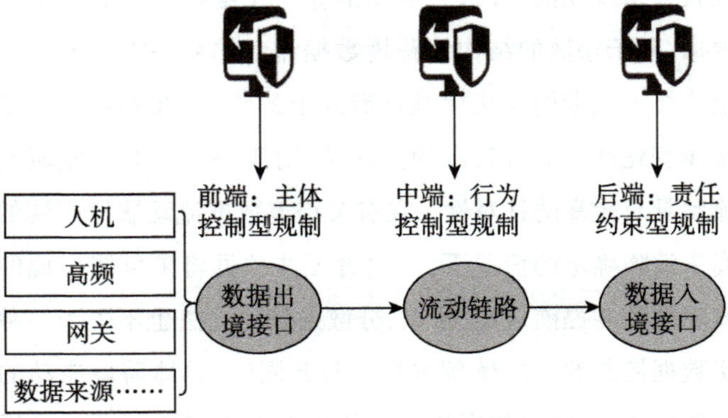

图 4－3 跨境数据流动法律规制后果追究时间轴

以主体为中心展开的主体控制型规制包括“充分性保护”、“数据本地存储”、“数据本地处理”、“数据副本本地留存”和“关键数据生成设施本地化”五种规则。作为逻辑前提，采用这 5 种工具的国家以数据流动准入门槛限制的形式解决数据流动的先决性问题，即是否属于“达标”的主体决定是否可以进行数据流动。在这一模式下，跨境数据流动法律规制的干预场域被推移到最前端，以实现预防性规制目标。主体控制型规制期望降低数据流入非本国数据控制者的可能性来提高本国数据权保护的效能。之所以如此，主要是因为受控的数据从类型来看是敏感的或与国家安全有关的。无论是通过关键信息基础设施本地化，还是通过数据存储处理本地化，都是通过立法形式限制某类或多类数据“脱域”的可能。在这一倾向下，数据的产生与控制高度合一，政府对于本国公民数据就拥有了绝对的掌控能力。

以行为为中心展开的跨境数据流动法律规制规则为“基于用户同意和其他法定事由”。行为规制的干预场域位于跨境数据流动的中端，虽然，它同样以法律和制度要求等指令机制，对跨境数据流动行为和出境标准等进行直接规制，但是相较主体规制，行为规制的约束向后延伸至跨境数据流动规制的中端，前有主体准入控制，后有监督和处罚。与主体控制型规制工具在实际操作上差异显著，因而在控制强度对比上清晰可辨。行为规制的逻辑前提在于跨境数据流动中各参与主体间的数据控制能力严重不对称。以法律赋能数据主体为切入点，通过信息公开手段，确保数据处理行为从强势的数据控制者流向数据主体，或通过法定的、清晰简化的形式帮助数据主体对纷繁复杂的数据流动行为加以甄别筛选，以化解控制能力不对称诱导的风险。在这一倾向下，规制规则通过差异化的信息公开规则设置可以提高数据主体的博弈能力。

以责任为中心展开的跨境数据流动法律规制规则为“基于充分性保障承诺下的流动”。责任规制的干预场域位于跨境数据流动的后端，通过市场信号激励数据控制者，将跨境数据流动的责任和成本内化到企业的数据合规流程中。由于私营部门组织内部管理属于私法自治领域，法律规制并不加以干预，所以，表面会呈现与控流截然相反的开放性倾向。实际上，责任规制强调违反承诺责任的跨境数据流动发生后的惩罚后果，以实现跨境数据流动立法规制基点由行为环节向后果环节的转型。从流动的实际效果来看，这一类规制模式下数据控制者采用问责制让数据脱域有一定的条件限制。从数据出境难度上看，责任规制在一定程度上表现出对跨境数据流动严控规制的克减，以避免对必要的数据流动构成显著破坏。由此可见，这一类工具一方面表现出靠近自由流动目标的显著倾向，另一方面又未完全摆脱控流倾向的影响。

最后，关于监管机构的设置和职能问题。规制机构的设置相较立法体例和规制规则而言,不是重要的理论问题。综合监管与机构监管是不同规制机构设置比较划分的依据,是对整个规制体制的建构理念、规制对象、规制内容、规制方式和运行机制作出的概括性区分。笔者从成本效益角度分析认为,综合性数据流动监管机构能够避免机构和数据控制权力的重复,避免有限的技术专业人员和执法经验过于分散,可以更集约地使用执法设施、更低成本地获得执法信息,有利于规制效能的提升。相反,在多机构共同监管的组织架构下,随着数字贸易参与主体多元化复合型经营,会出现数据普遍收集、交叉验证的现象,如果每个数据监管机构只是对本监管机构管辖范围内生成的数据进行规制,那么,容易产生监管"真空"。纯粹按数据来源或数据监管目的设置监管机构,不但会产生过多的专业性监管机构,而且还会丧失对跨境数据流动规制水平和风险状况的整体判断。对掌握数据类型多元的数据巨头尤其如此,如果其数据类型覆盖面跨越电信、金融、商务、健康等领域,企业数据监管机构仅关注局部数据业务,那么就难以实现综合监管的目的。但是从监管效率角度来看,把不同目标的数据监管合并到一个综合性的监管机构,会产生监管理念和执法行为的统一性冲突,也有可能抵消监管的效率。以上说明跨境数据流动监管机构本质上是个实践问题,各国跨境数据流动法律规制组织机构并无定式,从理论出发无法得到监管机构最佳模式的结论。

第三节　基于多代理人模型的跨境数据法律规制强度发展负荷评估

跨境数据流动法律规制在全球范围内已经成为具有普遍性的做法,只是在不同地域或不同环境中的强度表现形式不同而已。但是,跨境数据流动法律规制在实现一定数据控制目标的同时，也会增加企业的遵循成本，负面影响数字贸易竞争力。围绕美、欧、俄为代表的3种规制强度，一直争论的问题便是不同强度的法律规制会给本国数字贸易发展带来怎样的发展负荷？为回答这一问题，笔者尝试利用多代理人模型模拟不同规制强度对数字贸易的影响，以探讨法律规制强度的变化将如何影响数字贸易发展水平。

一、跨境数据流动法律规制强度作用机理及理论假设

由于跨境数据流动具有外部经济性，立法者通过制定相应法律法规对数据控制者的数据流动活动进行约束，以实现保护数据权与数字贸易发展相协调的目的。从法律设计者的角度，实施跨境数据流动法律规制的首要任务是保护本国数据权，将数据流动控制在规制范围内进行。然而，从数据控制者的角度，法律规制作为一种政策，会对它们参与该国数字贸易产生影响。因为法律规制会影响企业数字贸易运营活动外部环境的稳定性，进而影响企业最初设计的数据资源最优组合，并最终影响一国数字贸易发展的目标、效率和程度。因而，在国家通过法律规制加强数据管控强度的同时，对法律规制产生的数字贸易发展负荷影响也应给予足够的关注。因而，笔者从正面效应和负面效应两个不同角度分析跨境数据流动法律规制对数字贸易的作用机制。

（一）跨境数据流动法律规制对数字贸易的正面效应

跨境数据流动法律规制的正面效应来自数据控制者增加在该国数据处理服务的经济投入，进而提升一国数字服务贸易的发展规模。在通常情况下，在不存在跨境数据流动法律规制的国家，数据控制者在下达数据流动命令时，仅需考虑企业内部的经济性和发展性，很少

考虑外部性政策影响。然而,当数据控制者持有的数据位于设置了跨境数据流动法律规制规则的国家时,数据控制者在下达数据流动命令时就需要考虑采用何种策略才能既实现数据处理最优选择,又符合该国数据控制需求。因此,实施法律规制可能引致企业合规成本的变化,使企业的数据流动合规成本加入列支,需要企业进行较高的数据流动合规投资以降低流动的不确定性。受利润最大化动机的驱使,大多数企业都会寻求数据本地化措施,或是在一国建立自己的数据处理中心,或是向该国的本土数据处理合作者购买服务,以降低数据出境的风险。这一策略的正面效应,一方面,可以带动一国数字服务贸易发展;另一方面,本土数据控制者可能会因无数据出境合规成本支出而获得一定的市场基础优势。

(二)跨境数据流动法律规制对数字贸易的负面效应

跨境数据流动法律规制的负面效应在于会增加企业从事数字贸易的约束性条件。在数据自由流动的环境下,企业进行数据流动作业的不确定程度较低,生产经营决策或投资决策仅需从实现企业数据价值最大化的目标出发,便能达到最优配置效率。相反,一项具体的跨境数据流动法律规制措施的实施,必然会迫使企业在下达数据流动指令时充分考虑数据流动法律政策的约束,需要其投入额外的数据合规人力、物力和财力。跨境数据流动法律规制作为一种投入要素被内化于生产经营决策或投资决策中,会导致合规成本的增加。因而,从企业预算投入的角度,跨境数据流动法律规制会增加企业参与市场竞争的负担,提高企业运转成本。这一策略的负面效应在于会提升企业运营成本、数字贸易发展受政策强度约束等方面。鉴于此,笔者提出理论假设:

H1:高强度跨境数据流动法律规制对国家的数字贸易长期发展

的抑制作用最强，短期促进本土企业偏向最为明显；

H2：低强度跨境数据流动法律规制对国家的数字贸易长期发展抑制作用最弱，本土企业短期发展阻力最为明显。

二、跨境数据流动法律规制强度仿真研究设计

为验证上述作用假设，笔者采用多代理人模型（multi-agents-based model）对跨境数据流动法律规制的强度与数字贸易的关系进行了分析。本节将建立一个包括数字贸易的企业（数据控制者）和消费者（数据主体）在内的多代理人模型来研究不同类型的规制强度对它们的服务质量、价格和消费者反馈的影响。我们将使用标准的经济学理论对"生产者—消费者"之间的相互作用进行建模，评估规制强度高低对数字贸易不同个体行为的交叉和综合影响。

（一）模型的设计

1. 模型的选择

多代理人仿真模型侧重微观层面运行过程的构成要素及其相互作用关系。通过微观层次塑造代理人，仿真推导出由微观个体行为形成的宏观效应。在这种方法中，组成系统的微观个体被称为代理人，其具有认知和适应学习能力，并且代理人之间的交互对外在环境产生不可预期的整体性变化，而代理人因为受到环境的约束又会能动地根据环境的变化、其他个体的行为来改变和进化自身的行为，由此形成复杂多变的社会景象。笔者认为，跨境数据流动法律规制的原因在于数据流动的行为会给一国的数据保护产生侵扰，进而带来整个数据保护体系的无序性。当无序性的增加逐渐超越市场系统所能调节的范畴时，各国的法律设计者以法律规制的形式积极对数据流动行为进行干扰，以增加其达到法律认可的有序性的目的。从理

论上说,法律上对数据流动行为的规制,可以给整个数字贸易运转体系提供正反馈的信息。然而,由于法律规制强度的不同,一国法律适用过程中各代理人之间、代理人与数字贸易环境之间存在非线性的作用机制以及由此产生系统的涌现性,且规制也有可能增加整个数字贸易体系的无序性,加速其崩溃的进程。基于此,笔者采用代理人模型进行仿真建模,让处于异质性环境下的代理人之间进行交互影响,进而观察整个系统涌现出的新兴属性,以描绘现实世界中的跨境数据流动法律规制。

2. 代理人主体的设定

为检验假设 H1 和 H2,代理人模型构建如下。假定一个国家(A国)的数字贸易参与者分为两种:数字贸易参与企业(企业)和数字贸易消费者(消费者),可以用数学公式来明确地定义理性的代理人的行为。A 国的法律设计者可能采用 3 种规制强度中任意一种跨境数据流动法律规制。模型目的在于探索多代理人系统下的自发行为以及交互行为的迭代情况。

首先,企业根据总部所在地与 A 国之间的位置差异分为跨国企业和本土企业。跨国企业是指总部位置位于 A 国之外,在 A 国拥有分支机构、从事数字贸易生产经营活动的公司。这一类主体不仅需要满足 A 国消费者需求,还需要满足 A 国之外消费者的需求。本土企业是指总部位于 A 国境内,主要以 A 国市场需求为导向,主要在 A 国内进行数字贸易活动的营利性组织。本土企业只需要满足 A 国消费者的具体需求。对于企业主体,它的主要竞争以产品服务的单价和质量为主要手段,竞争的最终结果体现在市场份额上:单价越低、质量越高,市场份额越大;单价越高、质量越低,市场份额越小(见表 4-5)。

表 4－5　企业主体属性

企业主体属性	符号
企业主体总和	n_i
企业主体 i 的总部位置	(x_i, y_i)
企业主体 i 提供的服务价格	p_i
企业主体 i 提供的服务质量	q_i
企业主体 i 的全球市场份额	m_i
企业主体 i 的 A 国市场份额	l_i
回报因素	H
投资因素	W

其次,A 国消费者主体都位于 A 国。基于消费者对服务和价格的重要性比值,消费者主体被分为价格敏感型($0 \leq s_j^p \leq 1$)和质量敏感型($0 \leq s_j^q \leq 1$)。价格敏感型消费者对价格有支付意愿上限(p_j^i),质量敏感型消费者则对产品服务质量有一定的要求(q_j^i)。由于消费者往往对品牌有一定的忠诚度,所以模型在市场份额上包括一个锁定系数(w),以调整所提供服务的收益,[1]模型在运行中设定具有较高市场份额的企业会产生较高的消费者收益回报。所以在任何给定模拟的迭代过程中,每个消费者都在所有企业中进行比较,然后选择一个最大化回报的企业(见表 4－6)。

---

〔1〕 See S. Hellmer, *Switching Costs, Switching Benefits and Lock-in Effects-The deregulated Swedish Heat Market*, Energy & Environment, Vol. 21:6, p. 563－575(2010).

表 4-6 消费者主体属性

消费者主体属性	符号
消费者主体总和	n_j
消费者主体 j 的位置	(x_j, y_j)
消费者主体 j 对价格的敏感值	$0 \leqslant s_j^p \leqslant 1$
消费者主体 j 提供的服务质量	$0 \leqslant s_j^q \leqslant 1$
消费者主体 j 的对企业主体 i 提供服务的感知收益	z_j^i
消费者主体 j 的最大支付意愿	p_j^i
消费者主体 j 能接受的服务质量底线	q_j^i
消费者的固定系数	w

最后,不同主体之间的交互。仿真模型由消费者主体和企业主体之间根据服务价格、服务质量或消费者敏感性等各种属性的交互所推进(见图 4-4)。在任何给定迭代下,每个消费者主体根据感知到的服务或价格回报来寻找最佳生产者,每个企业主体根据市场份额调整价格和质量策略。

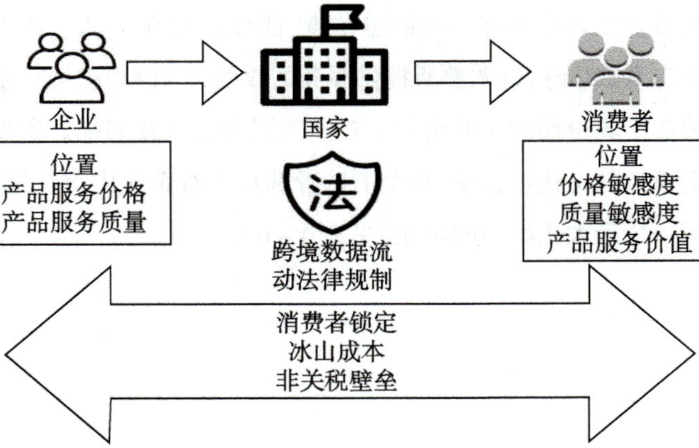

图 4-4 跨境数据流动法律规制交互概念

3. 代理人的外在环境

在分析跨境数据流动法律规制的全球图景中，笔者抽取出更本质性的因素“强度”来展现法律介入强度与跨境数据流动规制模式之间的对应关系。这一相对定量的研究进路表示，数据保护在不同的控制值下有着不同的含义。A 国可能采用任意一种强度的规制策略，并且不同的选择给数字贸易企业行为带来的经济影响也各有不同。鉴于企业进行经营决策需要对跨境数据流动法律规制因素进行考虑，对某一数字贸易运营项目进行成本收益分析时也会产生不同的结果。正常情况下，企业主体 i 与消费者主体 j 之间围绕数字贸易成本为 d_i^j 。对于企业来说，数据本地存储给产品或服务价格带来的影响是 γ_p ，给产品或服务质量带来的影响是 γ_q ，分级分类处理给产品或服务价格带来的影响是 θ_p ，分级分类存储给产品或服务质量带来的影响是 θ_q 。基于此，模型形式（见表 4－7）分别为：

表 4－7　模型中涉及的公式

环境设定	变量	公式	
低规制强度策略	产品价格	$p_i' = p_i \times (d_i^j)^{\beta}$	(1)
	服务质量	$q_i' = q_i \times (d_i^j)^{-\beta}$	(2)
中间规制强度策略	产品价格	$p_i'' = p_i' + p_i' \times \gamma_p$	(3)
	服务质量	$q_i'' = q + q_i' \times \gamma_q$	(4)
高规制强度策略	产品价格	$p_i'' = p_i' + p_i' \times \theta_p$	(5)
	服务质量	$q_i'' = q_i' + q_i' \times \theta_q$	(6)
消费者回报		$z_j^i = [(s_i^q \times q_i'') - (s_i^p \times p_i'')] \times (1 + m_i)^k$	(7)

（二）模型的运行

笔者采用 Netlogo 平台进行仿真试验。[1] 模型内有 1000 个消费者主体和 10 个企业主体分散于矩形空间中。无论是消费者主体还是企业主体，同一种类的主体行为的一般规则相同，但行为处理的结果依赖于主体输入时的状态。所以虽然同一类主体具有相同的决策规则，但是由于其决策时所处的状态不同存在随机因素，因此决策的结果也是不同的。空间中设定 3 个国家，范围随机，分别选择高强度法律规制、中等强度法律规制和低强度法律规制中的一种。此外，企业和消费者所处的市场环境被定义为竞争性环境，所以企业提供的服务对于消费者来说都具有可替代性，替代与否的决定由消费者的回报计算后作出。每一次迭代，企业都会根据市场份额调整其服务价格和质量，最终的服务价格和质量会根据合规成本进行调整。所以代理人之间的交互关系会推动系统的运行（仿真的基本框架见图 4－5）。

---

〔1〕 Netlogo 的最初框架由 Uri Wilensky 于 1999 年设计，后续的开放和完善工作由西北大学的互联网交互计算机建模中心（Center for Connected learning and computer－based modeling）负责，最新版本是 6.1.1 版本，Netlogo 以"低门槛，无上限"的设计理念，给广大使用者提供了以多 Agent 的编程和建模环境。使用者通过成千上万个 Agent 下达相互独立的指令，从而研究和解决自然科学和社会科学中随时间演变的复杂建模问题。本书的仿真系统搭建在 Netlogo 平台上，主要是该平台具有编程语言多样化，操作系统相对简单易上手等优点。其内部拥有丰富的模型库，并主要分成 6 个模拟库板块，即 Sample 模型库、Curricular 模型库、Code Example、节点网络活动、IABM 教程以及可替代的视图化模型库。为解决所讨论的问题，笔者重新搭建了一个模型。

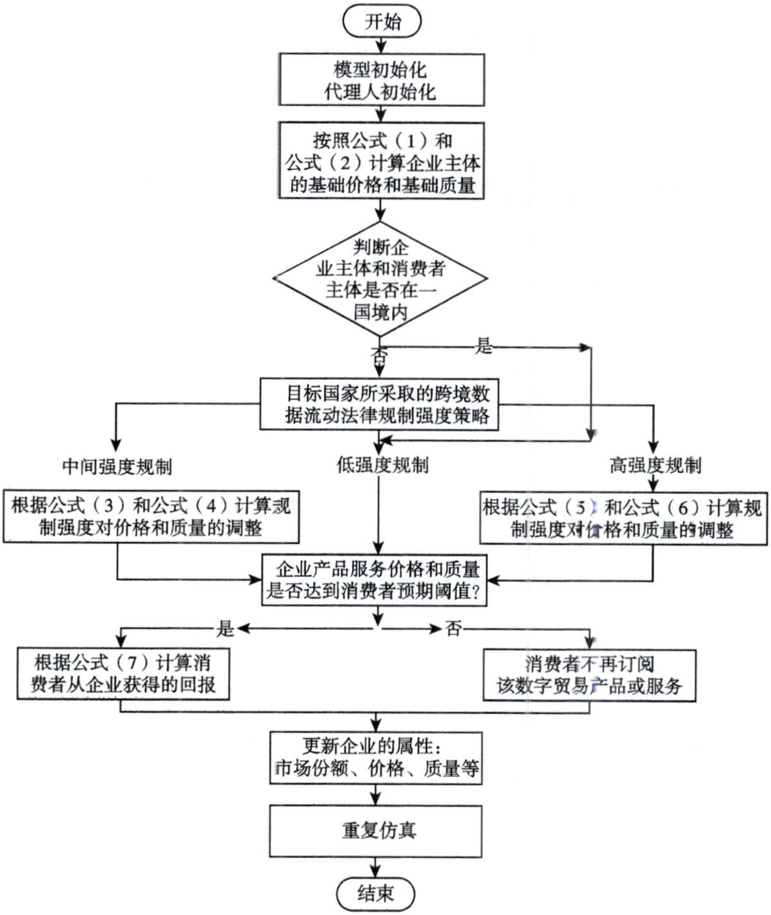

图4－5　跨境数据流动法律规制仿真基本框架

三、跨境数据流动法律规制对数字贸易发展的影响及差异化效应分析

(一)跨境数据流动法律规制强度对数字贸易市场竞争的影响

仿真模型中发现,数据合规成本对数字贸易市场竞争的影响明显。高强度法律规制环境下,由于数据合规成本较高,对数字贸易市场竞争受到的抑制最为显著(见图4-6)。

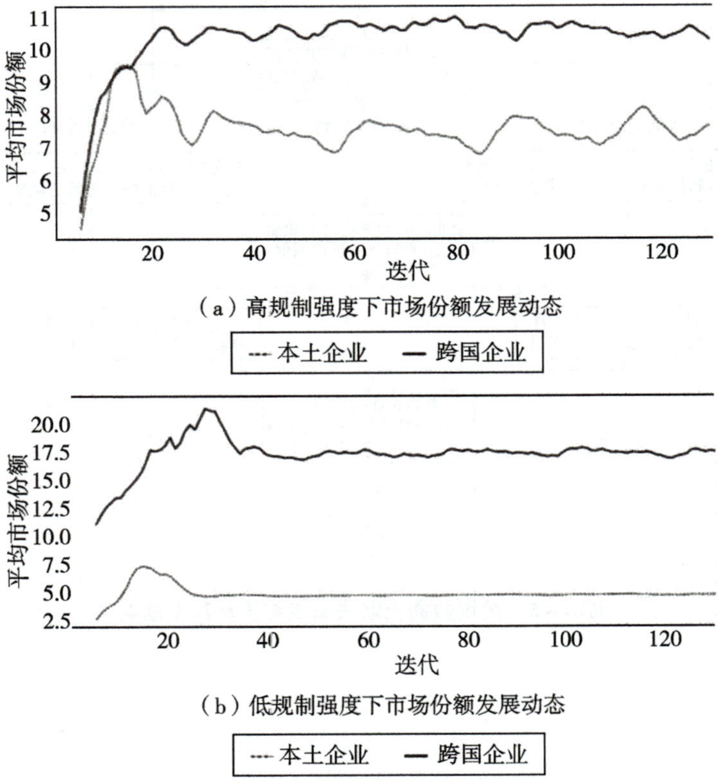

(a)高规制强度下市场份额发展动态

(b)低规制强度下市场份额发展动态

图4-6　高低规制强度下企业份额对比

首先,多次测试都显示高强度法律规制对于本土企业在短期内获得市场份额有明显的推动作用。高强度法律规制凭借数据流动中的“边界控制”会促进本国企业的发展,有助于本土的成长型企业与跨国巨头的竞争。在A国选择高强度法律规制策略的情况下,本土企业由于存储、处理等就发生在A国,数据跨境流动需求少,数据合规成本较低,更能够为消费者提供更具有竞争力的服务价格和质量。而在一定的迭代之后,由于锁定效益,本土市场领导者获得相对较大的市场份额。根据模型所得数据,在高强度法律规制下,本土企业会获得平均7% ~8%的市场份额,而在低强度法律规制情况下,本土企业获得的平均市场份额仅为5%。其次,多次测试都显示高强度法律规制对于跨国企业的发展在短期内会造成障碍。由于高强度法律规制环境下数据出境概率较低,跨国企业的数字运营成本增加,进而导致提供的产品和服务成本提高,在一定程度上可以给一些数字贸易基础较薄弱的国家发展产生积极影响。跨国企业要么逐渐退出高强度法律规制国家,要么为了减少运营成本进而增加在东道国投资实现数据本地化。笔者发现,跨国企业在低强度法律规制国家的市场份额平均值在15% ~20%,而在高强度法律规制情况下则仅有11%。

综上所述,在高强度法律规制国家,尽管限制了消费者选择范围,还是能够让本土企业在本国获得更大的市场份额。在采用低强度法律规制的情况下,由于市场是开放的,消费者的地域性选择障碍并不存在,本土企业和跨国企业的数据出境的合规成本对它们提供的服务的价格和质量影响也不大,跨国企业的规模经济优势可以显现,能够以更好的价格和质量优势以获得潜在的客户,然后借助锁定效应“蚕食”本土企业的市场份额。

(二)规制强度对数字贸易的影响

通过观察重力系数β对企业周围消费者聚集的影响,笔者发现随着市场份额的变化,β值较高时收入显著增加,当国家采取低强度法律规制时,企业的平均收入增加了100%;当β较低时,企业的潜在收入较低(见表4-8)。所以,跨境数据流动法律规制强度与数字贸易发展负相关。首先,当法律规制强度高于0.85门槛值时,高强度跨境数据流动法律规制虽然有利于本土企业发展,有助于增加跨国企业投资数字基础设施,但是相对而言对于一国数字贸易发展的抑制作用较高。其次,当法律规强度低于0.75门槛值时,法律规制与数字贸易正相关,也就是说,法律规制促进了数字贸易。究其原因,笔者认为,一国一旦制定跨境数据流动法律规制内容,企业为了满足法律规制的要求,可能需要增大数据合规投资。从短期来看,虽然可以提升本土企业的竞争力,或者暂时满足了法律规制的要求,但是合规开支的增加会相应挤占数字贸易的投入。基于高标准和复杂批准程序的高规制强度并非长久之计。从中期效果来看,采用低规制强度的国家,由于部分企业在激烈的市场竞争中最终会被淘汰出市场,市场集中度相应提高,而幸存下来的企业会不断扩大数字贸易的规模,提高企业在数字贸易市场的核心竞争力,最终实现数字贸易的发展整体的发展。

表4-8　企业平均盈利

β	高规制强度	低规制强度
1.08	6000	1800
1.9	6200	3680

四、仿真结论及政策启示

跨境数据流动法律规制会产生多方面影响，其中之一便是关乎数字贸易发展，其作用机理是本模型重点阐释的内容。以仿真模型为研究对象，笔者构建了跨境数据流动法律规制强度作用于一国数字贸易发展短期和中期的模型，来实证检验法律规制对数字贸易活动的总效应。实证检验表明，短期内一国的数字贸易发展因跨境数据流动法律规制强度的不同有显著的差异。当规制强度较高时，本土企业能凭借数据合规成本低的优势，获得相对大的市场份额；当规制强度较低时，跨国企业能凭借服务价格优势获得更大的市场份额。从中期效果来看，由于高强度的法律规制会使企业面临的不确定性增加，对本国数字贸易发展产生明显的抑制作用，即规制强度越高，企业利润越少，市场活跃程度越低，消费者的选择越少，最终会影响本国的数字贸易发展效益。

回到笔者最开始的问题，如何处理跨境数据流动法律规制和数字贸易关系？基于上述模型的结论，笔者认为，一种最优、能够一劳永逸地适用于所有国家或地区的跨境数据流动规制模式是不存在的，高强度的规制实践并不必然有助于促进本国数字贸易发展目标的完全实现。从经济效应来看，跨境数据流动法律规制强度的提高在短期内有助于提升本土企业的竞争力，但会加大跨国企业经营的不确定性，致使企业发展呈现短期化偏向，还有可能在中期阶段抑制数字贸易长期发展。数字贸易的长期发展对一个国家的未来同样重要，借助高规制强度带来的短期发展本质上是有悖于数字贸易发展要求的。鉴于此，灵活性适中的中间强度法律规制应是较理想的制度归宿。笔者认为，跨境数据流动的法律设计者，在设计本国跨境数据流动法律规制体系时,需要适应不同阶段的数字贸易发展现实,配合法律规制的意旨,将法律规制与数字贸易的互动关系进行动态调整而维持跨境数据流动的内外和谐。长远来看,数据自由流动与数据控制权此消彼长的交错会在长时间内影响法律的设计以及在法律缠绕中的数字贸易。为降低跨境数据流动法律规制带来的不确定性,法律规制强度的调高应该更慎重。盲目追求规制的严格,可能让公民在感性认知上感受到国家跨境数据流动法律规制的完备,但却极有可能蛰伏着公民数据权被"合法"克减甚至无理剥夺的危险,由此带来的法律错位会直接损伤数字贸易需要的制度稳定预期,容易招致对规制体系权威性与合理性的质疑。

本章小结:强度适中的跨境数据流动国内法规制能够实现与数字贸易发展负荷的相对平衡

本章通过规制强度和本国数字贸易发展的互动关系,延伸有关规制强度与发展负荷平衡的分析,来解答国内法应对机制"如何规制"的问题。笔者以 129 个国家的规制模式及其内在构造、不同模式的规制强度及其对数字贸易的限制程度为分析视角,从法律实证效果的角度解读全球跨境数据流动法律规制的现状,从两个方面推进研究:(1)讨论全球跨境数据流动的整体特点、发展趋势以及由此带来的规制强度分类;(2)分析预测不同强度模式数字贸易发展潜力,回应规制强度和发展负荷间的平衡点问题。

对于规制强度,笔者在 129 个国家法律样本的基础上,构建了跨境数据流动法律规制强度评估体系及效果评估体系,将规制模式进行体系化分野。考虑跨境数据流动国内法规范本身的构造、规制对象复杂的现实状况、技术发展的阶段等因素,各国对跨境数据流动进行法律规制的强度有所不同,表现出强弱不同的反应。虽然,各种强度之间实际上并没有泾渭分明的界限,但是在立法体例、规制规则和监管组织3个组成要素不同组合下,对跨境数据流动国内法规制强度可分为低规制强度、中等规制强度和高规制强度3个类型。

对于发展负荷,笔者以多代理人模型来模拟不同规制强度下数字贸易的发展潜力。仿真模型的结果显示,跨境数据流动法律规制的强度不同时,一国数字贸易市场状况有显著差异:短期内,在高强度规制下,本土企业会有一定的竞争优势,容易获得相对更大的市场份额。然而,就中期效果来看,高规制强度使企业面临的不确定性有所增加,会导致市场竞争活跃程度降低,创新度降低,企业利润降低,最终会影响本国的经济效益。

以上讨论隐含规制强度与发展负荷互动的循环过程。规制强度越高,其数据控制强硬程度越凸显,从而,更有诱发数字贸易发展负荷过大的风险;而后者发展的需求有可能造成规制实质性失效的局面,打断法律体系的正常节奏。从这个意义上,我们可以重新审视跨境数据流动国内法规制应对机制:一是规制强度并非越高越有利于数据控制,适度的规制强度依然是最接近最优选择的状态。如果法律规制模式设计及其表现出的规制强度能够与一国经济社会的发展相适应,那么会表现出适中的规制强度,从而有利于国家数据控制的意图,也不容易造成数字贸易发展负荷过重的困境。反之,规制强度无论过高或过低,数字贸易的发展效率都会受到影响。因此,在制定跨境数据流动法律规制体系时,政府需要考虑不同区域的实际情况,在规制目标、规制强度、规制配置设计等方面实行差异化规制,保证各国在实现一定数据控制目标的同时,实现一定数据资源流动目标。二是适时调整跨境数据流动法律规制强度。从动态角度考虑,随着时间的变化,数字贸易对跨境数据流动法律规制的反应会有不同的表现。因此,法律设计者在构建跨境数据流动法律规制体系时,不仅要考虑当时本国数字贸易发展状况所处的位置,还要考虑数字贸易未来发展的变化。如果处在发展早期,此时较强的跨境数据流动法律规制会促进本土企业的发展,法律设计者应适度加强法律规制的强度;相反,如果处在发展中期,此时较弱的跨境数据流动法律规制会促进本国数字贸易整体的发展,法律设计者应适度调低法律规制的强度。

对跨境数据流动国内法规制强度和数字贸易发展负荷的关系的深入分析将帮助我们反思中国跨境数据流动国内法体系的建设。它可以提供一个评判中国跨境数据流动法律规制体系的分析框架,能够解释和评估存在的问题。本章的发现要求立法者不能停留在一味追求高规制强度,沉迷在设置和堆砌规制体系中的种种约束工具之中,而要从规制强度和发展负荷背后的关系、模式内部结构和数字贸易发展阶段进行深入地分析解释,灵活适度、随机调整跨境数据流动法律规制强度。虽然,这会增加立法成本,但是相对于平衡规制强度和发展负荷的关系来说,还是值得关注。

第五章　全球跨境数据流动国际法应对机制及发展负荷评价

在各国跨境数据流动法律规制形式多样、诉求趋同的情况下，如何协调不同国家主体间的分歧，构筑全球跨境数据流动规则体系，成为当前全球数字治理的重要主题。国际法框架下的协定成为全球跨境数据流动法律体系中颇具活力的载体。基于此，本章拟厘清跨境数据流动的国际法律规范，并借助引力模型实证检验主要国际治理框架对数字贸易的影响，以探索跨境数据流动国际法应对机制与数字贸易发展负荷的关系。

第一节　跨境数据流动法律应对机制的国际法属性

在主权国家地理边界内外，各国对跨境数据流动法律规制具体问题的认知存在差异，导致数据的流动和数据的归属产生一系列冲突，影响国际经济和政治格局。为维护跨境数据流动国际秩序的稳定性、有效性和可预期性，跨境数据流动国际法规制应运而生。国际法作为跨境数据流动国际秩序的规范架构，协调各国跨境数据流动法律规则制度。

一、跨境数据流动国际法规制的界域

从“界域”上看,国际法体系的任何一个分支都具有特定的研究对象。不同的问题对应不同的国际法部门界域,表征某一具体国际法部门的类型特征,确定该国际法部门的功能目标。以 1980 年经合组织《隐私保护和个人数据跨境流通指南》的缔结为标志发展起来的跨境数据流动领域的国际法,也有自身的特定界域,服务于特定的任务和目标。考察跨境数据流动议题在国际法领域逾 30 年的演化可以发现,它的建构性基础是对国际合作协调需求不断增加的事实。基于此,跨境数据流动国际法规制的界域是协调数据流动管制和数据管辖的国际冲突。

(一)协调数据流动国内法管制产生的国际冲突

跨境数据流动国内法管辖下,无论是数据输出国还是数据输入国都会针对抹去地理空间中时空尺度的数据空间进行“边境后”管制。因为数据虚拟流动对应的既存空间依然具有明显的物理边界,导致跨境数据流动法律规制涉及至少两个国家的数据控制权,也使一国的规制效果呈现明显的外部性,与其他国家的规制模式相互影响,产生冲突风险。所以,约束各国“边境后”的规制行为是跨境数据流动国际法的重要任务之一。

在传统观念里,人们习惯从地理纬度来理解跨境数据流动,认为仅需要借助值得信赖的国内立法体例、规制规则和监管组织就可以确保本国数据的安全和合理使用。于是,在国内法中对数据的跨国扩散与输出,尤其是对于涉及敏感信息的数据及其生成设施采取谨慎的态度,反对数据无控制地自由流动,要求推进本国的数据保护,致使数字国家主义(digital-nationalism)议题凸显。〔1〕然而,在全球数字贸易背景下产生数字全球化的视角,主张数字在全球自由地流动,数据流动的一切目的和手段均以贸易自由和竞争为原则。得益于数字全球化发展,即使2008年以后国际贸易与金融流动趋于平缓或下降,跨境数据流动也支撑起了全球化发展,扩大了对全球经济的参与。〔2〕在这两种观点影响下,不同国家/地区追求的价值目标不同、数据权利背后蕴含的权利属性认知不同,呈现相互冲突的多种规制体系,造成了"推动数据自由流动"的全球愿景错配"阻碍数据自由流动"的实际效果。因而,国际法需要约束两种法律价值并调整国家单纯依据物理边界管制数据的做法,以保证数据国际流动秩序的稳定性和可预见性。

(二)协调基于数据管辖权产生的国际冲突

跨境数据流动牵涉数据流动链上的各个国家,由于各自立法对数据的管辖根据或标准存在差异,故而产生了各国法院依据国内法的规定,对数据均主张管辖权的法律冲突现象。〔3〕在传统观念里,

---

〔1〕目前,对于"digital nationalism"的界定较简单,大多将其简单视为与数据本地化相关的政策实践或理念。例如,世界银行《2016年世界发展报告》将数据民族主义定义为"一国数据应该储存在国界之内"的"理念"。此外,学界并没有一个被普遍接受的"digital nationalism"定义。尽管若干研究使用"数据民族主义"用作其翻译,笔者则倾向将其译作"数据国家主义"。参见毛维准、刘一燊:《数据民族主义:驱动逻辑与政策影响》,载《国际展望》2020年第3期。

〔2〕Mickinsey Global Institute, *Digital Globalization: The New Era of Global Flows*, McKinsey digital (February 24, 2016), https://www.mckinsey.com/business-functions/mckinsey-digital/our-insights/digital-globalization-the-new-era-of-global-flows.

〔3〕管辖权冲突中一般有两种类型:积极的管辖权冲突,即与同一案件相关联的两个或两个以上国家的法院均依本国法规定的管辖标准对同一案件主张管辖权的情况;消极的管辖权冲突,即与同一案件相关联的两个或两个以上国家的法院均依本国法规定的管辖标准对同一案件均不主张管辖权的情况。在跨境数据流动中,笔者尚未发现有消极管辖权冲突的情况存在。

属地法律适用规则是现代法律的基础之一。然而,在跨境数据流动法律规制问题上,由于数据的特殊性,这一原则并未得到完整延续。各主要国家的法律实践一直在超越"硬性"的属地原则寻找例外,不断扩大国家对于数据管辖权的范围。有国家将本国规制的域外适用视作一种积极主动的机制,以保护国民的个人信息权益免受域外侵害(数据主体保护优先);[1]有国家受结果地主义的影响,认为数据只要对本国的数据权利保护和数据安全保护有影响,无论数据存储于何地,本国主管单位都有管辖权。这些例外原则都与属地原则产生管辖冲突,造成了数据流动障碍。

这种数据求索过程造成的管辖权冲突在微软案中显露无遗。从2013年开始,微软与美国司法部之间就存储在微软位于爱尔兰的服务器上的数据能否在不经爱尔兰法院许可的情况下提供给美国联邦调查局展开了长达5年的诉讼。此案中,问题归结为政府是否可以使用手令索取存储于美国境外的信息。由于美国调取证据许可在美国境外不具有法律效力,故而域外性是争议的焦点核心。政府的论点是,由于微软在美国,并且只需单击几下鼠标就可以轻松检索信息,因此产生的信息,美国享有管辖权。微软则认为按照常规如果政府想要获得该信息,则必须使用"司法协助条约"的方法,只有条约的每一方主体均同意在法律事务上向对方提供帮助,方才提供相关信息,何况美国和欧盟之间已有一个司法协助条约,爱尔兰也是其中成员。但美国执法机构则认为该程序太复杂也太慢,需要以更快的方式获取数据。2016年,微软在美国第二巡回上诉法院裁决中胜诉,该

---

〔1〕 See Viviane. Reding, *The European Data Protection Framework for the Twenty-first Century*, International Data Privacy Law, Vol. 2:3, p. 119 - 127 (2012).

裁决认定政府无权要求存储在微软的海外服务器上的信息。[1] 2018年，美国司法部将此案上诉至美国联邦最高法院。[2] 最终“微软爱尔兰案”以2018年出台的《澄清境外数据的合法使用法案》[3]确认数据调取的“域外效力”而结束。[4] 该法案允许美国监管者可以通过保证或传票的形式强制要求美国数据服务提供商和其他与美国有足够联系的境外数据服务提供商按照要求提供数据，无论数据存储在美国或其他国家。法案抛开传统的双边或多边司法协助条约，扩大了美国执法机关调取海外数据的权力，加剧了当前国家间与数据有关的司法主权冲突。于是，在跨境数据流动问题上，通过国际条约解决数据管辖权的冲突成为至关重要的任务。

综上所述，跨境数据流动国际法的界域关涉构造协调各国的数据管制和数据管辖两大内容。一方面，在承认每个国家均享有主权权利建立符合本国需要的跨境数据流动法律制度的前提下，通过条约等多形式建立跨境数据流动的国际共识，用以协调各国的数据流动制度；另一方面，在承认每个国家均有权管辖其本国范围内的数据出境活动的前提下，通过条约和其他形式最大限度地降低管辖权冲

---

〔1〕 See United States *v.* Microsoft Corp., 138 S. Ct. 356 (2017) (mem.) (granting government's petition for certiorari).

〔2〕 See United States *v.* Microsoft Corp., 584 U. S. (2018).

〔3〕 See Clarifying Lawful Overseas Use of Data (CLOUD) Act, H. R. 1625, 115th Cong. div. V (2018) (enacted) (to be codified in scattered sections of 18 U. S. C.)

〔4〕 笔者注意到中国学者倾向用“长臂管辖”(long-arm jurisdiction)一词来泛指不同类型的域外管辖概念。然而，此种用法与“长臂管辖”在美国的用法并不一致。美国法院将“长臂管辖”视为“专门管辖”(specific jurisdiction)这一美国民事诉讼法概念的同义词。专门管辖允许美国法院在民事诉讼中对非居民被告享有司法管辖权，其法律依据是“长臂法令”(long-arm statute)或者“长臂条款”(long-arm clause)，因此又被称为“长臂管辖”。See J. Daskal, *Microsoft Ireland, the CLOUD Act, and International Lawmaking* 2.0, Stanford Law Review, Vol. 71 (online), p. 9 - 16 (2018).

突,促进国际关系稳定和谐。

二、跨境数据流动国际法规制的主体

以《牛津法律大辞典》对“国际法的主体”的定义为准据,[1]笔者认为,“跨境数据流动国际法规制的主体”是指享有制定跨境数据流动国际规则的权利,并承担国际规则附加义务的实体。一个实体要成为跨境数据流动国际法的主体,需要同时满足两个条件:既是被跨境数据流动国际法赋予权利并附加义务的实体,也是享有赋予的权利和承担附加的义务的主体。二者之间的关系是,拥有国际法上的人格是参加国际数据流动法律关系的前提,没有前者就没有后者;参加国际数据流动法律关系调整是国际法人格的实践,没有后者,前者只是一种虚拟状态。因此,判断是否为具有参与跨境数据流动国际法协调资格的主体,首先要看国际法是否给予这个参与跨境数据流动活动的实体权利(力)和义务以及给予什么权利(力)和义务,其次要看这个实体是否实际享有跨境数据流动国际法赋予的权利和承担跨境数据流动国际法规定的义务。综上,笔者认为,跨境数据流动国际法规制的主体主要有以下两类。

(一)国家

在跨境数据流动国际法规制体系中,国家是最主要、最核心的参与者。这是因为跨境数据流动领域的国际协定依然是基于国家间的合作机制达成的,目的也是以调整国家之间的关系为主的。由跨境数据流动国际法规制而起的权利和义务主要是国家享有权利和承担

[1] 《牛津法律大辞典》给“国际法的主体”所下的定义是:“享有国际法赋予的权利和承担国际法附加的义务的实体。”参见[英]戴维·M.沃克:《牛津法律大辞典》,李双元等译,法律出版社2003年版,第581页。

的义务。通过国际法规制，国家赋予自己数据控制权利，从而使自己具备成为跨境数据流动国际法主体的资格。但是，资格的确定往往是针对不特定国家的，属于可能性领域。具备这种资格的国家，只有参加跨境数据流动国际法律关系，才能成为跨境数据流动的国际法主体。例如，欧洲委员会各成员国签署《个人数据自动化处理中的个人保护公约》，只有45个国家享有这些权利、承担这些义务，是该跨境数据流动国际法的主体；其他国家，虽然具备成为该公约主体的资格，却不是该国际法的主体。

（二）国家以外的其他实体

跨境数据流动国际法规制中最特殊的一点在于，国家通过条约赋予掌握技术和平台的私营部门以"类"国际人格，使之成为继国家以外的另一实体，与传统国际法主权实体并行。诚然，私营部门被跨境数据流动国际法赋予"类"国际人格，依然是国家行使在国际法领域中的权利的结果。但在跨境数据流动法律规制中，私营部门属于特殊存在。如果说，主权空间依靠物理边界把国家区隔开来，跨境数据流动中的私营部门作为数据流动活动的核心载体，通过构筑跨国界的传播空间和市场空间，来重新联结传统的国际法治下的物理空间。尤其是，信息服务和电子商务领域的私营部门借助其广泛的覆盖面和影响力，成为全球跨境数据流动的主要运作者。

私营部门参与跨境数据流动国际法规制肇始于20世纪80年代中期。在数据治理早期，受到技术中立论的影响，行业自治成为跨境数据流动重要的规范机制，国家主体的作用在网络空间被弱化。[1]

〔1〕 See Koops, B. J., *Should ICT Regulation be Technology-Neutral?*, *Deconstructing Prevalent Policy One-Liners*, IT & Law Series, Vol. 9, p. 77 – 108 (2006).

私营部门的具体实践直接决定跨境数据流动的管理方式，它们主导的技术标准是跨境数据流动法律规制的有力补充，如互联网基础设施标准化领域的互联网工程任务组（The Internet Engineering Task Force，IETF），万维网联盟标准，以及移动通信标准化领域的第三代、第四代合作计划等，开启了私营部门参与全球数据流动治理的序章。私营部门重视个体营利性，旨在排除或避免政府干扰，追求数字技术和数字贸易发展的优先性。

综上可见，跨境数据流动存在以多形式的国际法规范为主要渊源，用以调整跨境数据流动国际关系的各种规则和制度。跨境数据流动国际法的主体，不仅有国家，还有国家以外的实体。近年来，随着跨境数据流动重要性和风险日趋增加，法律问题与种种社会议题、政治交锋交织在一起，国家主体与私营部门协同合作的跨境数据流动国际法应对机制不断增加。合作的加深，不仅改变了早期数据流动治理领域国家主体作用被弱化的局面，还使私营部门在形塑全球跨境数据流动治理规则上继续保持影响力。例如，在世界多国数据隐私专员和企业数据合规专员倡导下于2015年召开“国际数据保护与隐私专员国际大会”（The International Conference of Data Protection and Privacy Commissioners，ICDPCC）[1]倡议，数据保护专员和企业数据合规专员要共同努力，推动全球数据保护规则互认，以

〔1〕“国际数据保护与隐私专员国际大会”主要目的是解决各国个人数据保护法的国际争端。它主要包括3种形式的协调机制：年会、国际和跨境纠纷合作系统以及全球隐私原则陈述。

实现全球数据自由流动。[1]

三、跨境数据流动国际法规制和国内法规制之间的关系

跨境数据流动既是国内问题也是国际问题，同时涉及国内政策和国际协调问题，兼具国内法和国际法双重属性，在跨境数据流动法律规制体系中演化出国际和国内两级应对机制作为进路空间。二者之间尽管均肇源于数据控制与数据流动的基本矛盾，但是在界域、参与主体和呈现形式方面均显现出各自特性。一方面，国家个体根据对跨境数据流动议题、本国数字贸易发展状况、规制成本收益分析等内容的认知，构筑相应的跨境数据流动国内规制体系；另一方面，国家个体参与全球或区域等多层次框架就数据流动达成原则性共识和普遍适用的规则体系。然而，二者围绕规制的功能和定位又具有共同性。二者的内核概为一体，依然是在推动数据自由流动与数据控制之间的消长协调，所以跨境数据流动国际法规制和国内法规制互动过程中所呈现的观念和价值表现出较高的相似度。

基于此，作为全球数据流动法律规制体系中的两极，跨境数据流动国际和国内两级法律规制领域存在普遍联系，具有通过一定形式实现二者在法律层面有效衔接的基础。国内法规制是国际法规制进路的基础和前提，而后者则是前者的延伸和发展。国家个体也倾向通过国际合作建立有效的国际法律规制体系进行妥协与协作。所以，国际法规制和国内法规制相互补充、相互支撑、相互影响，统一于

[1] See The International Data Protection and Privacy Commissioners, *Montreux Declaration-The protection of personal data and privacy in a globalized world: a universal right respecting diversities*, ICDPPC (October 27, 2018), https://icdppc.org/wp-content/uploads/2015/02/Montreux-Declaration.pdf.

全球数字治理进程中。

第二节　跨境数据流动国际法规制具体实践

前一节对跨境数据流动国际法界域和主体的讨论,是为了说明其内涵,那么,对跨境数据流动国际法具体实践的分析,则是旨在确定它的外延。跨境数据流动国际法规制的外延是一个以多形态的国际条约为主要渊源的法律体系,具体包括用以调节国际关系和规范跨境数据流动国际秩序的原则、规范、标准、政策、协议、程序。[1] 尽管庞大复杂,但是也有其内部的构成要素和秩序逻辑。笔者依据缔约方数量的不同,将跨境数据流动国际法规范分为多边、区域和双边3个不同层次。3个层次的国际法规制渊源共同建立了一个基础性的、满足跨境数据流动所要求的安全与稳定的国际法框架。

一、软法治理:多边框架下的跨境数据流动国际法规制

为应对跨境数据流动单边规制冲突,世界主要国家和地区力促在国际组织框架下的多边合作,以多国参与的公约或协议形式推动跨境数据流动国际法规制。常见的多边框架下的跨境数据流动国际协议或被包含在个人数据保护公约的一般性规定之中,或是暗含在自由贸易协定的国际公约之中,暂时没有发现对跨境数据流动问题单独进行规制的公约或协定。推动多边框架下跨境数据流动法律规制的主力以联合国、亚太经合组织和经济合作与发展组织为主。尽管各国对世贸组织介入跨境数据流动协调问题怀有较高期待,但是由于在数据自由流动中涉及防止消费欺诈、个人隐私和数据保护、国

---

〔1〕 参见俞可平:《全球治理引论》,载《马克思主义与现实》2020年第1期。

家安全冲突的议题有别于其他经济目的考虑占重要比重的贸易方式,各国意见高度不统一,世贸组织进展举步维艰。现阶段,世贸组织对于跨境数据流动的规则处于高度空白状态,各成员方在服务贸易总协定(General Agreement on Trade in Services, GATS)下仍然享有极高的规制政策自主权。在世贸组织缺位的情况下,联合国、经合组织等作为重要的全球多边协作平台,依托现有的规制机制,不断扩展职能,增设了跨境数据流动法律协调议程,以更好地应对全球数据治理带来的挑战。

(一)联合国:以权利保护为切入点推进跨境数据流动全球协作

联合国对于跨境数据流动的立场以保护基本人权为其出发点和归宿,一切跨境数据流动义务的设定都是为了基本人权的更好实现,而不是相反。毋庸置疑,基本人权已经成为现代各国宪法的核心价值。1966 年,联合国在《世界人权宣言》(Universal Declaration of Human Rights)第 12 条的基础上通过了《公民权利和政治权利国际公约》(International Covenant on Civil and Political Rights, ICCPR)。ICCPR 将隐私权纳入其中,使之成为全球具有普遍性的权利范畴。[1] 由于全球大部分国家或地区都加入该公约,使该公约具有全球性普遍约束力。1988 年,联合国人权委员会发布针对 ICCPR 第 17 条中有关隐私权的扩大解释,将数据主体的数据权纳入其中。[2] 数据人权上升为整个数据治理法律秩序的价值基础,在联合国的相关

[1] 参见联合国:《世界人权宣言》,联合国大会 1948 年 12 月 10 日第 217A(Ⅲ)号决议通过并颁布。U. N. (December 10, 2018), https://www.un.org/zh/universal-declaration-human-rights/.

[2] See Human Rights Committee, "General Comment 16 on the Right to Privacy", Adopted at the Thirty-second Session of the Human Rights Committee (April 8, 1988), para 10.

协定中一再得到重申。围绕这一设定,联合国出台针对个人数据隐私保护的指南性规范,跨境数据流动亦是题中之义。1990 年,联合国全体大会制定《电脑处理数据文件规范指南》(Guidelines for the Regulation of Computerized Personal Data Files,1990),其第 9 条规定,当两个或多个国家基于互惠的隐私保护措施时,应当确保信息在同等保护水平不同国家之间自由流通。只有在数据流动的目的国无法提供相匹配的隐私保护时,数据出境国才有权利以不过度的(unduly)形式限制数据流动,并且这一限制仅仅是出于保护隐私权的要求才算合理。[1] 质言之,联合国围绕跨境数据流动进行的协调,都是从数据人权出发来约束各成员的行为,并进一步配置各成员的法律权利义务。联合国依此建立与《世界人权宣言》相符的跨境数据流动规制之原则基础,并一直坚持这一立场。即便是 2015 年,根据联合国人权委员会发布的新版《数字时代的隐私权》(28/16)之规定任命的"特别报告员"[2] 建议全球建立一套统一的国际框架以便利跨境数据流动,其最终目标依然为执法部门跨国获取数据和跨国企业内部数据管理提供统一的数据保护手段和规则。

---

〔1〕 参见高富平主编:《个人数据保护和利用国际规则:源流与趋势》,法律出版社 2016 年版,第 293 页。

〔2〕 来自马耳他的坎纳塔西(Joseph Cannataci)教授成为第一位报告员,任期 3 年。根据 28/16 决议,特别报告员主要工作为:(1)收集相关信息,包括国际和国家框架、国家实践和经验,研究与隐私权有关的趋势、发展和挑战,并提出建议;(2)从国家、联合国及其机构、区域人权机制、国家人权机构、公民社会组织、私营部门,及商业企业等任何相关利益方寻求、接受和回应信息,同时避免重复;(3)识别可能的障碍,保护隐私权,识别并促进在国家、地区和国际原则之间的最佳实践的水平,并向联合国人权委员会提交提案和建议;(4)参与并协助有关国际会议和活动,促进与任务有关的问题采取系统和连贯的办法;(5)对数字时代的挑战而产生的特别关注,提出关于促进和保护隐私权的重要性的认识,强调个人的隐私权遭到侵犯获得有效救济的重要性;(6)对涉嫌侵犯隐私权的报告,提请安理会注意;(7)向联合国人权委员会和联合国提交年度报告。

从总体上看，联合国在解决跨境数据流动法律冲突方面主要是从强化数据人权的角度出发，呼吁各国加强本国数据人权保护的，以提升全世界数据人权保护整体水平，并在此基础上实现数据自由流动。基于此，从联合国的逻辑上看，数据人权与跨境数据流动之间有冲突，但是两者之间应当是在保护数据人权的基础上，对协调跨境数据流动进行支持与配合。所以，跨境数据自由流动不是抽象的、不能分解的利益，而是由数据人权派生的利益。它以实现数据人权为出发点和归宿。它的价值，只有能够有助于全球数据人权的实现和实践时，才具有实际的意义，才是一种真正的利益。

(二)亚太经合组织：以“探路者计划”塑造数据流动规则

亚太经合组织(Asia-Pacific Economic Cooperation，APEC)是亚太地区级别最高、最具影响力的经济合作官方论坛之一。其规则影响力远超一般区域性组织。即便如此，作为一个“弱组织”，由于成员参与合作的利益诉求、立场、观点不同，再加上它不像世贸组织、国际货币基金组织那样具有较强的政策执行能力，APEC 执行力不足问题一直饱受指摘。为解决这一问题，APEC 开发“探路者”(Pathfinder Approach)合作项目，鼓励由点及面地推广发展成员之间的创新性策略合作。[1] 探路者计划搭建了《隐私框架》，为全域内提供个人数据保护框架。[2] 2007 年，为在实际操作层面促进框架的实施，APEC 开始了“数据隐私探路者”项目。这一项目输出了两个成果：2010 年的

---

〔1〕 See APEC Data Privacy Pathfinder Projects Implementation Work Plan (Revised), APEC(February 22, 2009), http://aimp.apec.org/Documents/2009/ECSG/SEM1/09_ecsg_sem1_027.doc.

〔2〕 See APEC, *APEC Privacy Framework*, APEC(Jan. 2, 2005), https://www.apec.org/Publications/2005/12/APEC-Privacy-Framework.

《跨境隐私执行合作安排》(Cooperation Arrangement for Cross-Border Privacy)和2011年的《跨境隐私规则》(Cross Border Privacy Rules)。这两份文件构成了APEC数据流动保护规则。

第一,《跨境隐私执行合作安排》。[1] 2010年7月,为建立消费者、企业和监管机构对个人数据跨境流动的信任,在电子商务指导小组的数据隐私分会指导下,《跨境隐私执行合作安排》在APEC领导人非正式会议上批准正式生效。[2] 它勾勒了一个自愿共享跨境隐私强制执行信息及互相传送协助条款的框架,各经济体内的隐私执行机构(Privacy Enforcement)[3] 自愿参与,不具有强制适用效力。《跨境隐私执行合作安排》为隐私执行机构在实施跨境隐私保护方面创造了可实际操作的多边法律机制。参与的隐私执行机构按照现有国家(地区)内法规、国际(地区间)法律法规框架(包括国际/地区间条约、双边法律援助协定等)对他方隐私执行机构提出的跨境隐私执行请求予以协助配合。当然,被请求方的隐私执行机构也可以依照规定,拒绝向请求方提供跨境隐私执行的协助。《跨境隐私执行合作安排》明确拒绝事由主要包括:请求事项与被请求方国(地区)内法规定不符;超出被请求方法律权限;不属于双方隐私法规规定的事项;与被请求方其他法律优先权冲突;对对方不具有相互利益;不在协定调整范围;被请求方资源受限;应由被请求方境内私营机构执行

---

〔1〕 See APEC, *Cross-border Privacy Enforcement Arrangement*, APEC(Oct. 6 2020), http://mddb.apec.org/documents/2010/ECSG/DPS1/10_ecsg_dps1_013.pdf.

〔2〕 该次会议上批准《跨境隐私执行合作安排》的成员包括澳大利亚、文莱、加拿大、智利、中国、印度尼西亚、日本、韩国、马来西亚、墨西哥、新西兰、巴布亚新几内亚、秘鲁、菲律宾、俄罗斯、新加坡、泰国、美国和越南等。

〔3〕 任何APEC经济体的境内隐私执行机构都能加入,单个经济体也可以指定多个境内PE参与CPEA的境内执行机构。

8种情形,还包括一切被请求方用书面告知拒绝理由的一切其他无法协助的情形。前8种情形的规定较明确,最后一条为兜底条款,实际给被请求方以各种原因拒绝执行协助请求大开方便之门。

第二,在"APEC隐私探路者"计划推动下,APEC确定"隐私探路者"原则,最终在2011年APEC第19次领导人非正式会议发布的宣言中声明正式建立《跨境隐私规则体系》,并于2012年正式启动建设。[1]《跨境隐私规则体系》的宗旨是保障《APEC隐私框架》(2004年)设定的个人信息保护原则[2]在成员经济体中得到实现,并最终促使区域内个人信息在得到保护的基础上实现无障碍流动。和《跨境隐私执行合作安排》相同的是,各经济体内的机构也是自愿参与;不同的是,《跨境隐私规则体系》仅适用于APEC经济体境内的自愿参与的私营部门,不适用于经济体境内政府机构或个人处理个人信息及隐私的情形。《跨境隐私规则体系》要求参与企业所在经济体的隐私执行机构应该首先加入《跨境隐私执行合作安排》,并以此确认该经济体的数据保护水平能够达到APEC的最低保护要求。同时,参与企业所在经济体至少有一个APEC认可的责任代理机构为该体系提供服务,以认证企业的跨境隐私保护政策是否符合APEC隐私框架,并解决消费者对企业隐私保护的投诉。加入《跨境隐私规则体系》的企业向所在经济体的责任代理机构申请进行隐私保护认证,在通过责任代理机构的评价后获得APEC认可的隐私保护信赖标章,

---

〔1〕 See APEC, *Cross-Border Privacy Rules*, APEC (October 6, 2020), http://cbprs.org.

〔2〕 个人保护原则包括:防止损害原则(Preventing Harm)、告知原则(Notice)、限制收集原则(Collection Limitation)、使用原则(Use of Personal Information)、选择原则(Choice)、个人信息完整性原则(Integrity of Personal Information)、安全保障原则(Security Safeguards)、查阅和修正原则(Access and Correction)、问责原则(Accountability)。

以此获得在参与国中数据自由流动的资格。至今有美国、日本、澳大利亚、新加坡等9个国家和地区加入体系。尽管《跨境隐私规则体系》提供的保护水平远不及欧盟《通用数据保护条例》主导下的保护水平，至多与经合组织2013年新版隐私框架处于相似水平，但是该体系的通过和实践已经标志着探路者行动向APEC集体行动计划过渡，并提供一种集体行动的可能。

APEC是从共同利益的角度来探讨解决跨境数据流动问题的。正是由于APEC是一个论坛性质的多边合作机制，这使它在探讨跨境数据流动国际协作方面具有更大的政策协调空间与斡旋能力，APEC以“探路者计划”为名进行的规制协调更显示出“命运共同体”的意味。由于组织内的多数成员同时也是全球性组织的成员，这种“双重成员身份”使APEC在化解数据流动问题方面往往扮演全球性国际组织的“探路者”角色。特别是由于中美等数据大国参与其中，且与《跨太平洋伙伴关系协定》等多个多边贸易协定存在重合，反而使APEC在跨境数据流动国际法规制中扮演实质上的“强组织”，为未来普遍性规范的创设提供了一个可资借鉴的范例。在跨境数据流动问题缺乏全球性解决方案的前提下，APEC为临时化解法律冲突提供了一个可资选择的合作渠道和平台。然而，从具体效应来看，APEC的实践并不理想。一方面，有的采用与美国不同的中高规制强度的国家持排斥态度；另一方面，跨境数据流动法律规制涉及数据主权和数据权利等根本性问题，这些问题都关乎具体的国家或国家集团的切身利益，不是APEC权限所能企及的。鉴于此，国际社会化解跨境数据流动冲突的基本路径，最终还是要回归主权国家层面。

(三)经济合作组织:以塑造共同原则助推全球跨境数据流动法律规制

与世界银行等正式的国际组织相比,经合组织没有监管责任,也没有任何工具可以控制成员。然而,在跨境数据流动法律规制方面经合组织通过发展新观念、强化共同知识、推动政策的集体讨论,发挥极大的影响力。经合组织框架下的跨境数据流动合作源于1974年成立的关于跨国(境)传送个人信息和隐私权保护的专家组。1980年,在专家组的研究成果基础之上,全球首部就个人信息保护和跨境数据流动达成原则共识的国际性文件《隐私保护和个人数据跨境流动指南》出台。[1]《隐私保护和个人数据跨境流动指南》对个人信息保护和跨境数据流动作了原则性规定,虽然不具有强制性,但是它以技术中立的语言表达了个人信息保护和数据流动的框架原则,[2]随后为世界绝大多数国家和地区所采用,并被实践证明能够适应社会以及技术环境的变化。在过去的40年里,经合组织先后推出了3部与跨境数据流动有关的协定,为成员政府[3]应对跨境数据流动所需的国内和国际工具提供指南。目前,经合组织已明确形成针对跨境数据流动问题的双支柱应对方案。其中,第一支柱聚焦个人数据权利保护标准,核心解决统一全球数据权利保护的基本准则问题,确定应在什么基础上主张数据主体的权利。第二支柱旨在抵抗全球数据

---

〔1〕 See OECD, *The Guidelines on the Protection of Privacy and Transborder Flows of Personal Data*, OCED (October 6, 2020), https://www. oecd. org/digital/ieconomy/oecdguidelinesontheprotec tionofprivacyandtransborderflowsofpersonaldata. htm.

〔2〕 提供全球可接受保护隐私和个人数据的最低标准包括:收集限制原则、数据质量保证原则、目的明确原则、利用限制原则、安全保护原则、公开性原则、个人参与原则、知情权、被告知的权利等。

〔3〕 OECD 是一个由多个市场经济国家组成的政府间国际组织。截至2024年8月,OECD 共有36个成员,分布在不同的地理区域。

自由流动侵蚀机制上，提出要阻止以保护数据主体权利为名阻碍数据自由流动的行为。为加强数据流动的可持续性，1985 年《跨境数据流动宣言》(Declaration on Transborder Data Flows)再次确认计算机数据和信息在国际范围内广泛自由流动的原则性、尊重数据流动目的的多样性、承认跨境数据流动重要性的前提下，尊重成员基于本国合法利益合理限制数据流动。[1] 经合组织提出的双支柱平衡方案，即通过数据自由流动和基于数据保护合法限制原则之间平衡[2]的规则架构来奠定数据控制与数据流动对立框架的雏形，以此影响此后全世界的个人数据保护立法。[3] 2013 年正值《隐私保护和个人数据跨境流动指南》发布 30 周年之际，经合组织回顾 30 年来该指南所产生的重大影响，发布了《关于个人信息保护和跨境流动指南发布三十年检视——不断发展的隐私保护图景》，[4] 同时，《隐私保护和个人数据跨境流动指南》经历了运行 30 多年来的首次修改——经合组织发布新版指南文件《APEL 隐私框架》。[5] 虽然，新版指南对《隐私保护和个人数据跨境流动指南》许多地方作了调整或增补，但是

---

〔1〕 See OECD, *Declaration on Transborder Data Flows*, Adopted by the Governments of OECD Member countries on 11th April 1985, para. 1, OECD (Oct. 6, 2020), http://www.oecd.org/sti/ieconomy/declarationontransborderdataflows.htm.

〔2〕 See OECD, *Declaration on Transborder Data Flows*, Adopted by the Governments of OECD Member countries on 11th April 1985, para. 17 and para. 18, OECD (Oct. 6, 2020), http://www.oecd.org/sti/ieconomy/declarationontransborderdataflows.htm.

〔3〕 See Michael Kirby, *The History, Achievement and Future of the* 1980 *OECD Guidelines on Privacy*, International Data Privacy Law, Vol. 1:6, p. 13 – 14 (2011).

〔4〕 See OECD, *The Evolving Privacy Landscape*: 30 *Years After the OECD Privacy Guidelines*, in OECD Digital Economy Papers, No. 176, OECD (Apr. 6, 2011), https://www.oecd-ilibrary.org/science-and-technology/the-evolving-privacy-landscape-30-years-after-the-oecd-privacy-guidelines_5kgf09z90c31 – en.

〔5〕 See OECD, *The OECD Privacy Framework*, OECD (Jul. 11, 2013), http://www.oecd.org/sti/ieconomy/oecd_privacy_framework.pdf.

《隐私保护和个人数据跨境流动指南》所确立的跨境数据流动规制基本原则框架并没有更改。[1]

经合组织的规则虽然没有约束性义务，但是它通过提出一套普遍共识，让各成员在互相尊重对方国内法的前提下，承诺避免对国际数据流动造成不合理的障碍。成员根据相应准则展开审查，再以柔性的同行评议方式对国家执行协调原则情况予以监督。同行评议并非旨在解决各国有关数据控制与数据流动权重分歧，而是通过鼓励公开对话来帮助澄清各方非对抗性立场，以探索推动跨境数据流动相关问题的统一解决方案。然而，经合组织系统的效用发挥程度取决于所涉国家之间数据保护能力的信任程度，以及它们在这一过程中的共同信心。这也给经合组织规则的实践效果带来不确定因素。

（四）小结

总体来说，无论是经合组织，还是 APEC 抑或是联合国，其多边规则的成效不够显著。主要原因在于国家间有关数据控制的诉求差异凸显，数据流动协调议题一致性难以达成。一方面，国家间侧重点的差异导致跨境数据流动国际法规制基本价值设定上的分裂，阻碍了多边合作的进一步达成。发达国家在技术、人才和资本的长期积累下，逐步实现了低端产业向外转移和传统产业的升级迭代，日益聚焦以数字贸易引领的新一轮全球化进程，旨在通过数字技术的框架服务和数字产业的全球布局建立新的产业优势。发展中国家则面临数字化转型压力，对数字基础设施、数据控制等议题更关注。在博弈

[1] See Kuschewsky M., *What does the revision of the OECD Privacy Guidelines mean for businesses?*, *mlex Ab Extra*, October 2013, Covington (Oct. 6, 2020), https://www.cov.com/~/media/files/corporate/publications/2013/10/what_does_the_revision_of_the_oecd_privacy_guidelines_mean_for_businesses.ashx.

过程中,新的经济增长模式在不同产业中形成了差异性的分配结果,进一步凸显了各国原有的不均衡矛盾。另一方面,由于数据安全问题在跨境数据流动法律规制中贯穿始终,导致全球跨境数据流动合作内生地具有更强的对抗性。如在数据安全问题上,对他国数据的可获取性可能直接涉及关键情报、军备能力等国家核心安全问题,也关涉个人信息保护、商业秘密等经济运行问题,这一特征使全球跨境数据流动的不确定性大大增强,各国对达成一致性秉持更谨慎的态度。

正因为多边框架下共识匮乏,国际条约需要通过增加非强制内容来扩大国际共识,最终达到使国际公约尽快通过的目的。所以,笔者发现,跨境数据流动多边规则的特点在于以不具有强制约束力的软法组成。[1] 经合组织是通过政治协商的方式实现共识达成的,然而,并没有惩罚措施处罚协议参与方的未遵守承诺行为。APEC 采取了单边自主行动计划,经济体在 APEC 机制下对义务的承担,取决于该经济体的发展水平、市场开放程度与承受能力,取决于其对具体产业及部门的发展程度;对承诺的自愿遵守,取决于其国内(地区内)法规,并允许成员在执行规则时按照自己社会、文化等多种差异予以调整。联合国跨境数据流动规则根基着眼人权问题,虽然受到广泛的认可和尊重,并且依托其庞大的会员体系覆盖全球,但是缔约方无须向国际组织让渡主权。在低授权程度下,跨境数据流动的谈判过程纯粹是政治性的,是宽泛而理想化的,无处罚、无监督和无执行的

---

〔1〕 软法尚无较公认的概念,一方面,国际法领域的软法和硬法的区别,特别是软法和没有责任义务条款的硬法之间的区别较模糊;另一方面,不是所有的学者都倾向采用“软法”来定义这种具有类似法律的文件形式(包括不具有条约效力的正式文件、非正式的外交承诺、国际组织里的投票或国际仲裁庭的决议等)。此外,现有理论中关于软法的定义多半是描述性的。不同的阐述从不同角度描述了软法的核心元素。

“三无”特征让参与者可以单方面终止接受约束。

可见,多边框架体系普遍建立在宽泛的“软法”基础之上,以共识的形式存在。无论是以不具有约束力的宣言为基础的经合组织《隐私保护和个人数据跨境流动指南》,还是以行动计划形式出现的APEC“探路者计划”,抑或是以建议形式出现的联合国指南,都以精确度不高的框架性内容避免强制性承诺。[1] 它们效力的释放有赖缔约方的立法者、监管者、执法者和私营主体的自发执行,离成为决定性(monolithic)国际规则还有很远的距离。

二、碎片治理:区域性规范框架下的跨境数据流动国际法规制

区域性规范是在一定区域范围内的多个国家通过相关条约或协定就实施某种共同的流动规制政策相互进行的国际协调。区域性规范也经常以多边协定形式出现,但与多边框架有所区别。从性质上讲,区域性规范是涉及跨境数据流动的特惠性安排,它最大特点是区域性体制内的成员之间采取一种数据流动零限制或限制相对较少的办法或制度。简单地说,这种“特惠制”的区域性体制就是一种关于数据流动的优惠机制,具有天然歧视性,只限于该区域性范围的成员之间,而对于非成员则实行另一套数据流动规制标准。

---

〔1〕 精确性(precision)关注的是国际条约权利与义务的规定是否具体:有无明确无误地规定了参与者在特定情形下的目标及实现方式、是否设定了一定的范围、条文是否清晰且各项规则之间不存在歧义等。规则清晰是成为“硬法”必须具备的条件,只有设计有清晰明确的规则,才能表明条约参与者愿意主动接受更严苛的国际治理的约束。

(一)欧洲委员会创建的“充分性保护”模式

欧洲委员会于1949年5月5日成立。[1] 作为独立的国际人权组织,欧洲委员会同样以维护人权、民主和法治作为其建设宗旨。基于此,欧洲委员会对于跨境数据流动的基本立场与联合国相同,也是从保护数据人权的角度出发的,来防止不公平地收集和处理个人数据的行为。但不同于联合国的以实现数据人权为归宿,欧洲委员会的规范还强调了基本自由的承诺,要求成员国在基本权利和自由之间保持谨慎的平衡。1981年欧洲委员会各成员国签署了《个人数据自动化处理中的个人保护公约》。[2] 《个人数据自动化处理中的个人保护公约》旨在创设统一的规则与标准,以针对缔约方管辖范围内的所有个体(无论其国籍或住所地)的隐私和个人数据进行有效保护,并建立了有关数据保护的基本原则和义务框架,对制定明确的全球数据保护共同标准产生重要意义。《个人数据自动化处理中的个人保护公约》首创“充分性保护”制度,认为公约所有缔约方一旦签署公约就自动被认为提供了适当的保护水平(adequate level of data protection),此时缔约方之间的数据流动不能被禁止或要求获得特别授权。但是当存在真正严重的风险时,缔约方可以限制公约的这一

---

〔1〕 该委员会最初由爱尔兰、比利时、丹麦、法国、荷兰、卢森堡、挪威、瑞典、意大利和英国组成,委员会的基础性文件是《欧洲委员会章程》。截至2024年8月有46个成员,美国、加拿大、日本、墨西哥和梵蒂冈5个欧洲委员会部长理事会观察员国。此外,加拿大、墨西哥和以色列还是欧洲委员会议会的观察员国。

〔2〕 See Council of Europe, *The Convention for the Protection of Individuals with regard to Automatic Processing of Personal Data* (CETS No. 108) 1980, COE(October 6, 2020), https://www.coe.int/en/web/conventions/full-list/-/conventions/rms/0900001680078b37.

规定,采取措施切断传输。[1] 虽然,"充分性保护"被欧盟具体化后得以发扬光大,但是欧洲委员会将跨境数据流动法律规制在此面向上的展开可以被称为其最大的贡献。之所以获得如此好评原因在于,其一,作为工具的"充分性保护"极大地丰富和扩展了跨境数据流动法律规制的功能,数据流动的目标由此获得直观的规则实现;其二,欧洲委员会围绕这一基本原则进行的具体使用,使原本在权利保护视野中摸索的跨境数据流动赢得了跨越性发展;其三,对"充分性保护"的具体实践丰富了跨境数据流动法律规制作用的内涵。

在过去的40年里,虽然《个人数据自动化处理中的个人保护公约》经历了三次补充修订,[2] 欧洲委员会自始至终都坚持,应在确保缔约方管辖范围内最初处理的数据始终受到适当保护的前提下,促进数据自由流动。基于此,欧洲委员会的公约顺应了经济全球化和区域一体化的政治经济发展潮流。

(二)美国主导的《跨太平洋伙伴关系协定》数据流动模式

在美韩自由贸易谈判之后,美国逐渐摸索出一套跨境数据流动规则。这套规则在《跨太平洋伙伴关系协定》(Trans-Pacific Partner-

---

〔1〕 See Council of Europe, *The Convention for the Protection of Individuals with regard to Automatic Processing of Personal Data* (CETS No. 108) 1980, Article 2, COE (October 6, 2020), https://www.coe.int/en/web/conventions/full-list/-/conventions/rms/0900001680078b37.

〔2〕 1999年,欧洲理事会针对《个人数据自动化处理中的个人保护公约》进行了首次修订。2001年,欧洲委员会对这一公约进行了补充,加入了《有关监管机构和跨境数据流通的附加协定》。2012年,欧洲理事会进一步针对公约进行修订,去掉了针对"个人数据处理"中的"自动化"限定,扩大了《个人数据自动化处理中的个人保护公约》的适用范围。2018年,乌拉圭与20个欧洲理事会成员国签署了一项欧洲理事会条约,作为《个人数据自动化处理中的个人保护公约》的修订议定书。至此,历经近40年的演进更新,《个人数据自动化处理中的个人保护公约》完成了其"现代化"(Modernisation)过程:原始原则得到了重申,一些原则得以加强,并制定了一些新的保障措施。新原则:透明度、比例性、问责性、数据最小化等原则现已被公认为保护机制的关键要素,并已纳入"108号公约+"。

ship Agreement,TPP)及《全面与进步跨太平洋伙伴关系协定》(Comprehensive and Progressive Agreement for Trans-Pacific Partnership, CPTPP)以及《美墨加贸易协定》(United States-Mexico-Canada Agreemen,USMCA)中以更具强制性的表达方式得到塑造。

TPP是美国新一代国际经贸规则蓝本,它包含广泛议题,内容庞杂,议题与议题之间、规则内容与规则内容之间环环相扣。[1] 跨境数据流动被嵌入第14章"电子商务"章节中。该章第2条第1款明确协定成员制定的电子商务规则应避免对电子商务的使用和发展造成不必要的壁垒,以保障消费者对电子商务的信心。[2] 第8条确定缔约方个人信息保护基本法律框架。[3] 第11条"以电子方式进行的跨境信息传输"规定缔约方应当允许协定所涵盖的对象出于商业活动的目的进行跨境数据传输活动,同时也认可缔约方可以对跨境数据流动进行管控。然而,数据流动控制措施以不超越合法目的为限,不得构成不合理的、隐形的或显性的贸易壁垒。[4] 第13条有关"计算设备的位置"规定明确禁止缔约方采取任何数据本地化措施,

---

〔1〕 See Mishra. N., *The Role of the Trans-Pacific Partnership Agreement In the Internet Ecosystem: Uneasy Liaison or Synergistic Alliance?*, Journal of International Economic Law, Vol. 20:31, p. 31 (2017).

〔2〕 See United States Trade Representatives, *Trans-Pacific Partnership Agreement, Article* 14. 2: *Scope and General Provisions*, USTR (October 4, 2015), https://ustr. gov/sites/default/files/TPP-Final-Text-Electronic-Commerce. pdf.

〔3〕 See United States Trade Representatives, *Trans-Pacific Partnership Agreement, Article* 14. 8: *Personal Information Protection*, USTR (October 4, 2015), https://ustr. gov/sites/default/files/TPP-Final-Text-Electronic-Commerce. pdf.

〔4〕 See United States Trade Representatives, *Trans-Pacific Partnership Agreement, Article* 14. 11: *Cross-Border Transfer of Information by Electronic Means*, USTR (October 4, 2015), https://ustr. gov/sites/default/files/TPP-Final-Text-Electronic-Commerce. pdf.

但是仍旧保留了成员方可以出于通信安全和保密要求进行规制的规定。[1] 由于根据该章第1条"定义"条款的规定,第14章的统摄范围并不包括缔约方的金融机构或缔约方的跨境金融服务提供者,这也就意味着金融机构或跨境金融服务的提供者可以不受第11条和第13条的约束。[2] 可见,TPP的"美国色彩"极其浓厚,依然走的是美国惯常利用经贸优势地位推行单边标准规则的路径。

CPTPP基本上复制了TPP中有关跨境数据流动法律规制的规定,明确各缔约方应允许通过电子方式进行信息的跨境转移;允许各缔约方采取或维持与前述条款不一致的措施以实现合法公共政策目标,只要该措施不构成专断或不公正的歧视或者变相障碍。[3] 相较之下,CPTPP在跨境数据流动问题上的态度有所软化,它虽然禁止设施本地化,但是允许缔约方可有各自使用计算设施的约束性法规要求,只要其不构成专断或无理的歧视或变相贸易限制,或超过达成目标所需程度即可。得益于这一条款的灵活运用空间,作为CPTPP缔约方的越南在2019年1月开始实施的《网络安全法》规划了高强度的数据本地化要求,却并未受到美国的指摘和阻碍。

---

〔1〕 See United States Trade Representatives, *Trans-Pacific Partnership Agreement*, *Article 14.13*: *Location of Computing Facilities*, USTR (October 4, 2015), https://ustr.gov/sites/default/files/TPP-Final-Text-Electronic-Commerce.pdf.

〔2〕 See United States Trade Representatives, *Trans-Pacific Partnership Agreement*, *Article 14.1*: *Definitions*, USTR (October 4, 2015), https://ustr.gov/sites/default/files/TPP-Final-Text-Electronic-Commerce.pdf.

〔3〕 See The Comprehensive and Progressive Agreement for Trans-Pacific Partnership 2018, abf(March 8, 2018), https://www.abf.gov.au/importing-exporting-and-manufacturing/free-trade-agreements/comprehensive-and-progressive-agreement-for-trans-pacific-partnership#:~:text=The%20Comprehensive%20and%20Progressive%20Agreement%20for%20Trans%E2%80%91Pacific%20Partnership,CPTPP%20is%20a%20free%20trade%20agreement%20between%3A%20Australia.

然而,在成员数量较有限的 USMCA 中,隐私和安全例外被不断消减。在 USMCA 的条款语境下,一国跨境数据流动管理措施被另一国挑战的概率最大。虽然,USMCA 强调缔约方所采取的数据管制措施应当是“必要的”,并且增加《跨境隐私执行合作安排》作为一种有效的促进跨境信息转移机制的内容,这相当于缔约方之间在授权个人数据出境方面接受 APEC 的相关原则作为统一的保护标准。但是 UMSCA 直接禁止关键信息基础设施本地化和数据本地化。[1] 相较 TPP 和 CPTPP,USMCA 更接近美国模板,在促进数据跨境自由流动、降低数据管理限制上不断突破新的高度。

美国牵头的区域治理模式是美式跨境数据流动规制体系推广的试验田,模式的出现本身就是以美国国家利益为基础驱动建立的,是美国追求自身数字贸易利益最大的具体表现。美国的超强实力让该模式很可能对未来国际普遍性规则起到“标杆”的作用。因为它绕开欧盟等与其秉持不同规则价值观的多边谈判对手,集结区域内和区域外部分贸易伙伴,先行达成一致,待规则成熟后再推向多边,形成倒逼机制来推动美式共识的达成。

(三)西非国家经济共同体采用的“充分性保护”模式

西非国家经济共同体(Economic Community of West African States,以下简称西共体),成立于 1975 年 5 月 28 日,是非洲最大的区域性经济多边合作组织,共有 15 个成员。[2] 2010 年 2 月,西共体通

---

〔1〕 See The United States-Mexico-Canada Agreement, USMCA(February 19, 2021), https://usmca.com.

〔2〕 西共同体 15 个成员有:贝宁、布基纳法索、佛得角、冈比亚、几内亚、几内亚比绍、加纳、科特迪瓦、利比里亚、马里、尼日尔、尼日利亚、塞拉利昂、塞内加尔和多哥。总部执行秘书处设在尼日利亚首都阿布贾。共同体致力促进成员在经济、社会和文化等方面的发展与合作,提高人民生活水平,加强相互关系,为非洲的进步与发展做贡献。

过《个人数据保护的补充文件》,建议各成员在国内立法涉及个人数据处理活动相关的概念、原则时予以采纳。[1] 文件要求"数据控制者只能将个人数据输出给能够提供同等(adequate level of data protection)隐私、自由和涉及个人数据处理基础权利保护的国家,并且需经过数据输出国认可。"[2]

(四)美洲国家组织计划采用的"充分性保护"模式

美洲国家组织(Organization of American States,OAS)是由美国和拉丁美洲国家组成的区域性国际组织。[3] 该组织在2011年提出了《个人数据保护初步原则和建议(草案)》。[4] 根据该草案之规定,跨境数据流动"只能在数据目的地接受国能够提供草案中最低的、同等的数据保护水平的情况下才能被允许(adequate level of data

---

〔1〕 See ECOWAS, *Supplementary Act on Personal Data Protection*, Statewatch (Feb. 16, 2010), https://www.statewatch.org/media/documents/news/2013/mar/ecowas-dp-act.pdf.

〔2〕 See ECOWAS, *Supplementary Act on Personal Data Protection*, Statewatch (Feb. 16, 2010), "The data controller shall transfer personal data to a non-member ECOWAS country only where such a country provides an adequate level of protection for privacy, freedoms and the fundamental rights of individuals in relation to the processing or possible processing of such data." and "The data controller shall inform the Data Protection Authority prior to any transfer of personal data to such a third country".

〔3〕 美洲国家组织前身是美洲共和国国际联盟。成立于1890年4月14日,1948年在波哥大举行的第9次泛美大会上改称现名。目前共有33个成员,但先后有58个欧美及亚非的国家或地区在该组织派有常驻观察员。

〔4〕 See Permanent Council of the Organization of American States, Committee on Juridical and Political Affairs, Draft: Preliminary Principles and Recommendations on Data Protection (The Protection of Personal Data), CP/CAJP-2921/10, 19 November 2010.

protection)。数据中转国不在此要求范围内,但依然需要确保数据安全"[1]。该草案提出应从数据性质、数据来源国、数据接受国、数据处理的目的以及数据输出和处理地的安全措施综合判定数据接收国是否提供最低的、同等的保护水平。[2]

(五)小结

在全球数字治理主导权博弈过程中,区域化规范重新分配了跨境数据流动法律规制的权利和义务,有效地降低了协调成本,令协议国家可以更加灵活地选择合作伙伴,将资源投入收益更大的区域范围中,有效实现规制收益最大化。就共识主体而言,区域协定是本地区所有国家或地区共同认可采纳的基本规制规则,并取得缔约方立法的确认,达成普遍性的规制共识。虽然,部分区域协定也没有实质上的约束力,但是区域协定规则塑造了很强的共同实施情境,实际上成为区域内成员之间共同的法律选择,通过缔约方在国内法中以明确的权利义务规定和激励约束机制产生实质上的效力。但从另一层面来看,区域共识的形成让跨境流动国际协调失去全球普遍共识的基础,传统的全球性规范所建构的体系性国际法规制在跨境数据流动问题上被经济盟友肢解。所以,我们看到多个内容差异的区域性体

---

[1] Draft, Preliminary Principles and Recommendations on Data Protection: "International transfers of personal data should only be carried out if the receiving country, which is the destination country, offers, at a minimum, the same level of personal data protection, afforded by these principles…Moreover, transit countries, which are countries where information is routed through and not processed, do not have to be in compliance…However, the transfer of the personal data should still be secure."

[2] See Draft, Preliminary Principles and Recommendations on Data Protection: "To determine whether minimum data protection standards are afforded by a receiving country, the following factors should be analyzed: 1) the nature of the data; 2) the country of origin; 3) the receiving country; 4) the purpose for which the data is being processed; and 5) the security measures in place for the transfer and processing of the personal data…"

制错综交织并行,呈现“意大利面碗现象”(spaghetti bowl effect)。一方面,区域性协定或以美国或以经合组织的规则为基础,但是又都在国内规则中进行修正,以建立符合本区域或区域主导国家经济社会发展需要的规则。于是,新的、特有的规则不断被创造出来。另一方面,由于大量条约和协定都是区域性的,加重了“碎片化”现象,既导致了某些区域“无法可依”的局面,又造成某些区域相互冲突的情况。跨境数据流动国际法规制本应具有的明确性、协调性和稳定性等被弥散的区域协定带来的模糊性、冲突性和不确定性所取代,对未来跨境数据流动国际协调形成潜在障碍。

三、合同治理:双边规范框架下的跨境数据流动国际法规制

双边规范,是指两个国家(也包括欧盟这样的超国家组织)之间通过订立双边协定或条约的形式为双方数据流动提供便利合作,其中最具有代表性的是美欧跨境数据流动双边协议。

(一)美欧《安全港框架》下的双边数据流动规制

由于1995年欧盟《个人数据处理的个人保护及流通指令》生效后,根据欧盟确定的充分性保护原则之规定,美国在个人隐私保护方面采取的规制措施整体无法达到欧盟要求。欧盟作为数据流出国的时候,其核心诉求在于确保其规制需求在美国得到同样保障;而美国作为数据流入国,基于主权的司法管辖权成为其拒绝欧盟规制需求的合法屏障。为了弥补两者之间的差异,便利两地之间庞大的数据流动体量,美国商务部与欧盟委员会从1995年开始协商,在2000年达成折中方案,

制定《安全港框架》(Safe Harbor Framework),[1]该法案在欧盟获得通过后,确认安全港隐私原则及附属条款对个人数据的保护达到了欧盟的充分保护要求。[2] 由于双方在数据保护的制度差异实在难以调和,《安全港框架》在既不能强迫美国改变其数据低保护法律环境,也不能要求欧盟明确承认美国数据保护措施等效于欧盟标准的情况下,转而聚焦数据跨境流动过程中相关主体的风险责任问题,直接要求参与数据跨境流动的美国数据控制者遵守欧盟规则,而不要求对美国的数据保护法律体系进行改革,以一种类似跨国合同的形式确立相应责任分配原则。

从表面上看,《安全港框架》对数据控制的义务以及数据主体的权利都作出具体规范,是美国针对欧盟所关注的个人信息跨境流动问题的回应,大大削减了双方在数据跨境流动问题上的分歧。截至2015年,有超过4400个美国大中小型企业加入安全港协议并获得欧盟认可。[3] 然而从协议实际内容来看,安全港协议实际上更像是欧盟对美国的妥协。一方面,从它所公布的原则来看,任何从事跨境数据传输业务的美国企业都可以自愿加入,只要企业自行宣布将遵循协议要求的原则,提出具体的落实方案,报经美国有关部门和机构备案后,就获得美国商务部认证进入"安全港",自动获得满足欧盟充分

---

〔1〕 See U. S. -EU Safe Harbor Framework, 2001, Safeharbor (Oct. 5, 2020), https://2016. export. gov/safeharbor/eu/eg_main_018476. asp.

〔2〕 See European Union Commission, 2000/520/EC Commission Decision of 26 July 2000 pursuant to Directive 95/46/EC of the European Parliament and of the Council on the adequacy of the protection provided by the safe harbour privacy principles and related frequently asked questions issued by the US Department of Commerce.

〔3〕 See M. Margi, *What is the "Safe Harbor" Agreement*, ComputerWorld (Oct. 10, 2015), https://www. computerworld. com/article/3426970/what-is-the—safe-harbor—agreement-. html.

性标准的认可，无须再经事前批准即可进行数据传输。另一方面，为保证数据流动相关主体责任的落实，美国企业需接受欧盟独立机构的监管。然而，欧盟的监管执法机构仅考察美国通过的相应措施是否在文本上能确保企业符合双边协定要求，但是却放弃监管美国数据控制者的实践是否能有效确保其同等保护承诺，监管漏洞非常明显。

《安全港框架》的不足之处在2013年"棱镜门"事件中暴露无遗。德国社会活动家施泰姆斯（Maximillian Schrems）向爱尔兰数据保护专员提起申诉，认为脸书将他的个人数据传输到脸书美国后未能提供与欧盟同等的保护。申诉被否决后，施泰姆斯向爱尔兰高等法院起诉。由于该案涉及欧盟委员会《安全港框架》的效力问题，爱尔兰高等法院提请欧盟法院作出初步裁决。2014年10月欧盟法院作出判决，认定《安全港框架》无效。理由主要包括：第一，《安全港框架》只适用于从欧盟获得个人数据的自认证美国企业，而美国公共当局却未遵守这些规则；第二，根据《安全港框架》的规定，国家安全、公共利益或法律执法要求优先于框架中设定的原则，这就导致当这些价值与"安全港框架"原则相冲突时，加入框架的企业必然会无视"安全港框架"。[1] 自此，运行15年的《安全港框架》一朝终止。

《安全港框架》作为缓解美欧在跨境数据流动法律规制冲突的一种尝试，以数据控制者主体与国家主体间的直接合同，取代了国家之间的共识。协议避重就轻回避矛盾的做法在一定程度上实现了数据跨境流动的协调机制创新。然而，也在一定程度上影响了双边协议

---

〔1〕 See European Court of Justice, Maximilian Schrems v. Irish Data Protection Commissioner, Case C－362/14, Judgment of the Court, 6 October 2015.

的有效落实。国家之间的脆弱共识可能在数据霸权行为的冲击下崩裂。《安全港框架》最终因缺少有效的管理与追责机制而丧失合法性，给依赖于该协议的4500余家美国公司带来法律上极大的不确定性。在《安全港框架》终止后，美国大型科技公司不得不采取其他的传输机制来保证现有业务的持续。谷歌、脸书、微软等美国企业先后在欧洲设立数据中心，承诺数据不再回传美国。而美国中小企业在协议失效前普遍通过租赁美国服务器在欧洲开展业务。协议失效后，部分企业不得不暂停跨境数据传输从而导致运营受限。

（二）美欧隐私盾框架下的双边跨境数据流动规制

《安全港框架》失效后，美国立刻展开与欧盟的对话磋商，最终于2016年达成数据跨境流动和保护的新框架《隐私盾协议》（Privacy Shield），实现从《安全港框架》到《隐私盾协议》的迅速着陆。[1] 和《安全港框架》一样，《隐私盾协议》目的仍然是维护欧盟数据高保护水准下的美欧数据流动便利，《隐私盾协议》仍在确认欧盟数据保护原则的基础上，采用企业自愿接受的方式进行认证。不同的是，为回应欧洲法院在2015年"施泰姆斯案"中提出的要求，美欧也在《安全港框架》的基础上作出系列修正，以美国作出让步而告终，体现欧盟的严格数据管控要求。

第一，美国商务部承诺通过事前认证、事后跟踪、定期评估（每月大概抽查30家公司）的方式对《隐私盾协议》下的企业进行更有效的监管（详见附件3）。第二，美国新设立一个独立于国家安全机构的监察专员（Ombudsperson）职位，专门负责处理数据主体针对加入隐

---

〔1〕 See U. S. -EU Privacy Shield Framework, 2016, Privacyshield (Oct. 5, 2020), https://www.privacyshield.gov/servlet/servlet.FileDownload? file=015t00000004qAg.

私盾企业合规情况提出的异议和咨询。对美国政府的数据获取进行限制。由于美国无差别大规模数据监控是《安全港框架》搁浅的主要"导火索",在《隐私盾协议》中,美国书面承诺国家安全机构不会进行大规模无差别监控,并保证国家机构使用基于隐私盾协议获取的欧盟公民数据在为美国的执法、国家安全或其他公共利益的目的使用时,会受到严格的处理约束和明确的条件限制。第三,美国政府承诺会以包括定期交换信息在内等多种形式提高与欧盟数据保护机构的合作,提升《隐私盾协议》执行和执法信息的透明度。美欧达成协议会对《隐私盾协议》进行年审。按照这一规定,自 2016 年起一共进行了 3 次评估。[1] 2017 年评估结果认为,《隐私盾协议》相较已经废除的《安全港框架》,在建立监管保护机制、强制性的内部和外部审查方面,都是积极的进步。[2] 2019 年评估结果则认为,《隐私盾协议》运转良好但仍有提高空间,问题主要集中在主动性合规审查侧重形式层面,针对实质性违法的执法措施有限。[3] 《隐私盾协议》以一个修正后的新安全框架恢复了跨大西洋两岸的数据流动。该框架自 2016 年 8 月 1 日实施以来,已有 5348 家公司作出公开法律承诺,确保欧盟与美国企业能够继续开展跨境数字贸易活动,并且,促成欧美双方 7.1 万亿美元的经济联系,推动了大西洋两岸之间数字经济持

---

〔1〕 欧盟委员会从 2017 年开始,每一年都发布了当年的评估报告。

〔2〕 See European Data Protection Supervisor: *Working Party's Opinion 01/2016 on the EU-U. S. Privacy Shield draft adequacy decision*, *Article* 29, EDPS (Oct. 5, 2020), https://edps. europa. eu/sites/edp/files/publication/16 - 05 - 30_privacy_shield_en. pdf.

〔3〕 See European Union Commission, *Report From the Commission to the European Parliament and the Council on the Third Annual Review of the Functioning of the EU-US Privacy Shield*, 2019, European Commission (Oct. 5, 2019), https://ec. europa. eu/info/sites/info/files/report_on_the_third_annual_review_of_the_eu_us_privacy_shield_2019. pdf.

续稳定地增长。[1]

然而，和《安全港框架》协议一样，就《隐私盾协议》的谈判历程和内容来看，它依然是美欧互相妥协的结果，二者在数据跨境流动治理问题上的原则性分歧并未消失。在2020年7月16日，欧盟法院在"施泰姆斯Ⅱ判决案"[2]中判定，"关于欧盟—美国数据保护盾提供的保护充分性的第2016/1250号决定无效"。欧盟法院的调查认为，美国有关国家安全法律中大规模监控授权(《外国情报监视法》第702条、"12333号行政命令"等)，违反了比例性要求的基本最低保障措施。因为美国政府对来自欧洲经济区的个人数据的处理(调取、截获等)，并不限于严格必要(strictly necessary)的情况。欧盟法院还发现，美国的监控项目未能为位于欧洲经济区的数据主体提供可执行的权利和有效的法律补救措施。例如，欧盟法院认为，美国监察专员是欧盟公民在《隐私盾协议》下唯一的求助渠道，其独立性或权威性不足以确保充分保护欧洲数据主体的权利。因此，《隐私盾协议》向数据主体提供的保护水平基本上不等同欧盟标准。自欧盟法院判决发布之日起，数据输出者和美国数据输入者不能再依靠"欧盟—美国隐私盾协议"作为将个人数据从欧洲经济区转移到美国的依据。运行不到5年的《隐私盾协议》失效。

(三)小结

无论是美欧《安全港框架》或是《隐私盾协议》都是围绕双方数

---

[1] See The U. S. Department of Commerce, *EU-U. S. Privacy Framework Principles*, Privacyshield(Oct. 5, 2019), https://www. privacyshield. gov/servlet/servlet. FileDownload?file = 015t00000004qAg.

[2] See European Court of Justice, Irish Data Protection Commissioner v. Façebook Ireland and Maximilian Schrems, Case C – 311/18, Judgment of the Court, 2020.

据自由流动展开的,通过双边协商形成一个独特的合作架构,即以一套明确的,包含权利、义务和责任在内的双方规范性共识,规定双方行为的边界和操作规程。同时,以多层次双边合作形式监督框架具体执行,以推进解决大西洋两岸数据流动与数据控制的紧张冲突。虽然,美欧之间的数据流动协调机制从结局来看似乎并不成功,但是它达到了一种等同数据自由流动的合作效果,为各国达成共识提供了实践支持。

双边跨境数据流动规范的特点在于其所体现的特殊协调路径。从形式上看作两个主权国家(欧盟乃超国家组织)为了缓和数据流动矛盾,以国际法形式达成的意思表示一致的结果。但从内容上看,无论是《安全港框架》或是《隐私盾协议》实际上都是直接规定数据主体的权利和数据控制者的义务。可以说,双边协定实质上是通过直接规定数据主体享有权利和数据控制者的义务,来实现促进数据自由流动之缔约宗旨。基于此,不同于多边协定和区域性协定,双边协定是一种涉及私营部门权利义务的特殊国际条约。无论是《安全港框架》还是《隐私盾协议》都赋予了数据主体和数据控制者以申诉权,使私营部门具有"准第三方"性质。相较多边和区域跨境数据流动协定最终仍需要国内法转化,双边协定不仅内容可执行性更强,将"触角"直接伸入跨境数据流动国内法领域,大幅提高了在保有不同数据保护水平的国家间增加交换和共享数据的可行性(interoperability)。相较软法化的多边规范和碎片化的区域规范,直接作用于缔约方内部的双边协议不仅法律约束力较强,且违约成本要高得多。

即便如此,双边协定主要还是发达国家在推动。发达国家在数字领域先天积累的竞争优势,让他们积极地参与双边协定。他们所秉持的规则在成为多边协定的规则前，往往先在双边协定谈判中试水，将自身的规则、规范迂回纳入了多国跨境数据流动国内法体系，以此实现发挥市场性力量资源的优势。

第三节　基于引力模型的跨境数据流动国际法规制发展负荷评估

无论是多边、区域或是双边跨境数据流动协议，均是以更好地实现数据自由流动为缔约目的的，意在降低缔约方数据控制者面临的数据壁垒和流动障碍，从而提升多边、区域或双边的数字贸易量。为验证三种形式的国际协定是否能够实现促进贸易的正效果，笔者以引力模型作为分析工具，来评估3种跨境数据流动国际规制带来的数字贸易发展负荷，以期为中国实施更主动地参与国际协调实践提供现实依据。

一、模型构建与基本设计

廷伯根（Tinbergen）[1]和波赫农（Poyhonen）[2]最早提出了贸易引力模型。现在这一模型已经发展成为研究双边贸易发展的重要模型工具。模型基本理论假设是两国之间的贸易量与两国的经济总量成正比，与两国之间的距离成反比。其初始形式可以表现为：

$$T_{ijt} = \beta \frac{GDP_i \times GDP_j}{Distance_{ij}}$$

---

〔1〕 See J. Tinbergen, *Shaping the World Economy*, Thunderbird, Vol. 5：1, p. 27 – 30 (1963).

〔2〕 See PA. Poyhonen, *A Tentative Model of the Volume of Trade between Countries*, Weltwirtschaftliches Archive, Vol. 90, p. 3 – 100 (1963).

常数项 T_{ijt}是t年i国(或地区)与j国(或地区)之间的贸易总量，GDP_i和GDP_j分别为t年i国和j国的国民收入，$Distance_{ij}$是i国和j国的空间距离。其中一国(地区)的经济总量代表供给能力，另一国(地区)的经济总量代表需求水平，而距离则是对贸易成本的衡量。初始模型证明双边贸易量与双边供求水平正相关，与贸易成本负相关。此后，多位学者[1]在初始模型基础上引入多个虚拟变量，使模型包含更多影响贸易量的政策因素可被用来评估贸易政策效果。例如，有学者用贸易引力模型验证了 APEC 对促进双边贸易流量具有明显的正向作用。[2] 有学者分析出双多边贸易协定对发展中国家、发达国家以及转轨经济体的不同影响。[3] 为更好地解释现实中跨境数据流动双多边协定对数字贸易的影响，笔者基于现有研究对初始模型进行扩展。最终建立以下计量模型：

$$\ln X_{ijt} = \beta_0 + \beta_1 DPA_{ijt} + \beta_2 T_{it} + \beta_3 T_{jt} + \beta_4 \mu_{ij} + \sigma pc_{ijt} + \varepsilon_{ijt}$$

模型中变量的下标$_i$代表某跨境数据流动国际协定的缔约方，下标$_j$代表或为同一国际协定的缔约方或非缔约方。各变量的具体含义如表 5－1 所示。根据跨境数据流动国际法协定的正效果假设，国家之间缔结跨境数据流动国际协定将带来数字贸易增长和数据流动的增长效应。数字贸易增长效应是因为缔约方内部实现数据自由流动后，双方原来高成本的国内数据本地化措施被伙伴国低成本的数

---

〔1〕 See Hans Linnemann, *An Econometric Study of International Trade Flows*, The Economic Journal, Vol. 77, p. 366 – 368 (1967); Bergstrand H. Jeffrey, *The Generalized Gravity Equation, Monopolistic Competition, and the Factor-Proportions Theory in International Trades*, The Review of Economics and Statistics, Vol. 71, p. 143 – 153 (1989).

〔2〕 参见刘青峰、姜书竹：《从贸易引力模型看中国的双边贸易安排》，载《浙江社会科学》2002 年第 6 期。

〔3〕 参见盛斌、廖明中：《中国的贸易流量与出口潜力：引力模型的研究》，载《世界经济》2004 年第 2 期。

据处理服务所替代,进而带来了数字贸易量的增加。数据流动增长效应是因为缔约方伙伴相互降低甚至取消数据流动障碍,使各自数据流动更趋活跃,进而带来了数据流动量增加。数字贸易增长和数据流动增长均受到关注。此外,由于数字贸易弱化物理因素,距离和相邻程度不再成为影响因素,国家之间的距离或是否接壤等物理因素将不被纳入模型考虑范围。[1]

表 5-1 模型各变量含义说明

变量名称	变量含义
X_{ijt}	第 t 年缔约方 i 与其他国家 j(或为缔约方或为非缔约方)之间的数据流动量取自然对数
DPA_{ijt}	虚拟变量,如果第 t 年 i 国与 j 国已签署或共同参与某跨境数据流动国际,取 1,否则取 0
T_{ijt}	i 国第 t 年向 j 国数字贸易出口额取自然对数
T_{jit}	i 国第 t 年向 j 国数字贸易进口额取自然对数
μ_{ij}	i 国和 j 国的国家固定效应
pc_{ijt}	i 国和 j 国的国家时间固定效应
ε_{ijt}	误差项

[1] 本模型借鉴了学者斯皮埃齐亚和特谢克关于国际协议对国际贸易影响的研究设计。受笔者能力所限,仅应用该研究设计的部分内容进行对比和验证。该研究设计完整版,see Vincenzo Spiezia and Jan Tscheke (2020), *International Agreements on Cross-border Data Flows and International Trade: A Statistical Analysis*, OECD Science, Technology and Industry Working Papers, No. 2020/09, OECD Publishing, Paris, https://doi.org/10.1787/b9be6cbf-en。此外,亦有中国学者应用引力模型考察数据跨境流动壁垒对数字服务出口的影响,参见周念利、姚婷婷、黄宁:《数据跨境流动壁垒对数字服务贸易二元边际影响的经验研究》,载《国际经贸探索》2022 年第 2 期。

二、数据来源说明

为了追溯跨境数据流动国际协定的效果，考虑与跨境数据流动的关联性强弱、生效与否、效果衡量的难度等要素之后，笔者将评估的国际协定限定在以下内容：(1)2016 年欧盟《通用数据保护条例》；(2)《欧盟—美国安全港框架》(2000～2015 年)；[1] (3)经合组织《隐私保护和个人数据跨境流动指南》(1980～2013 年)(以下简称《指南》)；(4)欧洲委员会《个人数据自动化处理中的个人保护公约》(以下简称《108 号公约》)；(5)《APEC 跨境隐私规则》。5 部国际协定涵盖了多边框架、区域性框架和双边协定 3 种不同的跨境数据流动国际法规制机制。5 部协定的内容可以简单类型化描述为以下 6 个方向(见表 5－2)。

表 5－2　样本协定主要内容

名称	是否允许跨境数据自由流动	缔约方数量/个	行业覆盖范围	协定类型	生效时间	失效时间
《通用数据保护条例》	有条件的允许	31	全覆盖	区域协定	2018 年	—
《欧盟—美国安全港框架》	有条件的允许	32	除金融服务、电信、肉类加工、新闻、保险和非营利性机构之外的所有行业	双边协定	2000 年	2015 年
《指南》	允许	36	行业全覆盖	多边协定	1980 年	—

〔1〕 由于《欧盟—美国隐私盾协议》于 2020 年宣告终止，但 2020 年数据尚未进行更新，所以模型根据《安全港框架》予以分析。

续表

名称	是否允许跨境数据自由流动	缔约方数量/个	行业覆盖范围	协定类型	生效时间	失效时间
《108 号公约》	允许	53	行业全覆盖	区域协定	1985 年	—
《APEC 跨境隐私规则》	有条件的允许	6	行业全覆盖	多协定	2011 年	—

笔者选取 2016 ~ 2018 年作为时间跨度建立面板数据。数字货物贸易数据来自国际贸易流转数据库(World Trade Flow),货物贸易数据来自服务贸易余额数据库(Balanced Trade in Service)。这两个数据库包含全部样本国家贸易数据,并时常更新误差校正。由于两种数据类型有各自不同的数据来源,在比较时也将分开进行比较。此外,为更符合引力模型设计目的,笔者并未采用双边贸易总额或者出口额作为被解释变量,即用市场出清条件下的支出方程来解释双边数字贸易流量,因为它反映的是一个国家花费在另外一个国家数字贸易产品上的支出受到哪些因素影响,与本模型的检验对象关联不大。

三、实证分析

基于扩展模型,笔者就 2016 ~ 2018 年 5 部国际法域下缔约伙伴的数字服务贸易和数字产品贸易进行回归分析。表 5 – 3 和表 5 – 4 的前 3 列是采用面板数据的固定效应模型。表 5 – 3 和表 5 – 4 的后两列,为了克服异方差和“零贸易”问题,采用了 PPML 方法。从拟合优度来看,无论是数字贸易还是货物贸易的 R^2 均超过了 0.8,表明模型整体有较好的解释力。

表 5－3　基线回归：数字服务贸易

条约	(1) Pair FX	(2) Pair FX	(3) Trend	(4) PPML /Tr.	(5) PPML /Tr.
Conv108$_{(t-1)}$					−0.0575*** (0.0225)
Conv108	0.422*** (0.0149)	0.303*** (0.0164)	0.098*** (0.0229)	0.098*** (0.0258)	0.0233* (0.0142)
Conv108$_{(t+1)}$					0.148*** (0.0281)
GDPR$_{(t-)}$					−0.0538*** (0.0142)
GDPR	−0.117*** (0.0259)	−0.107*** (0.0269)	0.0409 (0.0350)	−0.0329* (0.0189)	0.0101 (0.0115)
GDPR$_{(t+1)}$					−0.0194 (0.012)
SHA$_{(t-1)}$					−0.00625 (0.023)
SHA	0.0391 (0.0608)	0.049 (0.0608)	0.100 (0.0638)	−0.0370 (0.0331)	0.0173 (0.0228)
SHA$_{(t+1)}$					−00400* (0.0226)
BPR$_{(t-1)}$					−0.0548***
CBPR		−0.0392	−0.0116*	−0.0731*	0.010
CBPR$_{(t+1)}$					−0.0740*
OECD$_{(t-1)}$					0.0205

续表

条约	(1)Pair FX	(2)Pair FX	(3)Trend	(4)PPML /Tr.	(5)PPML /Tr.
OECD		0.0946***	-0.0501	0.0536	-0.0158
$OECD_{(+1)}$					0.0191
obs	609,073	60,073	609,073	609394	541,316
R^2	0.926	0.926	0.94	0.997	0.997

注:1. ***、**、* 分别代表1%、5%、10%的显著性水平;括号内给出的是系数估计的标准误差。

2. Conv108,是指欧洲委员会《个人数据自动化处理中的个人保护公约》;SHA 是《欧盟—美国隐私盾协议》;CBPR 是 APEC《跨境隐私规则》;OECD 是经合组织《隐私保护和个人数据跨境流动指南》;ECD 是欧盟《通用数据保护条例》。

表5-4 基线回归:数字货物贸易

条约	(1)Pair FX	(2)Pair FX	(3)Trend	(4)PPML /Tr.	(5)PPML /Tr.
$Conv108_{(t-1)}$					-0.0388 (0.0247)
Conv108	0.304*** (0.0314)	0.251*** (0.0342)	0.00969 (0.0478)	0.00350 (0.0226)	0.0160 (0.0167)
$Conv108_{(t+1)}$					0.0612 (0.0202)
$GDPR_{(t-1)}$					-0.0132 (0.0174)
GDPR	-0.210*** (0.0531)	-0.213*** (0.0539)	0.00176 (0.0695)	-0.0228 (0.0204)	-.00633 (0.0146)

续表

条约	(1) Pair FX	(2) Pair FX	(3) Trend	(4) PPML /Tr.	(5) PPML /Tr.
$GDPR_{(t+1)}$					−0.0213 (0.006)
$SHA_{(t-1)}$					0.0721*** (0.272)
SHA	0.029 (0.123)	0.0525 (0.122)	0.214* (0128)	0.0745* (0.0433)	−0.0339 (00254)
$SHA_{(t+1)}$					−0.00376 (0.0287)
$CBP_{(t-1)}$					−0.073*
CBPR		0.380**	−0.392***	−0.21***	−0.148
$CBPR_{(t+1)}$					0.027
$OECD_{(t-1)}$					0.0316
ECD		0.0456	−0.345	0.0469	0.015
$OECD_{(t+1)}$					0.0536
obs	479,93	471,171	471,171	689,773	468,962
R^2	0.840	0.840	0.859	0.996	0.996

注：1. ***、**、* 分别代表1%、5%、10%的显著性水平；括号内给出的是系数估计的标准误差。

2. Conv108，是指欧洲委员会《个人数据自动化处理中的个人保护公约》；SHA 是《欧盟—美国隐私盾协议》；CBPR 是 APEC《跨境隐私规则》；OECD 是经合组织《隐私保护和个人数据跨境流动指南》；EU DPD 是欧盟《通用个人数据保护条例》。

第一列和第二列均采用国家对固定效应避免遗漏变量误差。第一列结果显示，欧洲委员会和欧盟的区域性协定系数符号相反。欧洲委员会的《个人数据自动化处理中的个人保护公约》能够显著提升数字服务贸易和数字货物贸易。当公约的乘积每增加1%时，数字服务贸易增加0.42%，数字货物贸易增加0.3%，说明加入欧洲委员会的《个人数据自动化处理中的个人保护公约》有助于在缔约方之间提高数字贸易量。这一结论是在与缔约方和非缔约方、非缔约方之间进行比较后得出的结论。欧盟的《通用数据保护条例》却显示出对双向贸易的负效应。当指令的合规成本每增加1%，欧盟成员国之外的国家与欧盟的双边贸易量就下降0.11%和0.21%。笔者认为，《通用数据保护条例》过高的保护标准给企业带来了较高的合规成本，甚至超过《通用数据保护条例》的增强互操作性或更高信任水平给企业所带来的好处，所以对于欧盟内的成员国提升贸易量则呈现负面作用。美欧《安全港框架》虽然可以提升双边数字服务贸易和数字货物贸易，但效果并不显著。

笔者使用第一步筛选出来的变量对国家加入欧盟、加入APEC、加入自由贸易区以及加入共同货币体等变量后，排除伪相关的变量得到第二列数据。结果显示，经合组织《隐私保护和个人数据跨境流动指南》对缔约方数字贸易有显著的正向影响，能够给缔约方带来数字贸易量的相对增加。即便如此，由于笔者同时也观察到成为欧盟成员国会带来较高的统计上的显著性，所以很难判断笔者很难判断贸易量的增加是因为《隐私保护和个人数据跨境流动指南》增加互操作性，抑或是由于成为经合组织成员效果带来的效果。

第三列为加入国家特定线性时间趋势控制固定效用后的结果。数据显示，欧洲委员会的《个人数据自动化处理中的个人保护公约》对数字贸易的影响大幅下降2/3，但依然对数字服务贸易有显著的促进作用。因为当双方均为公约缔约方时，双方数字服务贸易进口增加约9.5%（$=e^{0.091}-1$）。《通用数据保护条例》无论是数字货物贸易还是数字服务贸易,系数均转为正但并不显著。《安全港框架》对于数字货物贸易影响为正。

表 5 - 3 和表 5 - 4 的第四列和第五列则是采用了 PPML 估计的方法。第四列给出了高维固定效应 PPML 回归的结果,包括完整的出口年、进口年和国别固定效应以及不特定的时间趋势变量。结果表明,欧洲委员会的公约对缔约方数字服务贸易的影响非常显著,在其影响下缔约方的经济规模增加到 10.3%,接近线性估计。《通用数据保护条例》对于数字服务贸易影响为负,减少了 3.2%。《安全港框架》对数字货物贸易影响有较显著地降低,美国与欧盟之间的贸易比它们与其他国家之间的贸易趋势相比有 7.2% 的偏离。

第五列采用隔年数据进行回归的稳健性检验。通过在模型中添加协议指标的未来水平(提前 1 年)以及滞后值(协议后 1 年)来说明这些因素是否带来了动态或分阶段的影响。计量方法同样使用 PPML 方法,以实现控制国家对固定效应、批准时间效应、各类数据保护协议受到制度变革的影响、协议的强制力和企业对数据合规管理进行的调整等效用。根据第五列可以发现,各协定的系数符号与第四列的系数符号相同,只是系数大小有所差异,说明模型此前的计量结果是稳健的。第五列的结果表明,欧洲委员会公约的缔约方之间在加入公约前一年的贸易相对于非缔约方之间的贸易有 5.6% 的减少,但在加入公约后当年则会增加贸易约 2.4%。在加入公约一年后效应显著扩大,与其他国家对相比增加了约 16%。因此,平均而言,与其他非缔约方相比,缔约方之间的贸易增加了约 12.1%。对于货物贸易,(弱)显著系数也表明缔约方之间的贸易增加了约 6.3%。《安全港框架》对服务贸易的影响转为负。《安全港框架》在生效前增加了 7% 左右的货物贸易额,但此后没有额外的重大贸易影响,而在生效一年后美国和欧洲国家之间的服务贸易则减少了约3.9%。

四、结论

本节利用扩展的引力模型实证研究5部涉及跨境数据流动的国际协议在促进缔约方双边数字贸易时的实际效应。笔者发现由于不同形式的跨境数据流动国际法对数字贸易施以明显差异化的贸易效应,使跨境数据流动国际法规制并不必然给缔约方的数字贸易带来正向影响。具体而言,多边协定框架下的协定,无论是经合组织的《隐私保护和个人数据跨境流动指南》还是APEC的《隐私框架》对于缔约方数字贸易都不具有显著贸易提升效应。区域性协定的效果则大为不同,欧洲委员会的《个人数据自动化处理中的个人保护公约》给缔约方带来的贸易量增额大于欧盟《通用数据保护条例》,达到10%以上。笔者认为,这与欧洲委员会的《个人数据自动化处理中的个人保护公约》能够更有效地增强缔约方的互操作性和信任有关,而《通用数据保护条例》的规制强度带来大幅增加的合规成本可能是造成欧盟成员国数字贸易增值额不高的原因。双边协定框架下的美欧《安全港框架》对双方数字贸易的影响出现负效应。在增加变量后上述结论基本维持不变,表明对双边协定数字贸易效应的检验结果是稳健的。这一方面与模型观测时间造成偏误有关,另一方面也与美欧协议双方的数字贸易互补性不足、数字贸易部门竞争激烈有关。综上,笔者认为,以提升互操作性为主要目的的区域性公约对缔约方的数字贸易有提升作用。

本章小结：能够增强互操作性的区域协定最有利于实现与数字贸易发展负荷的相对平衡

在这一章，笔者以跨境数据流动国际法规制中产生的协调机制作为分析着眼点来认识和解读跨境数据流动法律规制。本章讨论了3种不同的具有法律权利义务和责任性质的制度安排，也是3种国家之间相互合作的体系框架。它们有助于国家依照共同达成的合意处理跨境数据流动的法律关系，以产生调整、引导、评价等跨境数据流动规制的理论和实践中的微观和宏观效果，构成各种规制的方法、进程与结构，进而来应对愈趋复杂的跨境数据流动问题。虽然，除美欧双边协定外，其余的法律文本大多在有关数字贸易或数据保护的国际条约或规则中，作为一个重要内容出现，在有限的几则条文中肯定了数据流动的重要性。但是这些规则会对跨境数据流动产生一定影响，因为此类规则可以被认为是"与跨境数据流动有关的国际法"。我们关注国际协调机制的目的在于，3种国际法规制机制提供了3个灵活的渐进框架，对国际社会倡导一般原则、示范性的建议、自愿性的承诺以及宣言起到了塑造共识的作用。跨境数据流动国际法规制是全球数据治理体系不可或缺的重要组成部分。

就跨境数据流动国际法规制强度而言，多边框架体系和区域性合作框架都建立在低约束性的"软法"基础上，国际法应具有的明确性、协调性和稳定性等被模糊性、冲突性和不确定性所代替。双边协定是跨境数据流动国际法规制中强度最高的协调机制。双方以具有约束力的双边共识，纳入各自跨境数据流动国内法体系，以此实现发挥市场性力量资源的优势，市场性和规范性手段并用、扮演规则超级力量角色的目标。然而，双边协定主要为发达国家所采用，虽然能够规避多边和区域性协定的弊端,但依然衍生出了新的问题。

对于发展负荷,笔者基于引力模型结论分析了 3 种国际法机制对数字贸易产生的效果。笔者发现,相较其他两种规范形式,区域性规范框架是更好的选择。它比双边协定的适用范围更大,规则的适用性更强;它又比多边协议在责任和义务规则中更明细化和明晰化。和跨境数据流动国内法规制一样,区域性规范内容也应当激励适当、严苛适中,既不能过于宽松,否则会导致约束不足;也不能过于严格,否则会导致约束过度。

对跨境数据流动国际法法规制强度和数字贸易发展负荷的关系的深入分析,可以帮助从外层来理解数据控制和数据流动矛盾框架的应对机制。从应对效果来看,虽然这些国际法机制渠道大致是稳定存在的,但是由于全球跨境数据流动国际法治理所依赖的都不是正式的“规范约束力”,从实际执行的角度规制强度是极低的,它们所诱导的具体协作依赖特定的初始条件。因此,我们观察到跨境数据流动国际法规制过程都有极大的不确定性。然而,从长远发展趋势来看,跨境数据流动国际法规制有可能在法律和事实上不断稳定,最终转化为具有强制性的国际条约,并融入国内法中。我们需要在更广阔的时空背景下,在国际法规制和国内法规制过程的相互作用中,来认识解读跨境数据流动国际法规制在全球数字治理中的实践发展未来。

第六章　代结语：重塑中国跨境数据流动法律规制体系

在讨论即将结束之际，回顾绪论提出的问题：我们是否找到了跨境数据流动法律规制发展之路？是否发现了稳定共享的规制程式？是否将这些规制程式转化成了法律政策建议？为回答这一连串问题，本书各章以数据控制和数据流动之间的矛盾为主线，从跨境数据流动国内法规制和国际法规制两个层面入手，对全球多国规制的各种制度安排、国家之间的协调模式等方面进行分析解读。虽然，笔者关注的核心在于中国跨境数据流动法律规制体系建设，但正如本书前述章节所分析的，跨境数据流动法律规制已经具有全球普遍性，覆盖了大部分国家和地区。毫无疑问，各国在全球数据流动受限的大浪潮下，面临的跨境数据流动规制压力、困难和应对机制有明显的共同性。基于此，全球范围内各国普遍的跨境数据流动规制逻辑、具体操作和实际效果对于中国的规则建构有启发作用。因此，探索跨境数据流动"中国问题"之前，笔者先简要概括前述研究工作的主要发现，为我国构建数字贸易发展可负荷的跨境数据流动法律规制体系，更好地维护数据主权、促进数据要素流转、参与国际数字治理机制构建提供新的思路。

笔者在绪论中提出，全球跨境数据流动法律规制所面临的核心挑战在于，规制强度与数字贸易发展负荷之间的冲突以及冲突的解决。这是跨境数据流动法律规制争议的主线。全球跨境数据流动法律规制最优模式的探索正是在二者消长张力和互相钳制的过程中向前推进的(第1章)。一方面，数据流动是数字贸易发展的内在要求，跨境数据流动逐渐在主权国家之外构建起一个穿透地理边界的数据空间，以数字贸易的形式撬动了数据的价值发挥(第2章)。另一方面，由于数据流动的秩序失范，公民数据权利保障被削弱，又缺少数字贸易发展差异的弥补措施，数据控制法律规范和运行制度应运而生，用以提升国家对数据的控制力、固化数据国家边界的基本格局(第3章)。无论是数据控制还是数据流动都有支撑它的利益诉求，因此，数据控制与数据流动之间的紧张对抗实质上都是正当利益之间的冲突，本质上是利益所立基的价值发生了抵牾。正因如此，跨境数据流动法律规制的两种应对机制是在“用”法律工具以实施其数据控制意图，并且又不得不“治”法律管控造成的数据流动断裂弊端这一矛盾中演化而生的。

在过去40年的发展过程中，跨境数据流动法律规制的建构逻辑演化出内外两种机制来应对数据控制与数据流动之间的紧张矛盾。“内”机制是通过国内法的形式建立数据跨境流动控制制度；“外”机制是通过国际法形式固定数据跨境流动规制共识。对于内机制，考虑国内法规范本身的构造、规制对象复杂的现实状况、技术发展的阶段等因素，各国对数据控制与数据流动的主从定位、依附位置不同，表现出强弱不同的反应。虽然，强弱之间实际上并没有泾渭分明的界限，但在规制过程中发展出的具体规制模式因不同立法架构、规制规则和规制组织的分配组合而有所变动,导致跨境数据流动法律规制体系中呈现缤纷多样的强度系谱,其数字贸易发展负荷和面临的平衡挑战随之大相径庭。一个国家数字贸易发展阶段越成熟,高规制强度带来的发展负荷也就越大,两者成反比。从这个意义上来看,一个国家的数字贸易发展空间是跨境数据流动法律规制所面临的重要约束条件。而且,随着数字贸易活动与数据流动的相互之间高度依赖,规制强度的调节面临的挑战也随之上升(第4章)。对于外机制,同样的规制任务和责任被分解到不同地域、不同机构和不同层次的国际法协调机制中,其规制效果和发展负荷的压力也相应分化。在跨境数据流动国际法规制中产生的3种不同的协调机制,具有不同的法律权利义务的制度安排。建立在非正式的、柔性规则之上的多边和区域性合作框架,在约束力、执行力、制裁力等方面约束性较弱。相较之下,双边协定是跨境数据流动国际法规制中强度最高的协调机制,将具有约束力的双边共识纳入了各自跨境数据流动的国内法体系。对于3种国际协调框架带来的数字贸易发展负荷,在协调得当的情况下,它们将有助于国家依照共同达成的合意处理跨境数据流动的法律关系,发展负荷的幅度和压力也相应大幅缩小。而在协调不成功的情况下,国际协调实践也无法真正解决减负问题,常常导致数字贸易参与者不得不直接面对和承担因不可信承诺所诱发的合规压力(第5章)。

通过笔者过去5年来对数字贸易背景下跨境数据流动法律规制的深入研究得出了一个核心结论:一个永恒最优的,在任何国家、任何情况下都能平衡规制强度与发展负荷关系的跨境数据流动法律规制"模式"并不存在。虽然,根据跨境数据流动法律规制强度的引领与塑造,在纷繁的模式中可以窥探到数据控制之力与数据流动之利的平衡点,但平衡点之上的跨境数据流动法律规制本相尚未清晰。因为跨境数据流动法律规制强度及其对数字贸易的负荷关系并不是一成不变的常量,而是为国家法律安排、国际法律协调安排和数字贸易发展阶段等一系列因素所塑造的。基于此,单纯依赖粗线条的立法模式,简单化地提出放之四海皆准的解决方案不可取。不再假设能够先知先觉地设计并运行一种最优系统,转而要考虑分析法律规制强度和发展负荷的矛盾,让数据控制与数据流动的互动随核心矛盾的动态变化予以与时俱进地调整。跨境数据流动法律规制作为一种衡平数据流动利益需求与持续增长的国家数据控制权利益需求的工具,无论内外机制均应展现出一种利益衡量的务实精神,才能使数据流动有效规制与数字贸易高速发展的法律协调成为可能。基于此,笔者将平衡状态下的规制模式组成要素更真实、准确地投射到数字贸易的背景之上,将经验转化为在跨境数据流动法律规制系统内关于法律设计和制度调试的一连串问题,思考中国跨境数据流动法律规制更合适的参考框架,以及更妥帖地平衡法律规制和贸易发展的方案。

第一节 中国跨境数据流动法律规制体系的现实图景

中国跨境数据流动法律规制体系是由有关数据流动与数据保护规范所组成的整体。在不断扩大开放、融入互联互通的数字世界进程中,跨境数据流动法律规制从无到有“白手起家”,坚持以“安全可控”[1]

---

〔1〕 2015 年《国家安全法》第 25 条规定:“国家建设网络与信息安全保障体系,提升网络与信息安全保护能力,加强网络和信息技术的创新研究和开发应用,实现网络和信息核心技术、关键基础设施和重要领域信息系统及数据的安全可控;加强网络管理,防范、制止和依法惩治网络攻击、网络入侵、网络窃密、散布违法有害信息等网络违法犯罪行为,维护国家网络空间主权、安全和发展利益。”

为基本目标，渐进式地建构出了具有中国特色的数据流动法律规制体系。

一、中国跨境数据流动的立法现况及面临的挑战

（一）中国跨境数据流动立法的分散式体例

中国跨境数据流动法律规制体系的建设，与国家网络安全法律体系的建设进程几乎是同步进行的。以《网络安全法》2017 年颁布实施为肇始，法律的量度累积是中国跨境数据流动法律规制需要解决的首要问题。和世界上大多数国家一样，中国的法律体系中尚无以跨境数据流动为题或为主要内容的基本法律或单行法律，整体呈现分散式体例，即以《网络安全法》为基础，以个人信息出境规范、重要数据出境规范、关键性信息基础设施规范等多个门类的法律规范为主干，由行政法规、部门规章、地方性法规等为补充。

第一，个人信息出境规制规范。《网络安全法》第 37 条规定："关键信息基础设施的运营者在中华人民共和国境内运营中收集和产生的个人信息……应当在境内存储。"为落实《网络安全法》第 37 条之规定，一系列法律、行政法规和国家标准草案相继发布。2017 年 4 月 11 日，国家互联网信息办公室（以下简称国家网信办）发布《个人信息和重要数据出境安全评估办法（征求意见稿）》，以确立安全评估的适用范围、评估程序、监管机构、评估内容等基本规则，构建个人信息出境安全评估的基本框架。2017 年 5 月 27 日，全国信息安全标准化技术委员会（以下简称信标委）发布《信息安全技术　数据出境安全评估指南（征求意见稿）》第一稿，对数据出境安全评估流程、评估要点、评估方法、重要数据识别指南等内容进行了具体规定。3 个月后，信标委再次发布《信息安全技术　数据出境安全评估指南（征求

意见稿)》第二稿。相较第一稿,第二稿明确了境内运营、数据出境等概念,对安全评估的流程进行了进一步细化。2019 年国家网信办发布《个人信息出境评估办法(征求意见稿)》,进一步细化了个人信息出境方面的评估流程,以保障个人信息安全、维护网络空间主权、国家安全、社会公共利益,保护公民、法人的合法权益。直到 2021 年《个人信息保护法》正式生效,以专章立法的形式对"个人信息跨境提供的规则"进行规范,中国版本的个人信息跨境传输方案最终浮出水面。

第二,重要非个人数据出境规制规范。《网络安全法》第 37 条规定:"关键信息基础设施的运营者在中华人民共和国境内运营中收集和产生的……重要数据应当在境内存储。"国家网信办先后发布《个人信息和重要数据出境安全评估办法(征求意见稿)》和《数据安全管理办法(征求意见稿)》两版配套操作规则。2019 年,信标委先后推出 4 份行业指南,包括《信息安全技术　数据出境安全评估指南(征求意见稿)》《信息安全技术　数据安全分级指南(征求意见稿)》《信息安全技术　重要数据识别指南》《信息安全技术　网络数据处理安全规范(征求意见稿)》对重要数据进行规范指导。2020 年 10 月,第十三届全国人大常务委员会第二十二次会议审议通过《出口管制法》,明确以出口管制的形式对特定物项的重要数据施以出境禁令要求,用以补充完善国家整体数据安全制度。2021 年生效的《数据安全法》第 25 条、第 26 条、第 31 条、第 35 条分别从数据出口管制、数据对等反制措施、数据安全审查制度和数据跨境调取审批制度等不同维度,搭建了重要数据跨境流动法律规制的雏形框架。

第三,部门试点规范。探索跨境数据流动法律规制的具体实践活动往往以中央政府授权部门试点的方式进行。实务部门以"解决问题”为进路,以务实管用的心态进行试点。例如,中国人民银行发布《关于银行业金融机构做好个人金融信息保护工作的通知》明确规定,中国境内收集的个人金融信息本地化存储和处理。[1]《网络预约出租汽车经营服务管理暂行办法》规定,网约车平台收集和生成的个人信息和业务数据2年内应本地化存储。[2]《人口健康信息管理办法(试行)》禁止将人口健康信息存储在境外的服务器中,或托管、租赁在境外的服务器之中。[3]《保险公司开业验收指引》要求保险公司业务数据、财务数据等作为重要数据应存放在中国境内。《征信业管理条例》规定征信机构对在中国境内采集的数据应当在中国境内进行整理、保存和加工。《地图管理条例》《网络出版服务管理规定》等都提出了不同程度的数据本地化要求。[4] 此外,还有民航、域名服务、人口健康、遗传基因等其他行业,不一而足。

第四,地方性试点规范。除国家层面的法律、法规和规章之外,跨境数据流动法律规制方案在多个省市展开试点。试点省市多从个人信息出境安全评估、企业数据保护能力认证等工作入手,以期推动国家层面跨境数据流动法律规制的创新。例如,2020年6月1日,中

[1] 《关于银行业金融机构做好个人金融信息保护工作的通知》(银发〔2011〕17号)第6条规定:“在中国境内收集的个人金融信息的储存、处理和分析应当在中国境内进行。除法律法规及中国人民银行另有规定外,银行业金融机构不得向境外提供境内个人金融信息。”

[2] 2019年《网络预约出租汽车经营服务管理暂行办法》第27条中规定:“网约车平台公司应当遵守国家网络和信息安全有关规定,所采集的个人信息和生成的业务数据,应当在中国内地存储和使用,保存期限不少于2年,除法律法规另有规定外,上述信息和数据不得外流。”

[3] 《人口健康信息管理办法(试行)》(国卫规划发〔2014〕24号)第10条规定:“不得将人口健康信息在境外的服务器中存储,不得托管、租赁在境外的服务器。”

[4] 例如,2016年2月发布的《网络出版服务管理规定》第8条第3项规定:“有从事网络出版服务所需的必要的技术设备,相关服务器和存储设备必须存放在中华人民共和国境内。”

共中央、国务院印发《海南自由贸易港建设总体方案》，要求海南开展国际互联网数据交互试点。该方案将实现数据安全有序流动作为 2035 年前的一项重点任务，要求创新数据出境安全的制度设计，探索更加便利的个人信息安全出境评估办法；开展个人信息入境制度性对接；探索加入区域性国际数据跨境流动制度安排，提升数据传输便利性；积极参与跨境数据流动国际规则制定。同年 8 月 12 日，商务部发布《关于印发全面深化服务贸易创新发展试点总体方案的通知》，提出在北京、天津、上海、广州、深圳、河北雄安新区、贵州贵安新区、陕西西咸新区等 28 个省市（区域）开展数据跨境传输安全管理试点。同年 11 月 13 日，上海市发布《上海市全面深化服务贸易创新发展试点实施方案》，提出探索跨境数据流动分类监管模式，开展汽车产业、工业互联网、医疗研究（涉及人类遗传资源的除外）等领域数据跨境流动安全评估试点，推动建立数据保护能力认证、数据流通备份审查、跨境数据流动和交易风险评估等数据安全管理机制。

（二）中国跨境数据流动立法体例面临的挑战

从整体来看，分散立法是目前中国跨境数据流动立法的基本设计构想。就立法速度而言，中国跨境数据流动法律规制体系建设发展较快。这种迅速发展，一方面是维护国家数据主权迫切性的必然要求，另一方面也是整个中国网络法治体系快速推进的必然结果。然而，从立法活动完成度来看，无论是主干核心法律，还是补充性规范，均存在完成度不够高的问题：立法内容散见于有关数据安全行政规范中，以行政规章为主，更接近于行政法体系。法律规制需要与法律缺失之间存在矛盾。

二、中国跨境数据流动法律规制规则体系构成及面临的挑战

根据现有跨境数据流动法律设计，中国目前按照"分级分类本地化管制"的设想规划规则体系。虽尚未全面确立体系化的跨境数据流动规制规则体系，但一套中国特色的跨境数据流动规制方案已然展现雏形。鉴于目前除《网络安全法》《个人信息保护法》《数据安全法》和部分行政规章外，尚未出台其他专门针对跨境数据流动的规范性文件。因此，下文讨论跨境数据流动规范意涵时仅以目前公布的相关法律为主要依据，形成一个假设性前提，进而剖析规制规则形成的内容和强度的对标。

（一）中国跨境数据流动法律规制的规则体系

中国跨境数据流动现有设计可从4种不同的视角对其进行系统地分类分析，主要包括规制的行为、规制的对象、规制的客体和规制的手段。法律设计者从这四个方面组合安排规制规则，再按照不同的规制规则分别立法，使这些单项法规彼此呼应、互相配套、相互制约，共同发挥促进数据有序流动的作用。

1. 规制的行为：数据出境行为或个人信息跨境提供行为

跨境数据流动法律规制行为，是指法律法规等规范性文件干预的活动行为。仅从名称来看，法律对于规制行为的表述并不统一。《个人信息保护法》以"个人信息跨境提供"描述跨境数据流动。此外，《数据安全法》《数据出境安全评估办法》《数据出境安全评估申报指南》等都使用"数据出境"一词指代"跨境数据流动"。然而，在规制行为的核心要素的内涵与外延方面，"个人信息跨境提供"和"数据出境"在实质意义上基本一致，都是指"将在中华人民共和国境内收集和产生的电子形式的个人信息和重要数

据，提供给境外机构、组织、个人的一次性活动或连续性活动”。所以，中国跨境数据流动法律规制以这一类行为为核心约束对象，既包括绝对跨境数据流动，即任何发生在第三国或国际组织的数据处理行为，也包括相对跨境数据流动，即虽然发生在本国但能为境外机构、组织、个人所接触。从外延来看，数据跨境流动排除不产生处理效果的数据过境行为。

2. 规制的对象：关键信息基础设施的运营者、个人信息处理者或网络运营者

关于规制对象，中国的法律并未采用欧盟立法模式中使用一以贯之的称谓，而是根据数据或设施使用主体、针对对象、所涉问题的不同出现三种不同的规制对象，并结合具体场景进行思考。一旦法律适用场景不同，对其所采用的规制对象也有所不同，并没有相对独立或稳定的规制对象：在《网络安全法》中采用“关键信息基础设施的运营者”这一称谓指代规制对象；在《个人信息保护法》中采用“个人信息处理者”这一称谓；在 2019 年《数据安全管理办法（征求意见稿）》以及国家信标委出台的《信息安全技术　数据出境安全评估指南（征求意见稿）》中均采用“网络运营者”，即“网络的所有者、管理者和网络服务提供者”这一称谓。

第一，关键信息基础设施运营者。《网络安全法》第 31 条至第 39 条就“关键信息基础设施”进行规范。“关键信息基础设施的运营者”在个人信息和重要数据的跨境流动上受到较多限制，对安全评估的责任主体、管理对象、管理要求等内容进行限定，从而确立中国数据出境安全管理框架。为配合“关键信息基础设施”设定，2017 年 7 月，国家网信办出台《关键信息基础设施安全保护条例（征求意见稿）》对关键信息基础设施的范围进行认定。此后，信标委先后公布

6部国家标准征求意见稿：《信息安全技术 关键信息基础设施安全保障评价指标体系》《信息安全技术 关键信息基础设施安全检查评估指南》《信息安全技术 关键信息基础设施网络安全保护基本要求》《信息安全技术 关键信息基础设施安全控制措施》《信息安全技术 关键信息基础设施边界确定方法》《信息安全技术 关键信息基础设施安全防护能力评价方法》。2021年《关键信息基础设施安全保护条例》正式实施。它更聚焦国家安全的立法目的，关注关键信息基础设施供应链安全，以关键信息基础设施运营者为网络安全审查重要抓手，审查程序更透明。

第二，个人信息处理者。《个人信息保护法》参考《民法典》的表述方式，将"个人信息处理者"作为个人信息跨境提供的基本法律责任承担主体。《个人信息保护法》附则中将"个人信息处理者"界定为"自主决定处理目的、处理方式等个人信息处理事项的组织、个人"。根据对"处理"的描述，其内涵极为丰富，并不局限于使用行为，还包括个人信息的收集、存储、加工、传输、提供、公开等行为。虽然，我国目前没有明确采纳欧盟《通用数据保护条例》区分"个人信息控制者"和"个人信息处理者"的模式，也没有在法律中直接明确控制者和处理者的不同个人信息保护责任，但是《个人信息保护法》对"个人信息处理者"的界定与欧盟《通用数据保护条例》对"个人信息控制者"的界定有异曲同工之妙：法律规定的绝大部分合规义务均由个人信息处理者承担，且在基本原则部分明确要求个人信息处理者对其个人信息处理活动负责。据此，基本可以认为个人信息处理者在个人信息跨境数据流动活动中处于主要地位。笔者认为，考虑未来个人信息处理活动会愈加复杂，涉及跨境数据流动链条上的个人信息处理者、第三方和受托方可能越来越多，运用加重责任方法使个人信息处理者承担较严格的责任、避免责任主体缺失具有现实意义。

第三,网络运营者。这是一个典型的技术范畴。网络运营者具有两层含义,一是与“网络”有关,二是“运营者”。根据《网络安全法》第 76 条之规定,网络“是指由计算机或者其他信息终端及相关设备组成的按照一定的规则和程序对信息进行收集、存储、传输、交换、处理的系统”。一般包括互联网、局域网、蜂窝通信网及工业控制系统等各类网络。对于“运营者”,相关法律并未给出较明确的解释,鉴于《网络安全法》征求意见的草案中曾将基础电信运营者、网络信息服务提供者、重要信息系统运营者等都纳入“网络运营者”的范围中。所以,笔者认为,网络的“所有者”、“管理者”和“服务提供者”都属于“网络运营者”。实际上,将所有的“网络运营者”都纳入规制范围,符合数据境内存储的要求。

3. 规制的客体及出境标准:关键信息基础设施、个人信息或非个人重要数据

第一,绝对“本地化”的关键信息基础设施,即绝对禁止其生成数据流动。因为关键信息基础设施关涉最重要的国家安全,对其管控应最大限度地遵循国家数据主权的要求,所以管制规则的设定最严苛。对于这一类规制客体,如何区分“关键信息基础设施运营者”是至关重要的问题。《网络安全法》第 31 条规定的“国家对公共通信和信息服务、能源、交通、水利、金融、公共服务、电子政务等重要行业和领域,以及其他一旦遭到破坏、丧失功能或者数据泄露,可能严重危害国家安全、国计民生、公共利益的……”被纳入关键信息基础设施,但并未就关键信息基础设施的具体范围和安全保护办法给出明确的定义、范围或检视,而是交由主管部门细化处理。2017 年 7 月 11 日,

国家网信办发布《关键信息基础设施安全保护条例（征求意见稿）》，该条例第18条的规定基本沿袭《网络安全法》第31条对"关键信息基础设施"的定义，并在此基础上对落入关键范畴的信息基础设施进行非穷尽性列举。"关键信息基础设施运营者"细化为5类关系国家安全、国计民生、公共利益的关键信息基础设施的具体运营者，包括：（1）政府机关和能源、金融、交通、水利、卫生医疗、教育、社保、环境保护、公用事业等行业领域的单位；（2）电信网、广播电视网、互联网等信息网络，以及提供云计算、大数据和其他大型公共信息网络服务的单位；（3）国防科工、大型装备、化工、食品药品等行业领域科研生产单位；（4）广播电台、电视台、通讯社等新闻单位；（5）其他重点单位。然而，在2021年生效的《关键信息基础设施安全保护条例》中，非穷尽式列举并未得到保留，而是沿用《网络安全法》的规定，并将识别关键信息基础设施的工作交给《关键信息基础设施确定指南》。根据该指南之规定，关键信息基础设施的确定需从所涉业务、所涉业务支持系统和支持系统的损失负担三个方面展开。笔者认为，关键信息基础设施的现有规定虽然采用开放性定义，仍在一定程度上缓解了《网络安全法》过于宽泛的定义带来的极大不确定性（见表6-1）。

表 6-1 关键信息基础设施范围

《网络安全法》第31条	《关键信息基础设施安全保护条例（征求意见稿）》第18条	《关键信息基础设施安全保护条例》第2条
公共通信和信息服务、能源、交通、水利、金融、公共服务、电子政务等重要行业和领域	政府机关和能源、金融、交通、水利、卫生医疗、教育、社保、环境保护、公用事业等行业领域的单位	公共通信和信息服务、能源、交通、水利、金融、公共服务、电子政务、国防科技工业等重要行业和领域的，以及其他一旦遭到破坏、丧失功能或者数据泄露，可能严重危害国家安全、国计民生、公共利益的重要网络设施、信息系统等
	电信网、广播电视网、互联网等信息网络，以及提供云计算、大数据和其他大型公共信息网络服务的单位	
	国防科工、大型装备、化工、食品药品等行业领域科研生产单位	
	广播电台、电视台、通讯社等新闻单位	
	其他点单位	

第二，分级分量“本地化”的个人信息。相较关键信息基础设施的“绝对限制”，个人信息的出境我国折中采取“严格限制，但不绝对禁止”的态度。根据《民法典》的定义可知，“个人信息”并非指所有与个人有关的信息，而是指与个人有关且可以识别身份的信息，即以“识别说”为基础属于相对狭义的概念。关于个人信息的定义和范围，《网络安全法》《个人信息保护法》《信息安全技术　个人信息安全规范》都给了较明确的定义。根据《网络安全法》之规定，个人信息，是指“以电子或者其他方式记录的能够单独或者与其他信息结合识别自然人个人身份的各种信息，包括但不限于自然人的姓名、出生

日期、身份证件号码、个人生物识别信息、住址、电话号码等”。[1]《个人信息保护法》亦规定，“个人信息是以电子或者其他方式记录的与已识别或者可识别的自然人有关的各种信息，不包括匿名化处理后的信息。”[2]《信息安全技术　个人信息安全规范》提供判定某项信息是否属于个人信息的两条参考路径：一是“识别”，即从信息到个人，由信息本身的特殊性识别出特定自然人，个人信息应有助于识别出特定个人。二是“关联”，即从个人到信息，如已知特定自然人，由该特定自然人在其活动中产生的信息（如个人位置信息、个人通话记录、个人浏览记录等）即为个人信息。符合上述两种情形之一的信息，均应判定为个人信息。

在此基础上，中国跨境数据流动法律规制以“分级和分量”为标准对个人信息出境进行约束。所谓分级，是指将个人信息分为“限制级个人数据”、“保护级个人数据”和“一般级个人数据”。分级标准并不与隐私对应，而是取决于一旦被不适当处理或使用是否会给数据主体造成负面影响及负面影响的程度。但对“限制级个人数据”和“保护级个人数据”的离境则采取更严格的约束规制措施（见表6－2）。所谓分量，是指根据《个人信息和重要数据出境安全评估办法（征求意见稿）》及其配套的国家标准《信息安全技术　数据出境安全评估指南（征求意见稿）》之规定对含有或累计含有50万人以上的个人信息进行限制，即需要在完成安全评估后方可进行。

[1] 2016年《网络安全法》第76条。
[2] 2021年《个人信息保护法》第4条。

表 6－2　规制数据的类型划分之个人数据

类型	概念	范例		
个人数据	描述个人特征的，可以被直接或间接地识别到具体数据主体(data subject)的数据	限制级个人数据	自然人身份标识数据	用于个人身份证明的数据：身份证和护照等证件类信息等
				个人生物识别数据：如指纹、虹膜、面孔、声纹、眼纹、耳纹、掌纹、步态等
			个人金融数据	个人金融信息是指金融机构提供产品和服务或者其他渠道获取、加工和保存的个人信息，包括账户信息、鉴别信息、金融交易信息、个人身份信息、财产信息、借贷信息及其他反映个人某些情况的信息。属于限制级的个人金融数据主要是指可识别特定个人金融信息主体身份与金融状况的个人金融信息，如个人财产信息、借贷信息等
			个人健康数据	各级各类医疗卫生计生服务机构在服务和管理过程中产生的人口基本信息、医疗卫生服务信息等，主要包括全员人口、电子健康档案、电子病历以及人口健康统计信息等
		保护级个人数据	个人基本信息：包括但不限于姓名、性别、国籍、民族、职业、婚姻状况、家庭状况、手机号码、固定号码、电子邮箱、工作及家庭地址等	
			用户在服务中的身份和鉴权信息(金融、健康信息除外)；账户(包括但不限于支付账号、证券账户、保险账户)登录密码、交易密码、查询密码；支付账号及其等效信息(如支付账号、手机号码)；账户登录的用户名等	

续表

类型	概念	范例	
个人数据	描述个人特征的，可以被直接或间接地识别到具体数据主体（data subject）的数据	保护级个人数据	个人的非金融支付数据：包括但不限于账户开立时间、基于账户信息产生的支付标记信息、支付数据等
			用户在服务中的关键内容数据：用户的社交数据（如联系人信息、好友信息、关注记录、群列表）、用户的位置轨迹数据、第三方支付方式、寄件人和收货人信息、运单号码、行程信息等
		普通级个人数据	用户在服务中产生的内容数据和资料数据（限制级和保护级数据除外），如用户在服务中产生的行为数据、服务记录和日志数据、网络源端口、客户端硬件特征、发布信息记录、行程类型、个人运动类型等
			可识别匿名数据：针对大数据领域的个人数据利用提出的概念，匿名数据通过识别技术可以实现被数据控制人识别身份的功能，实现与特定相关人对应的数据

第三，分级分类“本地化”的非个人数据。相较个人信息的出境采取“严格限制，但不绝对禁止”的折中态度，对于非个人数据则采取“以自由流动为原则，以重要数据本地化限制为例外”的规制规则。非个人数据简单来说就是无法识别个人的数据。不断扩大的物联网、人工智能和机器学习，都是非个人数据的主要来源。[1] 非个人数据的具体例子包括用于大数据分析的聚合匿名数据集。尽管中国并未明确制定以“自由流动”为内容的法律条款，但是将非个人数据

〔1〕 比如，在自动化工业生产过程中调度部署而获得的结果。

划分为普通非个人数据和重要非个人数据后，重要数据被单独剥离出来，列为跨境数据流动法律规制的管辖对象，暗含其他普通非个人数据自由流动的可能。对于“重要数据”，根据《个人信息和重要数据出境安全评估办法》的定义，是指“一旦遭到篡改、破坏、泄露或者非法获取、非法利用等，可能危害国家安全、经济运行、社会稳定、公共健康和安全等数据”。[1]《信息安全技术　数据出境安全评估指南（意见征求稿）》则认为，重要数据是“相关组织、机构和个人在境内收集、产生的不涉及国家秘密，但与国家安全、经济发展以及公共利益密切相关的数据，包括原始数据和衍生数据”。[2]《数据安全管理办法（征求意见稿）》则认为重要数据是指“一旦泄露可能直接影响国家安全、经济安全、社会稳定、公共健康和安全的数据，例如未公开的政府信息、大面积的人口、基因健康、地理、矿产资源等。”[3]《数据安全法》则认为，“根据数据在经济社会发展中的重要程度，以及一旦遭到篡改、破坏、泄露或者非法获取、非法利用，对国家安全、公共利益或者公民、组织合法权益造成的危害程度”，来划分重要数据范围。[4] 上述4部规范性文件对重要数据的范围划定呈现“宽—窄—窄—宽”的趋势，共同点在于普遍认同重要数据不包括政府数据中涉及国家秘密乃至安全的部分。因为这一类型的数据在属性上已经提出了更高的保密性要求，是绝对禁止跨境流动的。对于重要数据涵摄范围内的数据，其出境受到严格的法律监管，一般有严格的安全等级保护措施要求和本地化存储的要求。笔者在综合法律法规和国家标准的基础上，将

[1] 2022年《数据出境安全评估办法》第19条。
[2] 2017年《信息安全技术　数据出境安全评估指南（意见征求稿）》第3.5条。
[3] 2019年《数据安全管理办法（征求意见稿）》第38条第5项。
[4] 2021年《数据安全法》第21条。

非个人数据的出境控制涵摄范围作了细化如表6－3所示。

表6－3　规制数据的类型划分之非个人数据

<table>
<tr><th>概念</th><th colspan="3">分类</th></tr>
<tr><td rowspan="7">不能被直接或间接地识别到具体数据主体(data subject)的数据</td><td rowspan="7">公共数据：政府在履行行政职能的过程中所产生的不涉及国家、不具有跨境流动的商业化需求，但对于企业和个人的生产、经营、履约有一定的影响，也涉及公众和他人的利益的非个人数据</td><td rowspan="7">限制级公共数据：不涉及国家秘密，但与国家安全、经济发展、社会稳定，以及企业和公共利益密切相关的信息，这些信息一旦未经授权披露、丢失、滥用、篡改或销毁可能造成严重后果。一般认为这一部分数据是尚未正式公开的公共数据</td><td>规划、统计、预算、招投标等的过程信息</td></tr>
<tr><td>执法过程中生成的不宜公开的记录文档</td></tr>
<tr><td>一定精度和范围的国家地理、资源等基础数据</td></tr>
<tr><td>企业的商业秘密和知识产权中不宜公开的信息</td></tr>
<tr><td>关键基础设施、政府信息系统安全防护计划、策略、实施等信息</td></tr>
<tr><td>政府部门内部的人员晋升、奖励、处分、能力评价等人事管理信息</td></tr>
<tr><td>行政机构内部的人事规章和工作制度、根据国际条约、协议不宜公开的信息、法律法规规定的不宜公开的信息等</td></tr>
</table>

续表

概念	分类		
不能被直接或间接地识别到具体数据主体(data subject)的数据		普通级公共数据:不涉及国家秘密且不是敏感信息的政府信息	行政法规、规章和规范性文件,发展规划及相关政策
			统计信息、财政预算决策报告,行政事业性收费的项目、依据、标准
			政府集中采购项目的目录、标准和实施情况
			行政许可的事项、依据、条件、数量、程序、期限以及申请行政许可需要提交的全部材料目录及办理流程
			重大建设项目的批准和实施情况
			扶贫、教育、医疗、社会保障、促进就业等方面的政策
			突发公共事件的应急预案、预警信息及应对情况
			环境保护、公共卫生、安全生产、食品药品、产品质量的监督检查情况等

续表

概念	分类	
不能被直接或间接地识别到具体数据主体(data subject)的数据	商业数据：是产业价值链上各个重要环节的历史信息和即时信息的集合，其内容包括商业企业内部数据、分销渠道数据、消费市场数据等	限制级商业数据：主要是指来自国家关键基础设施领域的企业所产生的，受到国家管制的数据，多为航空、电信、金融、能源等领域中所产生的涉及国家安全的数据
		保护级商业数据：主要是指来自国家关键基础设施领域的企业所产生的，不涉及国家安全的数据，多为航空、电信、金融、能源等领域中所产生的一般商业数据的数据
		普通级商业数据：不属于关键基础设施领域的企业的一般业务和运营数据；无法识别的匿名数据

4. 规制的手段：4 种路径的梯形规制规则设计

在综合《网络安全法》《个人信息保护法》《数据安全法》等多部法律的内容后，笔者认为，我国围绕跨境数据流动提供了以“数据安全评估”为主，“个人信息保护认证”“标准合同”“国际合作”为辅的4 种规制路径。在 4 种路径之外，还有“告知同意”“出境后安全保障”以及“投诉处理”三重义务。最终形成一个呈梯形排列状态的跨境数据流动法律规制规则体系。

第一，数据出境安全评估出境通道。根据《网络安全法》之规定，关键信息基础设施的运营者需境内存储的个人信息或重要数据，因业务需要，确需向境外提供的，应当按照国家网信部门会同国务院有关部门制定的办法进行安全评估。[1] 《个人信息保护法》也提出“关键信

〔1〕 2016 年《网络安全法》第 37 条。

息基础设施运营者和处理个人信息达到国家网信部门规定数量的个人信息处理者，应当将在中华人民共和国境内收集和产生的个人信息存储在境内。确需向境外提供的，应当通过国家网信部门组织的安全评估；法律、行政法规和国家网信部门规定可以不进行安全评估的，从其规定”。[1]《数据安全法》也确认重要数据的处理者应当开展风险评估，并向有关主管部门报送风险评估报告。[2] 2017 年出台《个人信息和重要数据出境安全评估办法（征求意见稿）》及其配套的国家标准《信息安全技术　数据出境安全评估指南（征求意见稿）》均采取“网络运营者自评估 + 行业主管或监管部门安全评估”模式。根据《个人信息和重要数据出境安全评估办法（征求意见稿）》之规定，数据出境安全评估应重点评估包括数据出境的必要性、信息基本情况、数据接收方及接收方所在国的安全保护措施、能力和水平以及数据出境后的风险预估在内的信息。[3] 其中，数量达到 50 万人以上的个人信息或超过 1000GB；或涉及关键信息基础设施的则由行业主管或监管部门进行安全评估。[4] 行业主管或监管部门不明确的，由国家网信部门组织评估。出现其他情况的，网络运营者可以采用“自评估”的方式。目前，数据出境安全评估机制仍然在建设中（流程详见图 6－1）。

[1] 2021 年《个人信息保护法》第 40 条。

[2] 2021 年《数据安全法》第 30 条。

[3] 2017 年《个人信息和重要数据出境安全评估办法（征求意见稿）》第 7 条。

[4] 2017 年《个人信息和重要数据出境安全评估办法（征求意见稿）》第 8 条。

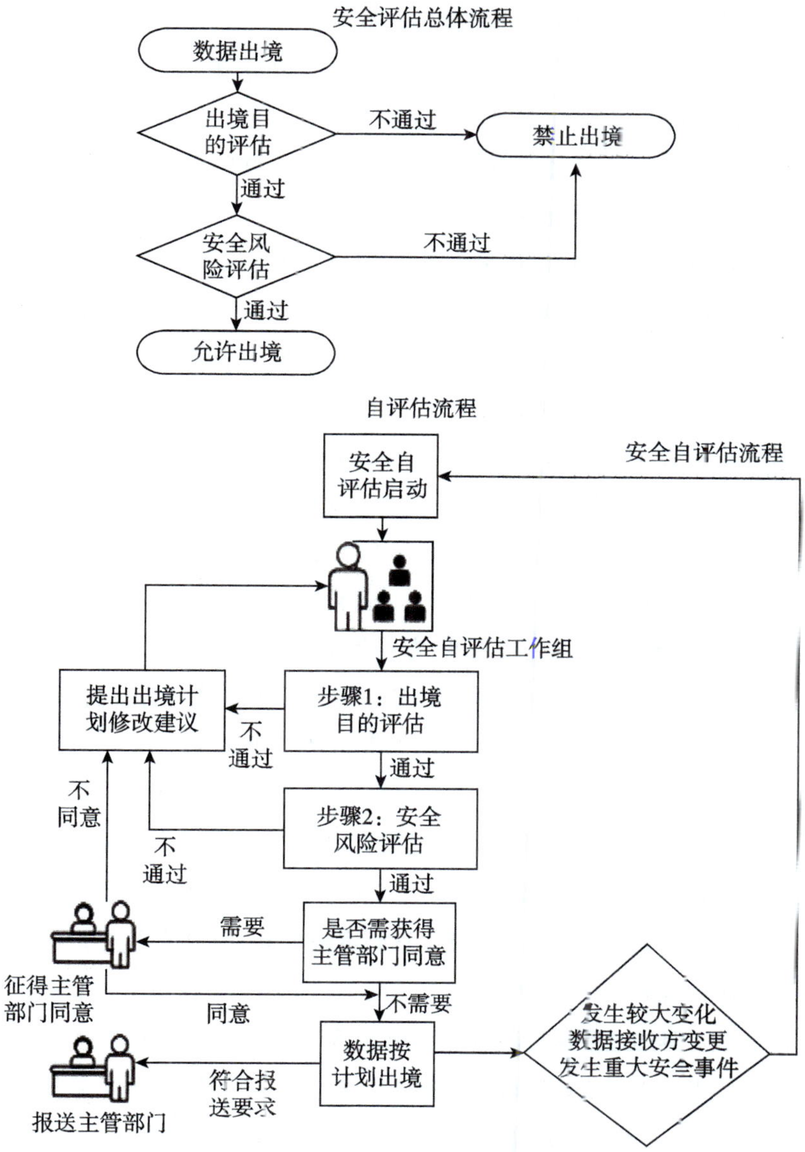

图 6－1　数据出境安全评估流程及自评估流程

第二,数据安全认证出境通道。数据安全认证,是指由认证机构证明网络服务、数据产品、管理体系等符合相关法律规范、技术标准、行业准则的评定活动,也称为信息安全认证。数据安全认证主要面向数字经济产业,通过第三方机构客观评定互联网企业数据处理行为的安全性,以提升互联网企业的数据安全保障水平。相比企业的自我规制和政府的行政规制而言,数据安全认证属于第三方规制,可以有效克服市场与政府的"双重失灵"。《网络安全法》第 17 条明确要求"开展网络安全认证、检测、风险评估等安全服务"。《数据安全法》第 18 条第 1 款原则性地规定了数据安全认证:"国家促进数据安全检测评估、认证等服务的发展,支持数据安全检测评估、认证等专业机构依法开展服务活动。"《个人信息保护法》第 38 条将个人信息保护认证作为向境外提供个人信息的合法性条件之一,第 55 条和第 56 条作出 3 点规定。其一,由个人信息处理者自行开展。其二,内容包括:(1)个人信息的处理目的、方式等是否合法、正当、必要;(2)对个人权益的影响及安全风险;(3)所采取的保护措施是否合法、有效并与风险程度相适应。其三,评估报告和处理情况记录至少保存 3 年。

第三,充分性保障合同出境通道。根据《个人信息保护法》第 38 条第 3 款的规定,"与境外接收方订立合同,约定双方的权利和义务",并监督其个人信息处理活动达到本法规定的个人信息保护标准后也可向境外提供个人信息。这是基于问责制充分保障条件下的流动。该工具通过数据接收者内部规定承诺继续保护数据,以保障数据接收者可以系统地进行数据跨境传输。但是,由于《个人信息保护法》并没有明确关于充分性保障合同的具体内容要件和保障标准,也没有明确规定是否必须获得有关部门认可,因而结合《个人信息数据出境办法（征求意见稿）》中的零散规定，笔者认为，中国采用的是“需批准的自拟标准合同”形式，来作为充分性保障的基础。首先，根据《个人信息数据出境办法（征求意见稿）》的规定，网络运营者与接收者需自拟合同，内容需要“充分保障个人信息主体合法权益”，也需要保障能够“得到有效执行”。具体而言，合同内容要明确“个人信息出境的目的、类型、保存时限；个人信息主体是合同中涉及个人信息主体权益的条款的受益人；个人信息主体合法权益受到损害时，可以自行或者委托代理人向网络运营者或者接收者或者双方索赔，网络运营者或者接收者应当予以赔偿，除非证明没有责任；接收者所在国家法律环境发生变化导致合同难以履行时，应当终止合同，或者重新进行安全评估；合同的终止不能免除合同中涉及个人信息主体合法权益有关条款规定的网络运营者和接收者的责任和义务，除非接收者已经销毁了接收到的个人信息或作了匿名化处理”。其次，网络运营者与接收者签订的合同需要报送所在地省级网信部门进行评估，只有作为经网信部门通过或批准的自拟传输数据范本合同，才能被认定该数据控制者满足了数据保护的要求，监管者将对其数据传输予以放行。

第四，国际合作出境通道。《个人信息保护法》第 38 条第 2 款规定：“中华人民共和国缔结或者参加的国际条约、协定对向中华人民共和国境外提供个人信息的条件等有规定的，可以按照其规定执行。”截至 2020 年 11 月，我国已与 81 个国家缔结了引渡条约、司法协助条约、资产返还与分享协定等共 169 项，与 56 个国家和地区签署了金融情报交换合作协议。[1] 根据这些国际条约、协定,我国相关国家机关有权向境外提供个人信息。此类个人信息出境,无须按照《个人信息保护法》第 36 条进行安全评估。同时,《数据安全法》第 26 条为基于国际合作进行数据出境的路径设定了反制措施:“任何国家或者地区在与数据和数据开发利用技术等有关的投资、贸易等方面对中华人民共和国采取歧视性的禁止、限制或者其他类似措施的,中华人民共和国可以根据实际情况对该国家或者地区对等采取措施。”

除以上 4 种路径外,根据其他条文及相关规范,向境外提供个人信息或非个人信息时还应履行至少 3 类义务。

第一,告知信息主体和取得单独同意。根据《个人信息保护法》第 39 条之规定,“个人信息处理者向中华人民共和国境外提供个人信息的,应当向个人告知境外接收方的名称或者姓名、联系方式、处理目的、处理方式、个人信息的种类以及个人向境外接收方行使本法规定权利的方式等事项,并取得个人的单独同意”。

第二,充分性保障措施。根据《个人信息保护法》第 38 条第 3 款的规定,国家机关还应采取必要措施保障境外接收方处理个人信息的活动达到本法规定的个人信息保护标准。此类措施包括要求境外接收方事前承诺或与之签订合同约定必须达到《个人信息保护法》要求的安保水平,以及事后发现安保水平不达标时停止个人信息出境并追究责任等。

第三,投诉处理。2021 年 11 月 14 日公布的《网络数据安全管理

---

〔1〕 参见陆丽环:《我国已与 81 个国家缔结引渡条约、司法协助条约等共 169 项依法依规追逃追赃》,载中央纪委国家监委官网,https://www.ccdi.gov.cn/toutiao/202011/t20201111_229776.html。

条例(征求意见稿)》[1]第39条给向境外提供个人信息的数据处理者增设了一系列义务。其中,接受和处理数据出境所涉及的用户投诉,数据出境对个人、组织合法权益或者公共利益造成损害的依法承担责任,分别对应《个人信息保护法》第50条和第68条。

(二)中国跨境数据流动法律规制规则体系面临的挑战

尽管我国在跨境数据流动法律规制体系建设上取得初步成效,但由于跨境数据流动法律规制的内容较复杂,在具体规则体系建设中面临挑战。

第一,内容衔接有欠统一。在跨境数据流动具体规制对象上,几部法律的规定并未实现有效衔接。《国家安全法》第25条和《网络安全法》第37条所要求的有限度的本地化范围,即要求安全可控的是"关键基础设施和重要领域信息系统"的"个人信息和重要数据"。《个人信息保护法》规定"处理个人信息达到国家网信部门规定数量"的基本要求。但上位法的界限要求未能科学地与2017年《个人信息和重要数据出境安全评估办法(征求意见稿)》、2019年《个人信息出境安全评估办法(征求意见稿)》,抑或是2022年已生效的《数据出境安全评估办法》,都或多或少有衔接不畅的问题。《个人信息和重要数据出境安全评估办法(征求意见稿)》第2条规定,"网络运营者在中华人民共和国境内运营中收集和产生的个人信息和重要数据,应当在境内存储。因业务需要,确需向境外提供的,应当按照本办法进行安全评估"。《个人信息出境安全评估办法(征求意见稿)》第2条则规定,"网络运营者向境外提供在中华人民共和国境内运营中收集的个人信息,应当按照本办法进行安全评估。经安全评估认

〔1〕该草案已于2024年8月30日由国务院常务会议审议通过。

定个人信息出境可能影响国家安全、损害公共利益,或者难以有效保障个人信息安全的,不得出境"。两部意见稿的规定实际上要求所有的"网络运营者"在我国境内"收集和产生的个人信息"都需要"境内存储"和"出境安全评估",实际上确立了相当宽泛的数据境内存储要求和宽泛的出境安全评估要求。《数据出境安全评估办法》则更进一步将出境评估扩展至重要数据、关键信息基础设施、超量个人信息等。数据出境控制明显泛化,对数据控制和数据流动的平衡造成明显影响,使《网络安全法》既未能发挥原则作用,又没有从具体执行角度实现《个人信息保护法》和执行规则之间的衔接统一,"重要数据和超量个人信息出境评估"被"全覆盖数据出境评估"所替代,加重了网络运营者负担,弱化了出境评估制度的科学性。

第二,规制强度过高。笔者认为,我国跨境数据流动法律规制路径可以被描述为以"数据本地化"为基本原则,以"数据出境评估"为核心手段的规制路径。在不考虑立法体例和监管组织的情况下,规制规则强度值已达到(0.41),接近规制规则指标的强度峰值。根据笔者在第四章借助代理人模型得出的结论可知,中国的跨境数据流动法律规制模式有规制强度过高之嫌。我国跨境数据流动法律规制以"禁"为主,侧重流动管制。虽然,《个人信息保护法》提供了多种数据出境机制,但配套的《数据出境安全评估办法》几乎全部在强调数据流动管理,注重从传统的行政管理角度限制数据流动保护数据主权,导致出境分级分类的阶梯式规制模式设想形同虚设,规制规则几乎全部压在数据出境链条前端,单一地以主体控制型规制措施为主。如果从数据流动秩序的初始形成与继后发展,数据主体信心的建立与维持,数据危机与系统风险的应对等方面来说,这种高强度的绝对保护是必要的,有利于控制流动的风险。然而,无差别、全覆盖式的数据评估出境模式无疑也会带来出境程序烦琐、安全评估效率低下的风险，因为它基本关闭了数据自由流动的通道，极大地压制了企业的生存空间，显然将影响数字贸易的有效运行和应有功能。

三、中国跨境数据流动法律规制监管体系构成及面临的挑战

目前，中国跨境数据流动监管体系呈现了政府主导特点。这一特点是根据中国经济基础情况、数字贸易市场发展程度以及法律制度的基本规定，所作出的选择。

（一）中国跨境数据流动法律规制监管机构的设置

按照现行法律制度，在核心法律阙如的情况下，跨境数据流动规制机构也并不明确。根据《个人信息保护法》第60条和《数据安全法》第35条之规定，笔者预估我国跨境数据流动监管主体广泛，国家互联网信息办公室、市场监督管理机关、行政主管部门、行业监管管理部门等都是跨境数据流动监管主体，其依然是“1＋X”模式。[1]

“1”是指国家互联网信息办公室。根据国务院《关于授权国家互联网信息办公室负责互联网信息内容管理工作的通知》，国家互联网信息办公室负责全国互联网信息内容管理工作，并负责监督管理执法。《网络安全法》第8条规定，“国家网信部门负责统筹协调网络安全工作和相关监督管理工作”。从法律层面承认国家网信办在网络安全（包括信息内容安全）及相关监督管理领域中的统筹协调地位。此外，无论是根据《个人信息保护法》，还是根据《数据安全法》，都认可国家网信部门负责统筹协调相关监管工作。从中可以看出立

〔1〕 类似观点，参见魏娜、范梓腾、孟庆国：《中国互联网信息服务治理机构网络关系演化与变迁——基于政策文献的量化考察》，载《公共管理学报》2019年第2期。

法者有意将包括跨境数据流动法律规制任务在内的网络监管者位置交给国家互联网信息办公室。这无疑是一大进步。

“X”则是指依纵向和横向分解的地区和行业隶属确定的监管机构体系。根据《网络安全法》第8条的规定,“国务院电信主管部门、公安部门和其他有关机关有权依照本法和有关法律、行政法规的规定,在各自职责范围内负责网络安全保护和监督管理工作”。《个人信息保护法》以及《数据安全法》,均认可“纵横分割”的模式拆解监管任务,以市场主体的地区归属和行业归属作为监管对象范围的划分依据。监管机构划分既有纵向的、以地域范围为依据的区域分解,由各地区对本地区工作中产生、汇总、加工的数据及数据安全负主体责任,同一企业内部之间以省级单位划分监管部门行使监管权限;也有横向的、以数据生成行业为依据的行业分解,由各部门对本部门工作中产生、汇总、加工的数据及数据安全负主体责任,特别是工业、电信、自然资源、卫生健康、教育、国防科技工业、金融业等行业主管部门承担本行业、本领域数据安全监管职责。此外,公安机关、国家安全机关等依照本法和有关法律、行政法规的规定,在各自职责范围内承担数据安全监管职责。

(二)中国跨境数据流动监管体系面临的挑战

笔者认为,中国跨境数据流动法律规制监管体系的“1+X”体系仍有待完善。就监管体系网络的中心“国家网信办”而言,其自身在政府组织层面的层级不高,从而可能面临监管困境。协调数据流动与法律权利关系,需要被赋予较多的职能工具才能实现对跨境数据流动涉及的各个环节的全面把控。然而,从现有的规制工具来看,仅赋予国家网信办数据出境可行性评估和许可职能。其他职能,如运行过程中对跨境数据流动法律关系主体、整个跨境数据流动活动环节予以规范、监督、检测和管理，再到事后的问责与处罚等均属缺位状态。另外，繁重的事前监管使网信办的很大一部分精力被消耗在宏观监管职能之外的事项上。按照《数据出境安全评估办法》第12条之规定，“国家网信部门应当自数据处理者发出书面受理通知书之日起45个工作日内完成数据出境安全评估。”根据商务部的统计，截至2019年12月，仅是外商投资企业就累计达1,001,635家。[1] 外资企业的跨境数据流动来往频繁，各类运营数据、员工数据、客户数据等需要发送到外资企业总部。数据出境区别于常见的信息系统、App等的监管，数据出境还有隐蔽性较强的特点，加上各类加密、云服务技术的应用，依照现有各地网信部门的人员配置，15天内处理如此之多企业的出境评估给网信办带来了巨大的任务压力和运行成本压力，难以有效提高监管效能。

就监管网络的边缘主体“区域和行业主管部门”而言，由于缺乏体系化的整合监管规则，整个数据跨境流动监管体系的密切关联性和统一性被割裂，使本来一体运行的数据体系被人为地划分为不同的监管地域和监管领域。以金融信息和金融数据保护为例，根据规范金融行业监管部门数据跨境流动方面的文件检索和分析可知，金融行业的监管分为四个层次，包括数据本地化的要求，涉及16部规范性文件；数据出境要求，涉及8部规范性文件；数据保密要求，涉及14部规范性文件；以及其他数据跨境要求，涉及6部规范性文件。中国人民银行、原中国银保监会分别出台规范性文件，国家网信办出台规章，存在中国人民银行、原中国银保监会、中国证监会以及国家网

〔1〕 参见《中国外资统计公报（2020）》，载商务部官网2020年12月30日，http://images.mofcom.gov.cn/wzs/202012/20201230152644144.pdf。

信办四个部门之间监管职责交叉的情况。以“数据本地化”为例,中国人民银行《关于银行业金融机构做好个人金融信息保护工作的通知》中的数据本地化客体是“个人金融信息”,但《电子银行业务管理办法》《非银行支付机构网络支付业务管理办法》等文件都对相关金融机构或第三方支付机构的运营系统/业务处理系统/存储数据设备作出了设置在境内的要求。又如,针对使用云服务存储数据信息,金融监管部门并不要求“境内存储”,但国务院办公厅《关于加强政府网站域名管理的通知》中提出,对于“自行建设运维的政府网站服务器不得放在境外;租用网络虚拟空间的,所租用的空间应当位于服务商的境内节点”,可见金融机构需要选择服务商境内节点所提供的云服务。此外,2011 年 1 月央行出台文件要求“银行业金融机构不得向境外提供境内个人金融信息”。然而,中国人民银行在 2020 年发布的《JR/T0171 – 2020 个人金融信息保护技术规范》却是允许母行与子行之间在满足一定条件前提下可以跨境传输个人金融信息,等等。

笔者认为,我国现有的跨境数据流动监管体系离跨境数据流动法律规制对监管的预设要求,以及对跨境数据流动法律规制所涉各法律关系类型进行系统完整的调整的要求尚有一定差距。

四、中国跨境数据流动法律规制体系面临的挑战

《网络安全法》颁行至今,经过多年的持续努力,立法者从无到有地设计出了跨境数据流动法律规制体系。在这一过程中,国家对数据流动的计划性控制因素日益增多,国家集控和干预技术能力也日益加强,形成了以“数据本地化”为主轴的跨境数据流动法律规制体系。毋庸讳言,这一体系是在全球跨境数据流动规制趋严的潮流下匆匆生成的,表现出明显的阶段性和临时性。由于其规制下的数据

流动状态与我国整个数字贸易发展状况反差巨大，跨境数据流动法律体系的推进效果不甚理想。一个显著表现就是，跨境数据流动两部“授权立法”都未能得到理论界和实务界的普遍认可，跨境数据流动法律规制需要尚未得到满足。笔者认为，这源于我国跨境数据流动法律规制体系的数据控制一元建构理念。

法律建构理念是法律文本的内核，它包含法律设计者的立法动机、价值偏好、重点预设、方法选择和表述特点等，在很大程度上决定了一个特定的法律体系以何种特定的法律文本形式出现。质言之，法律文本是法律建构理念的外在表达方式，建构理念构成了法律体系的内在基础，[1]跨境数据流动法律规制亦不例外。笔者在绪论讨论中就提出，跨境数据流动法律规制的建构理念是在数据控制与数据流动的两权消长张力和互相钳制的过程中彰显出来的。通过国家的法律设计者围绕数据控制和数据流动矛盾，并基于本国可行条件和问题的紧迫性，安排不同的优先侧重顺序，衍生出不同的法律功能预设、立法结构安排和法律实施机制选择，最终生成了不同强度的规制体系。重数据流动的国家将跨境数据流动法律规制视为一种与利益紧密相关的贸易自由主义，会产生低控制强度的规制模式；重数据控制的国家则关注数据保护政策中的公民权利，会产生中间控制强度的规制模式；国家驱动逻辑则倾向数据处置流程中的封闭化和政治化，会产生高控制强度规制模式。基于此，建构理念实际上是一个国家跨境数据流动法律规制体系生长方向的控制力量。

然而，我国跨境数据流动法律规制体系建构以数据控制为主导使命，数据流动价值呈单向性削减，呈现的并非对数据控制和数据流

---

〔1〕参见梁上上：《制度利益衡量的逻辑》，载《中国法学》2012 年第 2 期。

动的时空优先顺序安排，而是对基本矛盾的对抗性淘汰式选择。以实现数据控制为导向，建构活动存在一极偏离的趋势。概言之，我国网络安全战略以推进数据主权为建设核心，完全立基于数据控制定位之上，体现在跨境数据流动法律规制中则表现为以严格的数据本地化管理措施作为规制主调。我国的跨境数据流动建构理念不仅是以行政管理手段回应国家网络安全战略，更是主导着跨境数据流动法律规制体系方向。其结果与国际潮流、数字产业发展需求产生差距，影响跨境数据流动法律规制功能的实现。

跨境数据流动法律规制是近年来中国互联网法律体系建设的一个主题，但实际进展步履维艰。从笔者讨论的中国跨境数据流动法律体系现状来看，这是不难理解的。中国跨境数据流动法律规制并不是在“数据控制—数据流动”两权框架内协调的，而是以单向性的规制逻辑来建设的。这是中国跨境数据流动法律规制体系发展速度受影响的原因所在。

第二节　中国跨境数据流动法律规制体系的未来设想

对中国跨境数据流动法律规制现况的分析和探讨，动因在于描摹现实认知、发现问题线索，为完善该法律体系的命题提供参照支撑。针对中国现行跨境数据流动法律体系立法体例、规制规则和监管组织方面存在的问题，可以沿着两种思路进行调整：一种是传统的“打补丁式”修改方法，即以快速补正法律体系缺失为目的，在保留现有跨境数据流动法律体系理念基础与法律架构的前提下，结合各国立法和执法经验，对现行具体法律规范及其体系进行修改、补充和完善；另一种是以建构理念转换为主导，重新确定跨境数据流动法律规制的立法体例、规制规则内容和监管制度，全面立体地展开重塑过程。这实际上是在立法理念转换基础上重构跨境数据流动法律体系的修订方式。笔者认为,结合各国跨境数据流动法律体系发展中的经验,以及可能共通的问题辨识与规律发现,后一种建构路径对我国跨境数据流动法律体系的修改更有裨益。应当强调的是,我国现有以维护国家"数据主权"的基本宗旨,以数据安全有序流动为目标设计跨境数据流动法律规制的基本原则,不仅没有过时,而且应当在后续的改革中予以坚持,笔者所谓的重构是解决我国跨境数据流动法律规制前进道路上遇到的问题,而并非将基本宗旨和原则推倒重来。对此,应当保持足够的清醒。

一、重构的起点:跨境数据流动法律规制"两权"建构理念的回归

当重构跨境数据流动法律体系作为一个明确的研究命题提出时,首先需要解决的问题是"重构从何处起步",即怎样恰如其分地安排数据控制与数据流动的关系。中国现行跨境数据流动法律规制体系不完善之处,都可以从建构理念上找到问题源头。以跨境数据流动法律规制的价值澄清作为重构的起点,可尝试开启跨境数据流动法律规制的适度性增进之途。那么,中国跨境数据流动法律规制的价值基础究竟应该是什么?笔者认为,我国跨境数据流动法律规制体系的价值基础应恢复到以"数据控制—数据流动"框架下,以调整结构失衡和运行冲突作为规制缘起的原动力和发展的支撑力的基本轨道上。虽然,数据控制和数据流动之间的价值关系在跨境数据流动问题上紧密联系此消彼长,但从根本上并非淘汰式选项。数据控制带来的价值并不总能完全涵摄跨境数据流动法律规制的所有价值,因为如何通过法律实现"安全有序"的数据流动图景亦是法律规

制落实过程中的要义之一。换言之,社会个体对数据流动的经济诉求不仅正当,而且具有坚实的现实基础,也是跨境数据流动法律规制利益的重要组成部分。因此,跨境数据流动法律规制除数据控制价值之外,数据流动同样是重要组成部分。两权框架的回归,意在重申数据自由流动,让两权在理念扩张和理念压缩的动态平衡中不断交叉渗透,以实现平衡。在跨境数据流动法律体系的重构中,如何将价值取向调整至数据控制和数据流动的共同表达,是需要立法者考虑的问题。笔者认为,首要是转变为行政管理和市场发展双驱动双兼顾,合理界定"命令"的内涵和"控制"的边界,以不改变数据互联互通的世界和数据自由流动的现象构筑跨境数据流动法律规制的终极愿景,以更张弛有度的规制原则和组织制度保障数据主权成为规制启动的核心价值。

二、重构的破题方法:跨境数据流动国内法规制的协调化与合理化

如果说,跨境数据流动法律规制的建构理念是"起点",重新决定中国围绕同一个问题的法律发展方向,那么,法律规制体系的规则内容则是重构的"解题方法"。针对前文的检讨,笔者拟从完善中国跨境数据流动法律规制的立法结构体例、规制规则安排以及监管组织设置三个方面加以回应,以便未来确定的跨境数据流动法律规制路径更加协调与合理。

(一)建立内在协调统一的跨境数据流动法律规制立法体例

建立内在协调统一的跨境数据流动法律规制立法体例是跨境数据流动法律规制体系建设的前提性问题。跨境数据流动法律规制针对技术现象进行规制,其调整对象、调整方法尚处不断摸索之中。面

对具有分散性、复杂性、技术性和动态性的规制对象。立法体例需要在保持法律体系的相对稳定性下,具备一定的适应性,能够反映出其所规制对象的复杂变化。所以,笔者提出的思路是:以适度集中化的立法体例,整合现有的法律、行政法规、部门规章和试验性的地方规范,统筹考虑我国数字贸易发展和跨境数据流动控制,来实现立法体例的确定性、内部统分结构的稳定性和立法衔接的开放性。具体建议包括以下三个方面。

第一,完善核心法律,来实现立法体例的确定性。笔者认为,构建中国跨境数据流动法律规制体系的首要工作是,加强各方面工作促使《个人信息保护法》《数据安全法》的配套法律尽快完善通过,尝试制定关键信息基础设施安全保护法以使跨境数据流动的整体结构更符合《网络安全法》的设想。按照个人信息保护、重要数据安全保护和关键基础设施保护三大门类,以 3 个专章集中式立法对中国跨境数据流动法律规制体系进行定型,统一数据流动制度,以适度集中的立法实现法律体系的形式合理性。

第二,以核心法律的纲领性条款,来实现体系内部体例的稳定性。体例构造的稳定性考验法案能否经受住社会变迁和技术革新的挑战,中国有关个人信息出境规范、重要数据出境规范和关键基础设施出境规范 3 个门类的规范内部结构缺乏系统性、规定过于零散的问题会影响法律体系效应的稳定发挥。笔者认为,核心法律通过后,配套的行政法规、部门规章和行业标准等分散立法需要尽快在核心法律的纲领性条款统领下予以完善和优化,以优于现行体系格局的立法体系模式服务于跨境数据流动法律规制,追求更高层次的体系稳定。

第三,通过横向切割的方式塑造立法体系,来实现立法衔接的开放性。现有立法体系以分业规范的创制来解决某一类跨境数据流动具体规制问题,是垂直切割式的立法架构。由于行业规范有明显的问题导向特征,随着数据出境问题的增多与复杂,此种切割方式会引发法律规制体系内不同行业规定之间的规制重复与规则混乱。因此,基于我国适度集中化的立场以及数据市场整体主义的考量,应当主要以规范的水平分割为体系化方向。按照规制对象类型进行集中式规制详解,以个人数据出境、重要数据出境和关键信息基础设施管理3组规制对象的基本法统领具体规制体系建设,相互之间在交互影响中不断更新与进化。

(二)建立强度适中的跨境数据流动规制规则体系

规制规则应该是兼容并包的,而非一味追求高控制强度,通过规制所要达到的目的除捍卫数据主权、维护数据主体外,还应该包括促进数字贸易的发展和企业自主发展的实现。因此,要打造符合理想的跨境数据流动体系,就必须脱离拘泥现行跨境数据流动法律规制的想象,在新建构理念主导下修改跨境数据流动规制规则,塑造更优化的数字贸易发展法治环境。

第一,要实现跨境数据流动法律规制内容与上位法的协调统一。立法者应实现上位法的范围阐释与具体行政规范范围的对接,进而实现跨境数据流动法律规制体系内的融贯性协调。对于现行跨境数据流动规制规则来说,突出的问题之一在于规制范围在行政规范中的强势扩张和上位法限定范围的衔接错位,不仅没有建立起具有逻辑一致的内在体系,也没能澄清“禁”与“流”的边界。这致使跨境数据流动法律规制在面对复杂的规制现实问题时化为模糊的语词。笔者认为,跨境数据流动法律规制应围绕上位法展开,需要将行政规范纳入法律调整和规范范围进行衔接评价,修正明显违背上位法、扩大行政介入权限的内容。

第二,尽量减少主体控制型规制规则。规定“禁出”的主体控制型规制规则是目前我国主要的、跨境数据流动法律规制规则发挥功能的方式。在两权框架下,主体控制型规制规则应当尽量限缩。一方面,充分尊重数据控制者和数据主体之间的意思自治。除非维护国家数据主权和公共利益没有其他选择,否则主体控制的强制规则不应当介入数据流动的自治性规范中。主体控制对应基于商业判断为之的介入权限宜居于辅助地位,只有在市场机制不能有效发挥选择作用时才可以行使行政权力。另一方面,在两权框架下,对于跨境数据流动法律规制功能的完善,追求“更好发挥规制作用”并不是一个单纯“禁出”量的增减问题,而是规制规则是否有效的问题。在两权框架下,依然需要主体控制型规则在跨境数据流动法律规制体系中发挥重要作用。但是,两权共同起决定作用下的规则体系也应当有“流出”的身影,让“重要”数据留在国内,让相对不重要的数据可以实现自由流动,而非以“禁出”作为唯一特征。

第三,以相互衔接的多层次规制规则降低数字贸易发展负荷。笔者认为,跨境数据流动法律规制的重构实践在很大程度上也依赖多样化的规制规则组合设计以及与诸多法律、制度和技术环境“零件”对接的努力。通过规制规则的多选择和多组合的设计,让规则体系能够根据外在环境的变化调整规制模式中的细节,能够提高规则相互之间的适配性。虽然数据流动控制很重要,但是能够灵活应对并适时调整的规制规则体系,才是一个动态稳定的跨境数据流动法律规制规则体系。多组合式的规制规则的出现未来会引致出现多样化的、富有想象力的跨境数据流动规制的新方式。它们的实践可以推动新的法律规则的发展,寻找一种能满足数字贸易发展需求、技术发展速度、数据主体需求并能释放法律规制更大的能力以供利用。

（三）建立综合监管为主的跨境数据流动监管体系

在跨境数据流动法律规制体系中，监管机制是核心要素之一。它不仅可以维护法律规制体系的有效落地，还会对跨境数据流动法律规制产生反塑功能。跨境数据流动监管体系运行的有效性，是跨境数据流动法律实施效果的决定因素之一。因此，建构更有效的跨境数据流动监管机制，是重构跨境数据流动法律规制体系中重要的任务之一。

第一，监管机构设置安排要合理。对此，首先需要解决的是采用综合性监管机构还是采用机构式监管体系的问题。采用综合监管的国家较多，但实际上在监管机构设置方面并没有统一标准，往往根据本国实际情况进行制度设计。行业监管体系的优势在于可以集中资源展开针对性强的监管活动，但这种制度安排可能需要大量的技术和人才资源支撑。笔者认为，在监管机构的设置上应结合我国网络监管现状，综合监管更符合国情。在未来加强跨境数据流动监管体制的过程中，需明确网信办的职责范围，扩大其自由决策的范围，增强独立性，优化职权配置，才能有效确保规制秩序和市场秩序的平稳。

第二，监管机构业务的安排要有效。有效的监管机构业务安排，涉及国家层面的监管机构和地方层级的监管机构如何划分比重、范围、措施、相互关系和运行机制。从现行跨境数据流动法律规制内容规定的监管体制和跨境数据流动监管实践经验来看，对不同市场主体的监管侧重是不同的，但实际上是以金融数据、核设施、化学生物、国防军工、人口健康、敏感地理信息数据为监管核心区域的。笔者认为，可以把监管核心区域的活动纳入国家层面进行监管，而在监管重心之外则由地方政府一级监管机构负责。通过监管偏好的重心与次序的调整，可以合理确立国家与地方的关系定位，进一步寻求监管职能设置上的科学合理以及功能上的良性互动，以实现有效监管。

第三，监管机构参与的安排要灵活。监管组织体系重塑的目的在于确保监管机构在既定轨道上规范、高效、公平地运行，推进数字贸易的正常发展。笔者认为，可通过扩大管制协商过程实现灵活规制。所谓管制协商是指，让决策者在制定决策的过程中与被规制者产生互动，促进公众信息在整个决策和规制体系发展中发挥重要作用。跨境数据流动法律规制需要具有高度专业技术的人员共同参与。通过行业自治团体的参与，反映数据控制者的诉求，反映出跨境数据流动的技术科学性和市场倾向性。利用行业公众的参与式管理，在行政监管之外建立起数据资源的自治管理模式，维持小的监管系统群的稳定性，对于整个大的规制系统的灵活性而言有着非常重要的作用。

三、重构的新领域：跨境数据流动国际法创制的参与

跨境数据流动法律规制有两条主要线索：一是国内法应对机制；二是国际法应对机制。在过去 5 年中国跨境数据流动法律规制体系的建设中，前者占据主要位置，后者只是时隐时现的副线。由于受到意识形态分歧、既得利益、主权的完整性、技术发展的非均衡性等因素的影响，中国在跨境数据流动法律规制的国际合作方面参与度不高。近年来，我国积极构建跨境数据流动规制战略和法律政策，重心几乎完全倾向建设本国的数据本地化和出境审查措施，对于立体性的双边和多边机制的构建关注不够。截至 2024 年，我国除作为成员国参与协商制订以企业自律行为准则保护跨国企业内部数据保护水

平的《APEC 隐私保护协议》之外(并未受邀实质性参与),尚未与国际贸易伙伴建立跨境数据流动的互信机制。当前,国际跨境数据治理秩序正处于规则深入构建、话语权重新划分的深刻变革期,全球规则虽呼之欲出,但仍处在酝酿期,属于尚未成型的“新领域”。由于全球跨境数据流动治理机制并不完善,使各国都面临推进全球规制协调和完善本国治理机制的双重使命的挑战。这也是中国应对全球数据风险的使命,是全面融入全球数据治理的重要契机。我们应当特别注意参与国际协调,注重国内国外形成合力,避免法律愿景与规制效果的错配,因为未来这也必将制约我国的数字贸易,乃至数据经济的健康发展。

笔者认为,在全球规制体系呈现碎片化样态的情况下,未来全球跨境数据流动合作改进的核心并非最优模式的选择,而是规制关系的调整,增强国际法协调工具的作用。中国应积极参与和充分利用国际跨境数据流动合作机制。一是以更加积极和开放的心态参与现有的双边、区域、多边合作进程,积极参与规则制定,提升我国在全球规则主导权中的话语权。二是着眼提升互操作性的前提下开拓新的合作平台和合作渠道。在国际合作中不拘泥于过度提升合作方监管要求,而是通过降低缔约方监管机制的变更要求,共同促进数字贸易发展的目的创新合作机制。

综上,展望中国数字贸易面临的挑战和未来趋势,我们的目光再次落在中国跨境数据流动法律规制体系之上。出路何在?从根本上解决数字贸易发展负荷与数据流动有效治理之间的矛盾,需要在跨境数据流动法律规制体系安排上另辟蹊径,同步协调推进跨境数据流动法律规制国际和国内法建设。对内探索符合中国国情的跨境数据流动法律规制模式,重构中国跨境数据流动国内法规制体系,通过新的跨境数据流动法律规制模式来减缓、转化规制“超载”的种种困境。建构能够充分发挥跨境数据流动市场机制功能的制度体系,提高跨境数据流动市场运行的有效性和跨境数据流动法适用的有效性。对外主动地参与国际数据治理合作,增加磋商对话来避免正常数据流动受阻。在坚持开放与适度保护相结合、数字贸易发展需求与数据主权相平衡的前提下,参与国际合作,推动全球数据流动协调。在全球跨境数据流动治理中维护自己的主张,应对数据竞争,实现跨境数据流动的全球良治。

毫无疑问,当下中国法律设计者需要寻找更优的数据控制形式和规制框架基础,逐步稳妥地完善跨境数据流动法律规制体系。在数据主权的基础上寻找和建立数字贸易可负荷的数据流动控制形式,建立相应的法律体系和制度设施,在这个基础上重新构建具有中国特色的跨境数据流动法律规制体系。当然,跨境数据流动法律规制体系是否可以实现目标,何去何从,尚有待发展的检验。这将是一个上下求索、艰难漫长又令人充满憧憬的过程。

参考文献

一、著作类

(一)中文著作

[1]陈世清:《对称经济学》,中国时代经济出版社2010年版。

[2]高富平主编:《在线交易法律规制研究报告》,北京大学出版社2005年版。

[3]高富平主编:《个人数据保护和利用国际规则:源流与趋势》,法律出版社2016年版。

[4]高岚君:《国际法的价值论》,武汉大学出版社2006年版。

[5]郭喻:《个人数据保护法研究》,北京大学出版社2012年版。

[6]郭玉军主编:《网络社会的国际法问题研究》,武汉大学出版社2010年版。

[7]蒋坡主编:《个人数据信息的法律保护》,中国政法大学出版社2008年版。

[8]孔令杰:《个人资料隐私的法律保护》,武汉大学出版社2009年版。

[9]李德成:《网络隐私权保护制度初论》,中国方正出版社2001

年版。

[10]马民虎主编:《信息安全法研究》,陕西人民出版社 2004 年版。

[11]齐爱民、刘颖主编:《网络法研究》,法律出版社 2003 年版。

[12]齐爱民:《信息法原论——信息法的产生与体系化》,武汉大学出版社 2010 年版。

[13]齐爱民:《拯救信息社会中的人格:个人信息保护法总论》,北京大学出版社 2009 年版。

[14]齐爱民:《大数据时代个人信息保护法国际比较研究》,法律出版社 2015 年版。

[15]张才琴、齐爱民、李仪:《大数据时代个人信息开发利用法律制度研究》,法律出版社 2015 年版。

[16]沈宗灵:《评"法律全球化"的理论》,法律出版社 2001 年版。

[17]沈玉良等:《全球数字贸易规则研究》,复旦大学出版社 2018 年版。

[18]杨泽伟:《国际法析论》,中国人民大学出版社 2003 年版。

[19]杨泽伟:《主权论——国际法上的主权问题及其发展趋势研究》,北京大学出版社 2006 年版。

[20]熊励、刘慧、刘华玲主编:《数字与商务:2010 年全球数字贸易与移动商务研讨会论文集》,上海社会科学院出版社 2011 年版。

[21]周汉华主编:《个人信息保护前沿问题研究》,法律出版社 2006 年版。

[22]陈铁明编著:《网络空间安全实战基础》,人民邮电出版社 2018 年版。

[23]陈曦:《数据科学对社会科学的影响研究》,南京大学出版社2018年版。

[24]丁波涛、王世伟主编:《信息学理论前沿:信息社会引论》,上海社会科学院出版社2016年版。

[25]樊坤主编:《电子商务概论》,人民邮电出版社2013年版。

[26]国务院发展研究中心国际技术经济研究所、中国电子学会、智慧芽:《人工智能全球格局:未来趋势与中国位势》,中国人民大学出版社2019年版。

[27]洪银兴:《论创新驱动经济发展》,南京大学出版社2013年版。

[28]惠志斌:《全球网络空间信息安全战略研究》,中国出版集团、世界图书出版公司2013年版。

[29]何志康:《大数据崛起:马云与阿里的大数据帝国》,人民邮电出版社2016年版。

[30]黄相怀等:《互联网治理的中国经验:如何提高中共网络执政能力》,中国人民大学出版社2017年版。

[31]蹇洁:《网络经济的市场监管研究》,新华出版社2015年版。

[32]李艺铭、安晖:《数字经济:新时代再起航》,人民邮电出版社2017年版。

[33]刘文富:《网络社会与公共治理》,中国人民大学出版社2020年版。

[34]马兆林:《人工智能时代》,人民邮电出版社2017年版。

[35]马民虎主编:《网络法典型案例评析》,中国民主法制出版社2019年版。

[36]梅宏主编:《数据治理之论》,中国人民大学出版社2020

年版。

[37]景瑞琴主编:《中国对外贸易》,复旦大学出版社2014年版。

[38]申琦:《中国网民网络信息隐私认知与隐私保护行为研究》,复旦大学出版社2015年版。

[39]王鹏、黄焱、安俊秀等编著:《云计算与大数据技术》,人民邮电出版社2014年版。

[40]王融:《大数据时代:数据保护与流动规则》,人民邮电出版社2017年版。

[41]王汉生:《数据资产论》,中国人民大学出版社2019年版。

[42]王利明主编:《人格权立法的中国思考》,中国人民大学出版社2020年版。

[43]王利明:《人格权法研究》(第2版),中国人民大学出版社2012年版。

[44]徐伟编著:《浙江电子商务的法律治理》,浙江工商大学出版社2016年版。

[45]徐斌、王晓冬、林丽:《大数据管理:企业转型开放与竞争力重塑之道》,人民邮电出版社2016年版。

[46]姚建宗等:《新兴权利研究》,中国人民大学出版社2011年版。

[47]袁津生、吴砚农主编:《计算机网络安全基础》(第4版),人民邮电出版社2013年版。

[48]姚鹤徽:《数字网络时代著作权保护模式研究》,中国人民大学出版社2018年版。

[49]杨逐原:《网络空间的劳动图景:技术与权力关系中的网络用户劳动及报酬》,中国人民大学出版社2020年版。

[50]张新宝主编:《互联网上的侵权问题研究》,中国人民大学出版社 2003 年版。

[51]张德丰编著:《大数据走向云计算》,人民邮电出版社 2014 年版。

[52]张尼、刘镝、张云勇编著:《云计算安全技术与应用》,人民邮电出版社 2014 年版。

[53]朱建良、王廷才、李成等:《数字经济:中国经济创新增长"新蓝图"》,人民邮电出版社 2017 年版。

[54]中国电子信息产业发展研究院编著:《数字丝绸之路"一带一路"数字经济的机遇与挑战》,人民邮电出版社 2017 年版。

[55]张超:《释放数据的力量:数据新闻生产与伦理研究》,中国人民大学出版社 2020 年版。

(二)译著

[1][英]克里斯托弗 · 米勒德编著:《云计算法律》,陈媛媛译,法律出版社 2019 年版。

[2][英]戴恩 · 罗兰德、伊丽莎白 · 麦克唐纳:《信息技术法》(第 2 版),宋连斌、林一飞、吕国民译,武汉大学出版社 2004 年版。

[3][英]戴维 · M. 沃克:《牛津法律大辞典》,李双元等译,法律出版社 2003 年版。

[4][德]克里斯托弗 · 库勒:《欧洲数据保护法:公司遵守与管制》(第 2 版),旷野、杨会永等译,法律出版社 2008 年版。

[5][美]阿丽塔 · L. 艾伦、理查德 · C. 托克音顿:《美国隐私法》,冯建妹、石宏、郝倩等编译,中国民主法制出版社 2019 年版。

(三)英文著作

[1]M. D. Cavelty, *Manuer V. Power and Security in the*

Information Agent: Investigating the Role of the State in Cyberspace, Routledge, 2016.

[2] G. Greenleaf, *Asian Data Privacy Laws: Trade and Human Rights Perspectives*, Oxford University Press, 2014.

[3] J. Tinbergen, *Shaping the World Economy*, New York, Periodicals Service Co. 1962.

[4] C. Kuner, *Transborder Data Flows and Data Privacy Law*, Oxford University Press, 2013.

[5] I. Lloyd, *Information Technology Law*, Oxford University Press, 2017.

[6] O. Lynskey, *The Foundations of EU Data Protection Law*, Oxford University Press, 2015.

[7] R. Baldwin, C. Scott & C. Hood, *A. Reader on Regulation*, Oxford University Press, 1998.

[8] R. Baldwin, M. Cave & Martin Lodge, *Understanding Regulation: Theory Strategy and Practice*, Oxford University Press, 2012.

[9] D. Tapscott, *The Digital Economy: Promise and Peril in the Age of Networked Intelligence*, McGraw-Hill, 1996.

二、期刊类

(一) 中文期刊

[1]毕德富、王雪、孔仪方等:《非现场审计理念在外汇管理领域的实践路径研究》,载《中国内部审计》2020 年第 2 期。

[2]蔡文之:《自律与法治的结合和统一 ——论网络空间的监管原则》,载《社会科学》2004 年第 1 期。

[3]陈少威、贾开:《跨境数据流动的全球治理:历史变迁、制度困境与变革路径》,载《经济社会体制比较》2020 年第 2 期。

[4]程红星、王超:《金融市场基础设施数据跨境流动法律问题研究》,载《证券法律评论》2019 年第 0 期。

[5]程卫东:《重塑国际秩序的核心:欧美合作的新目标》,载《欧洲研究》2013 年第 6 期。

[6]程卫东:《跨境数据流动的法律监管》,载《政治与法律》1998 年第 3 期。

[7]程卫东:《跨境数据流动对国家主权的影响与对策》,载《法学杂志》1998 年第 2 期。

[8]储昭根:《网络安全中的"缺位"和"错位"》,载《南风窗》2016 年第 19 期。

[9]储昭根:《浅议"棱镜门"背后的网络信息安全》,载《国际观察》2014 年第 2 期。

[10]储昭根:《"监控门"与美国的隐形霸权》,载《南风窗》2013 年第 23 期。

[11]丛培影、黄日涵:《网络空间冲突的治理困境与路径选择》,载《国际展望》2016 年第 1 期。

[12]崔聪聪:《个人信息限制处理权的制度建构——〈个人信息保护法(草案)〉第 44 条之修改建议》,载《探索与争鸣》2020 年第 11 期。

[13]崔聪聪:《论我国数据限制处理权的创设及其制度设计》,载《南京社会科学》2019 年第 9 期。

[14]崔聪聪:《网络关键信息基础设施范围研究》,载《东北师大学报(哲学社会科学版)》2017 年第 4 期。

[15]崔聪聪:《个人信息控制权法律属性考辨》,载《社会科学家》2014 年第 9 期。

[16]崔卫红、陈子谦、何国锋等:《美国联邦隐私立法重要文件选译》,载《网络信息法学研究》2018 年第 2 期。

[17]戴艺晗:《贸易数字化与监管碎片化:国际贸易制度框架下跨境数据流动治理的挑战与应对》,载《国际经济法学刊》2021 年第 1 期。

[18]邓崧、字学凤:《PISEL 博弈模型分析框架下的中美跨境数据流动研究》,载《情报杂志》2020 年第 1 期。

[19]丁惠强:《征信数据跨境流动监管研究》,载《征信》2011 年第 2 期。

[20]丁玮:《数据主义视角下美国跨境数据政策演进及我国的应对》,载《杭州师范大学学报(社会科学版)》2021 年第 1 期。

[21]方洁、杨国华:《WTO 对成员贸易法律制度的透明度要求》,载《法学杂志》2001 年第 2 期。

[22]方元欣:《数据本地化政策的全球博弈分析》,载《中国信息化》2019 年第 12 期。

[23]冯玉军、赵一单:《中国法律规范体系与立法效果再评估》,载《江汉大学学报(社会科学版)》2018 年第 1 期。

[24]冯玉军:《中国法律规范体系与立法效果评估》,载《中国社会科学》2017 年第 12 期。

[25]高际香:《俄罗斯数字经济战略选择与政策方向》,载《欧亚经济》2018 年第 4 期。

[26]弓永钦、王健:《APEC 与欧盟个人数据跨境流动规则的研究》,载《亚太经济》2015 年第 5 期。

[27]弓永钦、王健:《APEC 跨境隐私规则体系与我国的对策》,载《国际贸易》2014 年第 3 期。

[28]韩静雅:《跨境数据流动国际规制的焦点问题分析》,载《河北法学》2016 年第 10 期。

[29]韩立余:《构建国际经贸新规则的总思路》,载《经贸法律评论》2019 年第 4 期。

[30]韩立余:《中国新发展理念与国际规则引领》,载《吉林大学社会科学学报》2018 年第 6 期。

[31]韩立余:《当代单边主义与多边主义的碰撞及其发展前景》,载《国际经济法学刊》2018 年第 4 期。

[32]韩立余:《TPP 协定的规则体系:议题与结构分析》,载《求索》2016 年第 9 期。

[33]韩立余:《美国金融危机对 WTO 服务贸易谈判的影响》,载《国际贸易法论丛》2009 年第 0 期。

[34]何波:《国际贸易规则下跨境数据流动分析》,载《汕头大学学报(人文社会科学版)》2017 年第 5 期。

[35]何波:《俄罗斯跨境数据流动立法规则与执法实践》,载《大数据》2016 年第 6 期。

[36]贺小勇、黄琳琳:《WTO 电子商务规则提案比较及中国之应对》,载《上海政法学院学报(法治论丛)》2020 年第 1 期。

[37]洪延青:《"法律战"旋涡中的执法跨境调取数据:以美国、欧盟和中国为例》,载《环球法律评论》2021 年第 1 期。

[38]洪延青、葛鑫:《公共卫生事件中美国机构的数据调取权力》,载《中国信用》2020 年第 3 期。

[39]洪延青、朱玲凤、张朝等:《欧盟提出"技术主权"概念 引

领欧盟数字化转型战略》,载《中国信息安全》2020 年第 3 期。

[40]洪延青:《个人金融信息收集和共享的基本原理:基于中美欧规则的展开》,载《中国银行业》2019 年第 12 期。

[41]洪延青:《透析金融数据保护的美欧中立法要点和趋势》,载《中国银行业》2018 年第 11 期。

[42]洪延青:《解锁 GDPR 的正确姿势:风险路径》,载《中国信息安全》2018 年第 7 期。

[43]洪延青:《网络运营者隐私条款的多角色平衡和创新》,载《中国信息安全》2017 年第 9 期。

[44]洪延青、柴玥儿:《境外速递:欧盟第 29 条数据保护组对欧美隐私盾协议发布总体意见》,载《网络信息法学研究》2017 年第 2 期。

[45]洪延青:《在发展与安全的平衡中构建数据跨境流动安全评估框架》,载《信息安全与通信保密》2017 年第 2 期。

[46]侯富强:《我国个人信息保护立法模式研究》,载《深圳大学学报(人文社会科学版)》2015 年第 3 期。

[47]侯富强:《基于个人信息保护的国际贸易壁垒及其法律应对》,载《法学论坛》2015 年第 3 期。

[48]胡丽、齐爱民、何金海:《〈国家网络空间主权战略(学者建议稿)〉》,载《河北法学》2018 年第 6 期。

[49]胡丽、齐爱民:《论"网络疆界"的形成与国家领网主权制度的建立》,载《法学论坛》2016 年第 2 期。

[50]黄宁:《数据本地化的影响与政策动因研究》,载《中国科技论坛》2017 年第 9 期。

[51]黄宁、李杨:《"三难选择"下跨境数据流动规制的演进与成

因》,载《清华大学学报(哲学社会科学版)》2017 年第 5 期。

[52]黄鹏、陈靓:《数字经济全球化下的世界经济运行机制与规则构建:基于要素流动理论的视角》,载《世界经济研究》2021 年第 3 期。

[53]蒋大兴、王首杰:《法律规制共享经济的事实前提》,载《扬州大学学报(人文社会科学版)》2017 年第 3 期。

[54]蒋洁:《云数据跨境流动的法律调整机制》,载《图书与情报》2012 年第 6 期。

[55]孔庆江、于华溢:《数据立法域外适用现象及中国因应策略》,载《法学杂志》2020 年第 8 期。

[56]雷志高:《欧盟数据存留指令评鉴》,载《中国信息安全》2014 年第 10 期。

[57]李大伟:《TPP 非传统议题对我国的影响及对策》,载《国际贸易》2016 年第 2 期。

[58]李伟:《我国金融数据跨境流动规则建设的思考与建议》,载《中国银行业》2020 年第 1 期。

[59]梁上上:《制度利益衡量的逻辑》,载《中国法学》2012 年第 4 期。

[60]梁上上:《利益衡量的界碑》,载《政法论坛》2006 年第 5 期。

[61]刘青峰、姜书竹:《从贸易引力模型看中国双边贸易安排》,载《浙江社会科学》2002 年第 6 期。

[62]刘绍新:《全球化背景下的个人数据跨境流动》,载《中国金融》2019 年第 23 期。

[63]马芳:《美欧跨境信息〈安全港协议〉的存废及影响》,载《中国信息安全》2015 年第 11 期。

[64]马其家、李晓楠:《论我国数据跨境流动监管规则的构建》,载《法治研究》2021年第1期。

[65]马述忠、沈雨婷、耿学用:《宽口径理解数字贸易的优势》,载《中国社会科学报》2020年第4期。

[66]马述忠、房超、梁银锋:《数字贸易及其时代价值与研究展望》,载《国际贸易问题》2018年第10期。

[67]毛维准、刘一燊:《数据民族主义:驱动逻辑与政策影响》,载《国际展望》2020年第3期。

[68]齐爱民、张哲:《识别与再识别:个人信息的概念界定与立法选择》,载《重庆大学学报(社会科学版)》2018年第2期。

[69]齐爱民、祝高峰:《论国家数据主权制度的确立与完善》,载《苏州大学学报(哲学社会科学版)》2016年第1期。

[70]齐爱民、盘佳:《数据权、数据主权的确立与大数据保护的基本原则》,载《苏州大学学报(哲学社会科版)》2015年第1期。

[71]齐爱民、李仪:《论利益平衡视野下的个人信息权制度——在人格利益与信息自由之间》,载《法学评论》2011年第3期。

[72]齐湘泉、文媛怡:《构建"一带一路"个人数据跨境传输法律制度:分歧、共识与合作路径》,载《河南师范大学学报(哲学社会科学版)》2019年第6期。

[73]邵怿:《论域外数据执法管辖权的单方扩张》,载《社会科学》2020年第10期。

[74]盛斌、廖明中:《中国的贸易流量与出口潜力:引力模型的研究》,载《世界经济》2004年第2期。

[75]石静霞:《数字经济背景下的WTO电子商务诸边谈判:最新发展及焦点问题》,载《东方法学》2020年第2期。

[76]石静霞、张舵:《跨境数据流动规制的国家安全问题》,载《广西社会科学》2018 年第 8 期。

[77]石静霞:《国际服务贸易规则的重构与我国服务贸易的发展》,载《中国法律评论》2018 年第 5 期。

[78]石静霞、孙英哲:《国际投资协定新发展及中国借鉴——基于 CETA 投资章节的分析》,载《国际法研究》2018 年第 2 期。

[79]石静霞、杨幸幸:《TPP 金融服务规则评析》,载《社会科学家》2017 年第 11 期。

[80]石静霞、马兰:《〈跨太平洋伙伴关系协定〉(TPP)投资章节核心规则解析》,载《国家行政学院学报》2016 年第 1 期。

[81]石静霞、张舵:《从欧洲法院承认"被遗忘权"的判决看个人信息保护》,载《中国信息安全》2014 年第 11 期。

[82]时业伟:《跨境数据流动中的国际贸易规则:规制、兼容与发展》,载《比较法研究》2020 年第 4 期。

[83]孙平:《系统构筑个人信息保护立法的基本权利模式》,载《法学》2016 年第 4 期。

[84]王东光:《国家安全审查:政治法律化与法律政治化》,载《中外法学》2016 年第 5 期。

[85]王利明:《论个人信息权在人格权法中的地位》,载《苏州大学学报(哲学社会科学版)》2012 年第 6 期。

[86]王楠:《个人信息跨境转移的法律保护——以公司隐私规则为视角》,载《重庆工商大学学报(社会科学版)》2016 年第 1 期。

[87]魏娜、范梓腾、孟庆国:《中国互联网信息服务治理机构网络关系演化与变迁——基于政策文献的量化考察》,载《公共管理学报》2019 年第 2 期。

[88]吴吉义、章剑林、傅建庆等:《基于 Kademlia 的云存储系统数据冗余方案研究》,载《电信科学》2011 年第 2 期。

[89]吴沈括、张力威:《〈个人信息保护法(草案)〉研析》,载《中国电信业》2021 年第 1 期。

[90]吴沈括、黄诗亮:《欧盟的数字主权观:基于欧洲议会数字主权报告的分析》,载《信息安全研究》2020 年第 11 期。

[91]吴沈括:《〈数据安全法(草案)〉预示哪些新动向》,载《网络传播》2020 年第 7 期。

[92]吴沈括、张力威:《英美数据跨境执法新协议的制度设计及其应对》,载《中国信息安全》2019 年第 12 期。

[93]吴沈括、崔婷婷:《国际数据治理与欧洲委员会及其"108 号公约 +"》,载《审计观察》2019 年第 2 期。

[94]吴沈括:《数据治理的全球态势及中国应对策略》,载《电子政务》2019 年第 1 期。

[95]吴沈括、李雨鑫:《GDPR 时代的数据共享治理路径》,载《信息安全研究》2018 年第 7 期。

[96]吴沈括、霍文新:《欧盟 GDPR 与数据跨境问题分析》,载《中国信息安全》2018 年第 7 期。

[97]吴沈括:《个人信息保护的规范趋势:走向客观综合主义保护》,载《中国信息安全》2018 年第 3 期。

[98]肖冬梅、文禹衡:《在全球数据洪流中捍卫国家数据主权安全》,载《红旗文稿》2017 年第 9 期。

[99]许多奇:《论跨境数据流动规制企业双向合规的法治保障》,载《东方法学》2020 年第 2 期。

[100]许多奇:《个人数据跨境流动规制的国际格局及中国应

对》,载《法学论坛》2018 年第 3 期。

[101]许可:《自由与安全:数据跨境流动的中国方案》,载《环球法律评论》2021 年第 1 期。

[102]许可:《个人金融信息保护与数据协同:金融控股公司的选择》,载《银行家》2019 年第 7 期。

[103]许可:《数据安全法:定位、立场与制度构造》,载《经贸法律评论》2019 年第 3 期。

[104]许可:《数据权属:经济学与法学的双重视角》,载《电子知识产权》2018 年第 11 期。

[105]许可:《数字经济视野中的欧盟〈一般数据保护条例〉》,载《财经法学》2018 年第 6 期。

[106]许英、陈霞:《征信数据跨境流动与信息安全》,载《中国金融》2012 年第 17 期。

[107]杨国华:《中美贸易战背景下的 WTO 诉讼》,载《中国法律评论》2018 年第 5 期。

[108]杨立新、韩煦:《被遗忘权的中国本土化及法律适用》,载《法律适用》2015 年第 2 期。

[109]姚维保、韦景竹:《个人数据流动法律规制策略研究》,载《图书情报知识》2008 年第 2 期。

[110]叶开儒:《数据跨境流动规制中的"长臂管辖"——对欧盟 GDPR 的原旨主义考察》,载《法学评论》2020 年第 1 期。

[111]尹建国:《美国网络信息安全治理机制及其对我国之启示》,载《法商研究》2013 年第 2 期。

[112]俞可平:《全球治理引论》,载《马克思主义与现实》2002 年第 1 期。

[113]岳剑波:《越境数据流:问题·影响·对策》,载《中国图书馆学报》1995 年第 5 期。

[114]张舵:《略论个人数据跨境流动的法律标准》,载《中国政法大学学报》2018 年第 3 期。

[115]张红凤、杨慧:《规制经济学沿革的内在逻辑及发展方向》,载《中国社会科学》2011 年第 6 期。

[116]张茉楠:《加快提升国家整体数据安全治理能力》,载《社会治理》2020 年第 2 期。

[117]张生:《国际投资法制框架下的跨境数据流动:保护、例外和挑战》,载《当代法学》2019 年第 5 期。

[118]张生:《美国跨境数据流动的国际法规制路径与中国的因应》,载《经贸法律评论》2019 年第 4 期。

[119]张晓磊:《日本跨境数据流动治理问题研究》,载《日本学刊》2020 年第 4 期。

[120]张新宝、许可:《网络空间主权的治理模式及其制度构建》,载《中国社会科学》2016 年第 8 期。

[121]张新宝:《论网络信息安全合作的国际规则制定》,载《中州学刊》2013 年第 10 期。

[122]张衡:《跨境数据流动的国际形势和中国路径》,载《信息安全与通信保密》2018 年第 12 期。

[123]中国人民银行成都分行征信管理处课题组、祁红、丁惠强:《征信数据跨境流动监管研究》,载《西南金融》2011 年第 4 期。

[124]周汉华:《〈个人信息保护法(草案)〉:立足国情与借鉴国际经验的有益探索》,载《探索与争鸣》2020 年第 11 期。

[125]周汉华、刘灿华:《社会治理智能化的法治路径》,载《法学

杂志》2020 年第 9 期。

[126]周汉华:《个人信息保护的法律定位》,载《法商研究》2020 年第 3 期。

[127]周汉华:《网络法治的强度、灰度与维度》,载《法制与社会发展》2019 年第 6 期。

[128]周汉华:《国家安全法律义务的性质辨析:基于中澳两国法律的比较》,载《中外法学》2019 年第 4 期。

[129]周汉华:《探索激励相容的个人数据治理之道——中国个人信息保护法的立法方向》,载《法学研究》2018 年第 2 期。

[130]周汉华:《习近平互联网法治思想研究》,载《中国法学》2017 年第3 期。

[131]周汉华:《论互联网法》,载《互联网金融法律评论》2015 年第 2 期。

[132]周念利、李金东:《俄罗斯出台的与贸易相关的数据流动限制性措施研究——兼谈对中国的启示》,载《国际商务研究》2020 年第 3 期。

[133]邹军:《基于欧盟〈通用数据保护条例〉的个人数据跨境流动规制机制研究》,载《新闻大学》2019 年第 12 期。

(二)英文期刊

[1]A. Chaudhuri, *Internet of Things Data Protection and Privacy in the Era of the General Data Protection Regulation*, Journal of Data Protection & Privacy, Vol. 1:1(2016).

[2]A. Mitchell, *GDPR: Evolutionary or Revolutionary?*, Journal of Direct, Data and Digital Marketing Practice, Vol. 17(2016).

[3]A. Savelyev, *Russia's New Personal Data Localization Regula-*

tions: A Step Forward or a Self-imposed Sanction?, Computer Law & Security Review, Vol. 32:1(2016).

[4] A. Chander, *Data Nationalism*, Emory Law Journal, Vol. 64:3 (2015).

[5] Alexander K. Saeri, C. Ogilvie, Stephen T. La Macchia, Joanne R. Smith & Winnifred R. Louis, *Predicting Facebook Users' Online Privacy Protection: Risk, Trust, Norm Focus Theory, and the Theory of Planned Behavior*, The Journal of Social Psychology, Vol. 154:4(2014).

[6] B. Sedgewick, *Transborder Data Privacy as Trade*, California Law Review, Vol. 105:5(2017).

[7] C. Koop & M. Lodge, *What Is Regulation?. An Interdisciplinary Concept Analysis*, Regulation & Governance, Vol. 11:1(2017).

[8] D. Castro & A. McQuinn, *Cross Border Data Flows Enable Growth in All Industries, Information Technology and Innovation Foundation*, itif (Feb. 2015), https://www2.itif.org/2015-cross-border-data-flows.pdf.

[9] C. Myers, *Digital Immortality vs "The Right to be Forgotten": A Comparison of US and EU Laws Concerning Social Media Privacy*, Romanian Journal of Communication & Public Relations, Vol. 16:3 (2014).

[10] C. Sullivan, *Protecting Digital Identity in the Cloud: Regulating Cross Border Data Disclosure*, Computer Law & Security Review, Vol. 30:2(2014).

[11] C. Kuner, *Regulation of Transborder Data Flows under Data*

Protection and Privacy Law: Past, Present, and Future, Digital Economy Papers, No. 187, OECD(08 December 2011), https://www.oecd-ilibrary.org/science-and-technology/regulation-of-transborder-data-flows-under-data-protection-and-privacy-law_5kg0s2fk315f-en.

[12] D. Horodyski, 2013 *OECD Guidelines on the Protection of Privacy and Transborder Flows of Personal Data as an Example of Recent Trends in Personal Data Protection*. in Sitek M., Terem P, and Wójcicka. M eds., Collective Human Rights, Alcide De Gasperi University of Euroregional Economy in Józefów, 2015.

[13] D. Greer, *Safe Harbor-a Framework That Works*, International Data Privacy Law, Vol. 1:3 (2011).

[14] D. Hirsch, *Law and Policy of Online Privacy: Regulation, Self-Regulatio or Co-Regulation*, The Seattle UL Rev., Vol. 34:2 (2010).

[15] D. Yarn, *The Development of Canadian Law on Trans-Border Data Flow*, Journal of Antimicrobial Chemotherapy, Vol. 13:3(1983).

[16] D. Shanahan, *The Trademark Right: Consumer Protection or Monopoly*, Trademark Rep., Vol. 22:2(1982).

[17] E. Gomez-Herrera, B. Martens, G. Turlea, *The Drivers and Impediments for Cross-border E-commerce in the EU*, Information Economics and Policy, Vol. 28:1(2014).

[18] E. Hargittai, J. Schultz, J. Palfrey, *Why Parents Help Their Children lie to Facebook about Age: Unintended Consequences of the "Children's Online Privacy Protection Act"*, First Monday, Vol. 16:11 (2011).

[19] E. Kruck & D. Gottovi, *Protecting Personal Privacy on the Internet, Information Management & Computer Security*, *Vol.* 10:2 (2002).

[20] Fred H. Cate, *EU Data Protection Directive, Information Privacy, and the Public Interest*, Iowa L. Rev. Vol. 80:431(1995).

[21] H. Collier, *Data Flow Across National Borders: Why Governments Like to Have Barriers*, Data Processing, Vol. 27:7(1985).

[22] G. Buttarelli, *The EU GDPR as a Clarion Call for a New Global Digital Gold Standard*, International Data Privacy Law, Vol. 6:2 (2016).

[23] G. Greenleaf, *The Influence of European Data Privacy Standards Outside Europe: Implications for Globalization of Convention*, International Data Privacy Law, Vol. 2:2(2012).

[24] G. Hornung, *A General Data Protection Regulation for Europe: Light and Shade in the Commission's Draft of 25 January* 2012, SCRIPTed, Vol. 9:1(2012).

[25] G. Gunasekara, *The "Final" Privacy Frontier? Regulating Trans-border Data Flows*, International Journal of Law & Information Technology, Vol. 17:2(2009).

[26] G. Russell, *International Information Policy: Evolution of Transborder Data Flow Issues*, Telematics and Informatics, Vol. 1:4 (1984).

[27] H. Hijmans, *The Transatlantic Trade and Investment Partnership and the Developments in the Area of Privacy and Data Protection*, Legal Issues of Economic Integration, Vol. 43:4(2016).

[28] H. , Weber *Digital Trade in WTO Law Taking Stock and Looking Ahead*, Asian Journal of WTO and International Health Law and Policy, Vol. 5:1(2010).

[29] H. Bergstrand, *The Generalized Gravity Equation, Monopolistic Competition, and the Factor-Proportions Theory in International Trades*, The Review of Economics and Statistics, Vol. 71:1(1989).

[30] I. Tourkochoriti, *The Transatlantic Flow of Data and the National Security Exception in the European Data Privacy Regulation: In Search for Legal Protection Against Surveillance*, University of Pennsylvania Journal of International Law, Vol. 36:459(2014).

[31] I. Walden & N. Savage, "Transborder Data Flows", In: C. Edwards, N. Savage, I. Walden (eds.) *Information Technology & The Law*, Palgrave Macmillan, London, 1990.

[32] Jinhe Liu, *China's Data Localization*, Chinese Journal of Communication, Vol. 13:1(2020).

[33] J. Lindqvist, *New Challenges to Personal Data Processing Agreements: Is the GDPR Fit to Deal with Contract, Accountability and Liability in a World of the Internet of Things?*, International Journal of Law & Information Technology, Vol. 26:1(2017).

[34] J. Holt & S. Malčić, *The Privacy Ecosystem: Regulating Digital Identity in the United States and European Union*, Journal of Information Policy, Vol. 5(2015).

[35] J. Meltzer, *The Internet, Cross-border Data Flows and International Trade*, Asia and the Pacific Policy Studies, Vol. 2:1(2015).

[36]J. Rosen, *The Right to be Forgotten*, Stanford Law Review Online, Vol. 17:64(2012).

[37]J. Koops, *Should ICT Regulation be Technology-Neutral?*, Deconstructing Prevalent Policy One-Liners, IT & Law Series, Vol. 9 (2006).

[38]James X. Dempsey & Lara M. Flint, *Commercial Data and national security*, Geo. Wash. L. Rev., Vol. 72:1459(2003).

[39]J. Black, *Critical Reflections on Regulation*, Australasian Journal of Legal Philosophy, Vol. 27:2002(2002).

[40]John A. Sawyer, *An Econometric Study of International Trade Flows*, The Economic Journal, Vol. 33:4(1967).

[41]Kai Lung Hui, Patrick Chau, *Classifying Digital Products*, Communications of the Acm, Vol. 45:6(2020).

[42]Kelly D. Martin & Patrick E. Murphy, *The Role of Data Privacy in Marketing*, Journal of the Academy of Marketing Science, Vol. 45:2(2016).

[43]L. Szoke, *Progressive Changes in Hungarian Data Protection Law: Introducing Binding Corporate Rules and Recording of Data Breaches*, European Data Protection Law Review, Vol. 2:2(2016).

[44]L. Glanville, *The Myth of "Traditional" Sovereignty*, International Studies Quarterly, Vol. 57:1(2013).

[45]L. Kong, *Data Protection and Transborder Data Flow in the European and Global Context*, European Journal of International Law, Vol. 21:2(2010).

[46]L. Dogan & A. Lemley, *What the Right of Publicity Can*

Learn from Trademark Law, Stanford Law Review, Vol. 58:4(2005).

[47]M. Tzanou, *European Union Regulation of Transatlantic Data Transfers and Online Surveillance*, Human Rights Law Review, Vol. 17:3(2017).

[48]M. Burri, *The Regulation of Data Flows Through Trade Agreements*, Georgetown Journal of International Law, Vol. 48:1 (2016).

[49]Michael L. Rustad & S. Kulevska, *Reconceptualizing the Right to be Forgotten to Enable Transatlantic Data Flow*, Harvard Journal of Law & Technology, Vol. 28(2015).

[50] M. Kuschewsky, *The New Privacy Guidelines of the Oecd: What Changes for Businesses?*, Journal of European Competition Law & Practice, Vol. 5:3(2014).

[51]M. Mueller, A. Schmidt & B. Kuerbis, *Internet Security and Networked Governance in International Relations*, International Studies Review, Vol. 15:1(2013).

[52]M. Kaufman, *Data Security in the World of Cloud Computing*, IEEE Security & Privacy, Vol. 7:4(2009).

[53]N. Mishra, *The Role of the Trans-Pacific Partnership Agreement in the Internet Ecosystem: Uneasy Liaison or Synergistic Alliance?*, Journal of International Economic Law, Vol. 20:1(2017).

[54]Nora N. Loideain, *The End of Safe Harbor: Implications for EU Digital Privacy and Data Protection Law*, Journal of Internet Law, Vol. 19:8(2016).

[55]N. Nguyen, *The Digital Trademark Right: A Troubling New*

Extraterritorial Reach of United States Law, NCL Rev., Vol. 81 (2003).

[56] P. Yves, *Is the General Data Protection Regulation the Solution?*, Computer Law & Security Review, Vol. 34:4(2018).

[57] P. De Hert & V. Papakonstantinou, *The Proposed Data Protection Regulation Replacing Directive 95/46/EC: A Sound System for the Protection of Individuals*, Computer Law & Security Review, Vol. 28:2(2012).

[58] P. Schwartz, *European Data Protection Law and Restrictions on International Data Flows*, Iowa Law Review, Vol. 80:3(1994).

[59] Pentti A. Pöyhönen, *Tentative Model of the Volume of Trade between Countries*, Weltwirtschaftliches Archiv, Vol. 2:11(1963).

[60] R. Rodrigues, D. Barnard-Wills, P. De Hert & V. Papakonstantinou, *The Future of Privacy Certification in Europe: An Exploration of Options under Article 42 of the GDPR*, International Review of Law, Computers & Technology, Vol. 30:3(2016).

[61] R. Reidenberg, *Resolving Conflicting International Data Privacy Rules in Cyberspace*, Stanford Law Review, Vol. 52:5(2000).

[62] Susan A. Aaronson, *Data Is Different: Why the World Needs a New Approach to Governing Cross-border Data Flows*, CIGI Paper No. 197, CIGI (14 November 2018), https://www.cigionline.org/publications/data-different-why-world-needs-new-approach-governing-cross-border-data-flows/.

[63] Stewart A. Baker, P. Lichtenbaum, Maury D. Shenk & Matthew S. Yeo, *E-Products and the WTO*, The International Lawyers,

Vol. 35:1(2018).

[64]Susan A. Aaronson, *Why Trade Agreements Are Not Setting Information Free: The Lost History and Reinvigorated Debate over Cross-border Data Flows, Human Rights and National Security*, World Trade Review, Vol. 14:4(2015).

[65]S. Hargreaves, *Inadequate: The APEC Privacy Framework & Article 25 of the European Data Protection Directive*, Canadian Journal of Law and Technology, Vol. 8:1(2014).

[66]Steven C. Bennett, *Right to be Forgotten: Reconciling EU and US Perspectives*, The Berkeley Journal of International Law, Vol. 30:1(2012).

[67]S. Hellmer, *Switching Costs, Switching Benefits and Lock-in Effects-the Deregulated Swedish Heat Market*, Energy & Environment, Vol. 21:6(2010).

[68] Stylianou P., *Online Dispute Resolution: The Case for a Treaty between the United States and the European Union in Resolving Cross-border E-commerce Dispute*s, Syracuse J. Int'l L. & Com., Vol. 36:117(2008).

[69]S. Dueker, *Trademark Law Lost in Cyberspace: Trademark Protection for Internet Addresses*, Harvard Journal of Law & Technology, Vol. 9:2(1996).

[70]S. Delbert, *The Legal Ordering of Satellite Telecommunication: Problems and Alternatives*, Indiana Law Journal, Vol. 44:3(1969).

[71]V. Reding, *The European Data Protection Framework for the*

Twenty-first Century, International Data Privacy Law, Vol. 2:3(2012).

[72] T. Wischmeyer, " 'Faraway, So Close!' A Constitutional Perspective on Transatlantic Data Flow Regulation", in AB. Kaiser, N. Petersen, J. Saurer (eds.). *The U. S. Supreme Court and Contemporary Constitutional Law: The Obama Era and Its Legacy*, Baden-Baden Nomos Verlagsgesells-chaft mbH & Co. KG, 2018, p. 19[illegible].

[73] Rita M. Walczuch, Sanjay K. Singh & Todd S. Palmer, *An Analysis of the Cultural Motivations for Transborder Data Flow Legislation*. Information Technology & People, Vol. 8:2(1995).

三、报告类

(一)中文报告

[1]中国信息通信院:《2020数字中国产业发展报告(信息通信产业篇)》。

[2]中国信息通信院:《大数据白皮书(2020年)》。

[3]中国信息通信院:《全球数字治理白皮书(2020)》。

[4]中国信息通信院:《数字贸易发展白皮书(2020年)》。

[5]国家工业信息安全发展研究中心:《2020年我国数字贸易发展报告》。

[6]中国信息通信院:《数字贸易发展与影响白皮书(2019)》。

[7]中国信息通信院:《中国数字经济发展白皮书(2020年)》。

[8]中国信息通信院:《大数据白皮书(2019)》。

[9]浙江大学区域开放与发展研究中心、浙江大学中国跨境电子商务研究院:《世界与中国数字贸易发展蓝皮书(2018)》。

[10]上海社会科学院互联网研究中心:《全球数据跨境流动政

策与中国战略研究报告(2019)》。

(二)英文报告

[1]Cory N., *Cross-Border Data Flows: Where Are the Barriers, and What Do They Cost?*, Information Technology & Innovation Foundation Report, 2017.

[2]European Centre for International Political Economy, *The Costs of Data Localization: Friendly Fire on Economic Recovery*, 2014.

[3]European Centre for International Political Economy, *The Costs of Data Localization: Friendly Fire On Economic Recovery*, 2014.

[4]IDC, *The Digitization of the World From Edge to Core*, IDC white paper-# US 44413318.

[5] Hufbauer G., Lu ZY., *Can Digital Flows Compensate for Lethargic Trade and Investment?*, Peterson Institute of International Economics, 2018.

[6]Mckinsey Global Institute, *Digital Globalization: The New Era of Global Flows*, 2016.

[7]OECD, *Trade Policy Implications of Global Value Chains*, 2013.

[8]OECD, *Economic and Social Impact of E-commerce*(2000), 2000.

[9]European Union, *Shared Vision, Common Action: A Stronger Europe, A Global Strategy for the European Union's Foreign and Security Policy*, 2016.

[10]The Office of the U. S. Trade Representative, *Key Barriers to Digital Trade*, 2017.

[11] The World Economic Forum, *Data Free Flow with Trust (DFFT) Paths towards Free and Trusted Data Flows*, 2020.

[12] The World Economic Forum, *A Roadmap for Cross Border Data Flows: Future-Proofing Readiness and Cooperation in the New Data Economy*, 2020.

[13] United Nations Conference on Trade and Development, *World Investment Report: Investment and the Digital Economic*, 2017.

[14] United States Bureau of the Census, *Measuring the Digital Economy*, 2001.

[15] United States International Trade Commission, *Digital Trade in the U. S. and Global Economies (Part 1)*, 2013.

[16] United States International Trade Commission, *Digital Trade in the U. S. and Global Economies (Part 2)*, 2014.

[17] World Bank Report, *International Data Flows and Privacy*, World Economic Forum, *The Global Information Technology Report*, 2016.

[18] World Trade Organization, *The Future of World Trade: How Digital Technologies Are Transforming Global Commerce*, 2018.

附件1:全球跨境数据流动法律规制模式汇总

制定时间（首次）	制定国家	地理位置	立法模式	法律名称	规制规则	是否有数字本地化措施	监管模式
1973 年	瑞典	欧洲	专章/专篇立法	Data Act	充分性保护 充分性保障 用户同意等减损	数据本地存储	综合监管
1974 年	美国	北美洲	分散立法	Privacy Act 1974	充分性保障	数据本地存储	行业监管
1977 年	德国	欧洲	专章/专篇立法	Federal Data Protection Act	充分性保护 充分性保障 用户同意等减损	数据本地存储	综合监管

续表

制定时间（首次）	制定国家	地理位置	立法模式	法律名称	规制规则	是否有数字本地化措施	监管模式
1978 年	法国	欧洲	专章/专篇立法	Law Elatig to the Protection and Individuals Against the Proccssing of Personal Data	充分性保护 充分性保障 用户同意等减损	数据本地存储	综合监管
1978 年	奥地利	欧洲	专章/专篇立法	Dateschutzgesetz	充分性保护 充分性保障 用户同意等减损		综合监管
1978 年	丹麦	欧洲	专章/专篇立法	Act on Processing of Personal Data	充分性保护 充分性保障 用户同意等减损	数据本地存储	综合监管
1978 年	挪威	欧洲	专章/专篇立法	Personal Data Act	充分性保护 充分性保障 用户同意等减损	数据本地存储	综合监管
1979 年	卢森堡	欧洲	专章/专篇立法	Data Protection Law	充分性保护 充分性保障 用户同意等减损	数据本地存储	综合监管

续表

制定时间（首次）	制定国家	地理位置	立法模式	法律名称	规制规则	是否有数字本地化措施	监管模式
1981 年	以色列	亚洲	专章/专篇立法	The Privacy Law	充分性保护 充分性保障 用户同意等减损		综合监管
1981	加拿大	北美洲	分散立法	—	充分性保障		综合监管
1983 年	圣马力诺	欧洲	专章/专篇立法	The Act on Collection, Elaboration and Use of Computerized Personal Data Law	充分性保护 充分性保障 用户同意等减损		综合监管
1984 年	英国	欧洲	专章/专篇立法	Data Protection Act	充分性保护 充分性保障 用户同意等减损	数据本地存储	综合监管
1987 年	芬兰	欧洲	专章/专篇立法	Data Protection Act	充分性保护 充分性保障 用户同意等减损	数据本地存储	综合监管

续表

制定时间（首次）	制定国家	地理位置	立法模式	法律名称	规制规则	是否有数字本地化措施	监管模式
1988年	澳大利亚	大洋洲	专章/专篇立法	Privacy Act	充分性保护 充分性保障 用户同意等减损	数据本地存储	综合监管
1988年	爱尔兰	欧洲	专章/专篇立法	Data Protection Act	充分性保护 充分性保障 用户同意等减损		综合监管
1988年	荷兰	欧洲	专章/专篇立法	Personal Data Protection Act	充分性保护 充分性保障 用户同意等减损	数据本地存储	综合监管
1989年	冰岛	欧洲	专章/专篇立法	The Act on Registration and Processing of Personal Data	充分性保护 充分性保障 用户同意等减损		综合监管
1990年	斯诺文尼亚	欧洲	专章/专篇立法	Personal Data Protection Act	充分性保护 充分性保障 用户同意等减损		综合监管

续表

制定时间（首次）	制定国家	地理位置	立法模式	法律名称	规制规则	是否有数字本地化措施	监管模式
1991年	葡萄牙	欧洲	专章/专篇立法	Personal Data Protection Law	充分性保护 充分性保障 用户同意等减损		综合监管
1992年	比利时	欧洲	专章/专篇立法	Laws on the Protection of Individuals Regarding the Processing of their Personal data	充分性保护 充分性保障 用户同意减损	数据本地存储	综合监管
1992年	捷克	欧洲	专章/专篇立法	Czech Act on Personal Data Processing	充分性保护 充分性保障 用户同意等减损		综合监管
1992年	匈牙利	欧洲	专章/专篇立法	Act on Informational Self-determination and Freedom of Information	充分性保护 充分性保障 用户同意等减损		综合监管

续表

制定时间（首次）	制定国家	地理位置	立法模式	法律名称	规制规则	是否有数字本地化措施	监管模式
1992 年	斯洛伐克	欧洲	专章/专篇立法	Personal Data Protection Act	充分性保护 充分性保障 用户同意等减损		综合监管
1992 年	西班牙	欧洲	专章/专篇立法	Spanish Fundamental Law on Data Protection and Digital Rights	充分性保护 充分性保障 用户同意等减损		综合监管
1992 年	瑞士	欧洲	专章/专篇立法	Federal Acton Data Protection	充分性保护 充分性保障 用户同意等减损		综合监管
1993 年	摩纳哥	欧洲	专章/专篇立法	Data Protection Law	充分性保护 充分性保障 用户同意等减损		综合监管
1993 年	新西兰	大洋洲	专章/专篇立法	Privacy Act	充分性保护	数据本地存储	综合监管

续表

制定时间（首次）	制定国家	地理位置	立法模式	法律名称	规制规则	是否有数字本地化措施	监管模式
1994 年	韩国	亚洲	专章/专篇立法	Personal Information Act	用户同意等减损	数据本地存储关键设施本地化	综合监管
1995 年	日本	亚洲	专章/专篇立法	Personal Information Act	充分性保护 用户同意等减损		综合监管
1996 年	意大利	欧洲	专章/专篇立法	Data Protection Code	充分性保护 充分性保障 用户同意等减损		综合监管
1996 年	立陶宛	欧洲	专章/专篇立法	Data Protection Law	充分性保护 充分性保障 用户同意等减损		综合监管

续表

制定时间（首次）	制定国家	地理位置	立法模式	法律名称	规制规则	是否有数字本地化措施	监管模式
1997年	希腊	欧洲	专章/专篇立法	Law on Protection of Individuals Wit Regard to the Processing of Personal Data	充分性保护 充分性保障 用户同意等减损	数据本地存储	综合监管
1997年	波兰	欧洲	专章/专篇立法	Act on the Protection of Personal Data	充分性保护 充分性保障 用户同意等减损	数据本地存储	综合监管
1997年	泰国	亚洲	专章/专篇立法	Personal Data Protection Act	充分性保护 用户同意等减损		综合监管
1998年	阿塞拜疆	亚洲	专章/专篇立法	Personal Data Protection Law	充分性保护 用户同意等减损		行业监管
1999年	阿尔巴尼亚	欧洲	专章/专篇立法	Act on the Personal Data Protection	充分性保护 用户同意等减损		综合监管

续表

制定时间（首次）	制定国家	地理位置	立法模式	法律名称	规制规则	是否有数字本地化措施	监管模式
1999 年	智利	南美洲	专章/专篇立法	Privacy Law	用户同意等减损		无
2000 年	阿根廷	南美洲	专章/专篇立法	Personal Data Protection Act	充分性保护 用户同意等减损	数据本地存储	综合监管
2000 年	拉脱维亚	欧洲	专章/专篇立法	Law onthe Protection of Personal Data of Natural Persons	充分性保护 充分性保障 用户同意等减损		综合监管
2001 年	佛得角	非洲	专章/专篇立法	Data Protection Law	充分性保护 用户同意等减损		综合监管
2001 年	乍得	非洲	专章/专篇立法	Personal Data Protection Law	充分性保护		综合监管

续表

制定时间（首次）	制定国家	地理位置	立法模式	法律名称	规制规则	是否有数字本地化措施	监管模式
2001年	塞浦路斯	欧洲	专章/专篇立法	Personal Data Protecton Act	充分性保护 充分性保障 用户同意等减损		综合监管
2001年	马耳他	欧洲	专章/专篇立法	Data Protection Act	充分性保护 充分性保障 用户同意等减损		综合监管
2001年	罗马尼亚	欧洲	专章/专篇立法	Law on the measures for theapplicaion of Regulation	充分性保护 充分性保障 用户同意等减损	数据本地存储	综合监管
2001年	波黑	欧洲	专章/专篇立法	Law on Protcction of Personal Data	充分性保护 充分性保障 用户同意等减损		综合监管
2002年	亚美尼亚	亚洲	专章/专篇立法	Law on Personal Data	充分性保护 用户同意等减损		综合监管

续表

制定时间（首次）	制定国家	地理位置	立法模式	法律名称	规制规则	是否有数字本地化措施	监管模式
2002 年	保加利亚	欧洲	专章/专篇立法	Personal Data Protection Act	充分性保护 充分性保障 用户同意等减损	数据本地存储关键设施本地化	综合监管
2002 年	列支敦士登	欧洲	专章/专篇立法	Law on Protection of Personal Data	充分性保护 充分性保障 用户同意等减损		综合监管
2002 年	巴拉圭	南美洲	专章/专篇立法	Private Information Law	单方数据自由流动		无监管机构
2002 年	津巴布韦	非洲	专章/专篇立法	Access to information and protection of privacy act	单方数据自由流动		无监管机构
2003 年	安道尔	欧洲	专章/专篇立法	Law on Protection of Personal Data	充分性保护		综合监管

续表

制定时间（首次）	制定国家	地理位置	立法模式	法律名称	规制规则	是否有数字本地化措施	监管模式
2003 年	巴哈马	北美洲	专章/专篇立法	Data Protection Act	充分性保护 充分性保障		综合监管
2003 年	克罗地亚	欧洲	专章/专篇立法	The Act on the Implementation of the General Data Protection Regulation	充分性保护 充分性保障 用户同意等减损		综合监管
2003 年	爱沙尼亚	欧洲	专章/专篇立法	Personal Data Protection Act	充分性保护 充分性保障 用户同意等减损		综合监管
2003 年	塞舌尔	非洲	专章/专篇立法	Data Protection Act	用户同意等减损		无监管机构
2004 年	布基纳法索	非洲	专章/专篇立法	Personal Data Protection Act	充分性保护		综合监管

续表

制定时间（首次）	制定国家	地理位置	立法模式	法律名称	规制规则	是否有数字本地化措施	监管模式
2004 年	毛里求斯	非洲	专章/专篇立法	Data Protection Act	充分性保护 用户同意等减损		综合监管
2004 年	突尼斯	非洲	专章/专篇立法	Personal Data Protection Act	充分性保护 用户同意等减损		综合监管
2005 年	马其顿	欧洲	专章/专篇立法	Law on Protection of Personal Data	充分性保护 用户同意等减损		综合监管
2006 年	俄罗斯	欧洲	专章/专篇立法	Federal Law Regarding Personal Data	充分性保护 用户同意等减损	数据本地存储 数据副本本地留存 关键设施本地化	综合监管

续表

制定时间（首次）	制定国家	地理位置	立法模式	法律名称	规制规则	是否有数字本地化措施	监管模式
2007 年	摩尔多瓦	欧洲	专章/专篇立法	Law on Protection of Personal Data	充分性保护 用户同意等减损		综合监管
2007 年	阿拉伯联合酋长国	亚洲	分散立法	—	用户同意等减损		行业分散监管
2008 年	哥伦比亚	南美洲	专章/专篇立法	Data Protection Law	充分性保护 用户同意等减损		行业分散监管
2008 年	吉尔吉斯斯坦	亚洲	专章/专篇立法	Law on Personal Data	充分性保护 用户同意等减损		无监管机构
2008 年	黑山	欧洲	专章/专篇立法	Law on Personal Data Protection	充分性保护 用户同意等减损		综合监管

续表

制定时间（首次）	制定国家	地理位置	立法模式	法律名称	规制规则	是否有数字本地化措施	监管模式
2008 年	塞内加尔	非洲	专章/专篇立法	Personal Data Protection Law	充分性保护		综合监管
2008 年	塞尔维亚	欧洲	专章/专篇立法	Data Protection Law	充分性保护 充分性保障 用户同意等减损		综合监管
2008 年	乌拉圭	南美洲	专章/专篇立法	Law on Protection of Personal Data	充分性保护 充分性保障 用户同意等减损		综合监管
2009 年	贝宁	非洲	专章/专篇立法	Digital Code	充分性保护 充分性保障		综合监管
2009 年	摩洛哥	非洲	专章/专篇立法	Personal Data Protection Act	充分性保护 用户同意等减损		综合监管

续表

制定时间（首次）	制定国家	地理位置	立法模式	法律名称	规制规则	是否有数字本地化措施	监管模式
2009 年	埃塞俄比亚	非洲	分散立法	—	单方数据自由流动		无监管机构
2010 年	马来西亚	亚洲	专章/专篇立法	Personal Data Protection Act	充分性保护 用户同意等减损	数据本地存储	综合监管
2010 年	墨西哥	北美洲	专章/专篇立法	The Federal Law on the Protection of Personal Data held by Private Parties	用户同意等减损		综合监管
2010 年	越南	亚洲	分散立法	—	用户同意等减损	数据本地存储 关键设施本地化	行业监管

续表

制定时间（首次）	制定国家	地理位置	立法模式	法律名称	规制规则	是否有数字本地化措施	监管模式
2011年	安哥拉	非洲	分散立法	Personal Data Protection Act	充分性保护 充分性保障		综合监管
2011年	哥斯达黎加	北美洲	分散立法	Personal Data Protection Act	用户同意等减损		综合监管
2011年	加蓬	非洲	专章/专篇立法	Law on Persona Data	充分性保护 用户同意等减损		综合监管
2011年	印度	亚洲	分散立法	—	充分性保护 充分性保障 用户同意等减损	数据本地存储 关键设施本地化	无监管机构
2011年	莱索托	非洲	专章/专篇立法	Data Protection Act	充分性保护		综合监管

续表

制定时间（首次）	制定国家	地理位置	立法模式	法律名称	规制规则	是否有数字本地化措施	监管模式
2011 年	秘鲁	南美洲	专章/专篇立法	Law on Protection of Personal Data	充分性保护 充分性保障 用户同意等减损		行业监管
2011 年	特立尼达和多巴哥	北美洲	专章/专篇立法	Data Protection Act	充分性保护 用户同意等减损		行业监管
2011 年	乌克兰	欧洲	专章/专篇立法	Law on Protection of Personal Data	充分性保护 用户同意等减损		无监管机构
2012 年	格鲁吉亚	亚洲	专章/专篇立法	Law on Protection of Personal Data	充分性保护 用户同意等减损		综合监管
2012 年	加纳	非洲	专章/专篇立法	Data Protection Act	单方数据自由流动		综合监管

续表

制定时间（首次）	制定国家	地理位置	立法模式	法律名称	规制规则	是否有数字本地化措施	监管模式
2012 年	菲律宾	亚洲	专章/专篇立法	Data Privacy Act	单方数据自由流动		综合监管
2012 年	新加坡	亚洲	专章/专篇立法	Personal Dataprotection Act	充分性保障 用户同意等减损		综合监管
2012 年	也门	亚洲	分散立法	—	充分性保护		无监管机构
2012 年	圣卢西亚	北美洲	专章/专篇立法	Data Protection Act	单方数据自由流动		综合监管
2013 年	安提瓜和巴布达	北美洲	专章/专篇立法	Data Protection Act	单方数据自由流动		综合监管

续表

制定时间（首次）	制定国家	地理位置	立法模式	法律名称	规制规则	是否有数字本地化措施	监管模式
2013 年	科特迪瓦	非洲	专章/专篇立法	Personal Data Protection Act	充分性保护		综合监管
2013 年	多米尼加	北美洲	专章/专篇立法	Law on Protection of Personal Data	用户同意等减损		无监管机构
2013 年	哈萨克斯坦	亚洲	专章/专篇立法	Law on Personal Data	充分性保护 用户同意等减损	数据本地存储	行业监管
2013 年	马里	非洲	专章/专篇立法	Law on Protection of Personal Data	充分性保护 充分性保障		综合监管
2013 年	南非	非洲	专章/专篇立法	Protection of personal information Act	充分性保障 用户同意等减损		综合监管
2014 年	洪都拉斯	北美洲	分散立法	—	用户同意等减损		行业分散监管

续表

制定时间（首次）	制定国家	地理位置	立法模式	法律名称	规制规则	是否有数字本地化措施	监管模式
2015年	马达加斯加	非洲	专章/专篇立法	Law on Protection of Personal Data	充分性保护 用户同意等减损		综合监管
2015年	厄瓜多尔	南美洲	分散立法	—	单方数据自由流动		综合监管
2016年	土耳其	亚洲	专章/专篇立法	Law on Protection of Personal Data	充分性保护	数据本地存储	综合监管
2016年	赤道几内亚	非洲	专章/专篇立法	Law on Protection of Personal Data	充分性保护 用户同意等减损		无监管机构
2016年	卡塔尔	亚洲	专章/专篇立法	Personal Information Privacy Protection Law	充分性保护		综合监管

续表

制定时间（首次）	制定国家	地理位置	立法模式	法律名称	规制规则	是否有数字本地化措施	监管模式
2016 年	圣多美和普林西比	非洲	专章/专篇立法	La on the Protection of Personal Data	充分性保护 用户同意等减损		无监管机构
2016 年	印度尼西亚	亚洲	分散立法	—	用户同意等减损	数据本地存储关键设施本地化	行业分散监管
2016 年	马拉维	非洲	分散立法	—	单方数据自由流动		无监管机构
2016 年	白俄罗斯	欧洲	专章/专篇立法	Information, informatisaion and information Protection Law	用户同意等减损		无监管机构
2016 年	危地马拉	北美洲	分散立法	—	用户同意等减损		无监管机构

续表

制定时间（首次）	制定国家	地理位置	立法模式	法律名称	规制规则	是否有数字本地化措施	监管模式
2017 年	尼日尔	非洲	专章/专篇立法	Law on Protection of Personal Data	充分性保护		综合监管
2017 年	毛里塔尼亚	非洲	专章/专篇立法	Data Protection Law	充分性保障		综合监管
2017 年	萨尔瓦多	北美洲	分散立法	—	单方数据自由流动		无监管机构
2017 年	牙买加	北美洲	专章/专篇立法	Data Protection Bill	充分性保障 用户同意等减损		无监管机构
2017 年	沙特阿拉伯	亚洲	分散立法	Shari'a Principles Generally Protect the Privacy and Personal Data of Individuals	单方数据自由流动		无监管机构

续表

制定时间（首次）	制定国家	地理位置	立法模式	法律名称	规制规则	是否有数字本地化措施	监管模式
2017 年	土库曼斯坦	亚洲	专章/专篇立法	Law no. 519-V on Information about Private Life and its Protection	用户同意减损	数据副本本地留存	无监管机构
2018 年	阿尔及利亚	非洲	专章/专篇立法	Data Protection Law	用户同意等减损		综合监管
2018 年	圣基茨和尼维斯	北美洲	专章/专篇立法	Data Protection Bill	用户同意等减损		无监管机构
2018 年	巴西	南美洲	专章/专篇立法	General Data Protection Law	充分性保护 充分性保障	关键设施本地化	综合监管
2018 年	巴基斯坦	亚洲	专章/专篇立法	Personal Data Protection Act	充分性保护 充分性保障 用户同意等减损		综合监管

续表

制定时间（首次）	制定国家	地理位置	立法模式	法律名称	规制规则	是否有数字本地化措施	监管模式
2018 年	巴拿马	北美洲	专章/专篇立法	Data Protection Law	充分性保护 用户同意等减损		行业分散监管
2018 年	黎巴嫩	亚洲	专章/专篇立法	Electronic Transactions and Personal Data	单方数据自由流动		无监管机构
2018 年	不丹	亚洲	专章/专篇立法	Information，Communication and Media Act	充分性保护		行业监管
2018 年	巴巴多斯	北美洲	专章/专篇立法	Data Protection Bill	充分性保护 充分性保障		综合监管
2018 年	埃及	亚洲	专章/专篇立法	Data Protection Law	充分性保护 用户同意等减损		综合监管
2018 年	伊朗	亚洲	分散立法	—	充分性保护 用户同意等减损		无监管机构

续表

制定时间（首次）	制定国家	地理位置	立法模式	法律名称	规制规则	是否有数字本地化措施	监管模式
2018 年	肯尼亚	非洲	专章/专篇立法	Protection of Personal Information Act	充分性保护		综合监管
2018 年	赞比亚	非洲	专章/专篇立法	Electronic Communication and Transactions Act	用户同意等减损		综合监管
2018 年	博茨瓦纳	非洲	专章/专篇立法	Data Protection Act	充分性保护		综合监管
2018 年	塔吉克斯坦	亚洲	专章/专篇立法	Personal Data Protection Law	充分性保护 用户同意等减损		无监管机构
2019 年	乌干达	非洲	专章/专篇立法	Data Protection and Privacy Act 2019	充分性保护 用户同意等减损		综合监管

续表

制定时间（首次）	制定国家	地理位置	立法模式	法律名称	规制规则	是否有数字本地化措施	监管模式
2019年	尼日亚	非洲	专章/专篇立法	Data Protection Regulation	充分性保护 用户同意等减损	数据本地存储 数据本地处理	综合监管
2019年	多哥	非洲	专章/专篇立法	Personal Dataprotection Law	充分性保护 用户同意等减损		综合监管
2019年	乌兹别克斯坦	亚洲	专章/专篇立法	Personal Data Law	充分性保护 用户同意等减损		综合监管

附件2:全球跨境数据流动法律规制强度表

排名	国家	得分	排名	国家	得分	排名	国家	得分
1	肯尼亚	1	24	摩洛哥	0.875	48	卢森堡	0.84375
2	博茨瓦纳	1	25	毛里求斯	0.875	49	英国	0.84375
3	土耳其	1	26	突尼斯	0.87	50	芬兰	0.8437
4	尼日尔	1	27	马其顿	0.875	51	澳大利亚	0.84375
5	卡塔尔	1	28	俄罗斯	0.875	5	荷兰	0.84375
6	科特迪瓦	1	29	摩尔多瓦	0.875	53	比利时	0.84375
7	莱索托	1	30	亚美尼亚	0.875	54	巴巴多斯	0.8125
8	塞内加尔	1	31	保加利亚	0.875	55	马里	0.8125
9	布基纳法索	1	32	日本	0.875	56	贝宁	0.8125
10	乍得	1	33	阿尔巴尼亚	0.875	57	巴林	0.7925
11	新西兰	1	34	佛得角	0.875	58	以色列	0.7925

续表

排名	国家	得分	排名	国家	得分	排名	国家	得分
12	尼日利亚	0.9375	35	黑山	0.875	59	爱尔兰	0.7925
13	马来西亚	0.9175	36	波兰	0.875	60	圣马力诺	0.7925
14	阿根廷	0.9175	37	泰国	0.875	61	冰岛	0.7925
15	韩国	0.9175	38	多哥	0.875	62	斯诺文尼亚	0.7925
16	乌干达	0.875	39	乌兹别克斯坦	0.875	63	葡萄牙	0.7925
17	埃及	0.875	40	不丹	0.85	64	捷克	0.7925
18	巴西	0.875	41	瑞典	0.84375	65	匈牙利	0.7925
19	格鲁吉亚	0.875	42	希腊	0.84375	66	斯洛伐克	0.7925
20	南非	0.875	43	德国	0.84375	67	西班牙	0.7925
21	马达加斯加	0.875	44	法国	0.84375	68	瑞士	0.7925
22	新加坡	0.875	45	罗马尼亚	0.84375	69	摩纳哥	0.7925
23	加蓬	0.875	46	丹麦	0.84375	70	拉脱维亚	0.7925
71	意大利	0.7925	94	越南	0.6675	117	多米尼加	0.45
72	立陶宛	0.7925	95	哥斯达黎加	0.65	118	圣基茨和尼维斯	0.45
73	列支敦士登	0.7925	96	秘鲁	0.6425	119	白俄罗斯	0.45
74	波黑	0.7925	97	印度	0.625	120	厄瓜多尔	0.4

续表

排名	国家	得分	排名	国家	得分	排名	国家	得分
75	塞浦路斯	0.7925	98	毛里塔尼亚	0.625	121	土库曼斯坦	0.3875
76	马耳他	0.7925	99	也门	0.6	122	危地马拉	0.35
77	克罗地亚	0.7925	100	乌克兰	0.575	123	黎巴嫩	0.2
78	爱沙尼亚	0.7925	101	塔吉克斯坦	0.575	124	巴拉圭	0.2
79	塞尔维亚	0.7925	102	圣多美和普林西比	0.575	125	津巴布韦	0.2
80	乌拉圭	0.7925	103	牙买加	0.575	126	马拉维	0.1
81	奥地利	0.7925	104	赤道几内亚	0.575	127	埃塞俄比亚	0.1
82	哈萨克斯坦	0.7675	105	美国	0.5625	128	沙特阿拉伯	0.1
83	墨西哥	0.75	106	加拿大	0.525	129	萨尔瓦多	0.1
84	阿尔及利亚	0.75	107	巴哈马	0.5125			
85	赞比亚	0.75	108	洪都拉斯	0.5			
86	特立尼达和多巴哥	0.725	109	阿拉伯联合酋长国	0.5			
87	阿塞拜疆	0.725	110	圣卢西亚	0.5			
88	哥伦比亚	0.725	111	安提瓜和巴布达	0.5			

续表

排名	国家	得分	排名	国家	得分	排名	国家	得分
89	吉尔吉斯斯坦	0.725	112	加纳	0.5			
90	巴拿马	0.725	113	菲律宾	0.5			
91	安哥拉	0.7125	114	伊朗	0.475			
92	安道尔	0.7	115	塞舌尔	0.45			
93	印度尼西亚	0.6675	116	智利	0.45			

附件3:美国《隐私盾协议》执法记录(2017~2019年)

序号	被执法企业	时间	执法事由	执法结果
1	Tru Communication	2017年	并未参与《隐私盾协议》,但是声称支持《隐私盾协议》	禁止对公司参与或遵守《隐私盾协议》,或其他政府、自律或标准制定组织发起的任何隐私保护或隐私安全计划作出不实陈述,罚款40,654美元
2	Decusoft	2017年	并未参与《隐私盾协议》,但是声称支持《隐私盾协议》	禁止对公司参与或遵守《隐私盾协议》,或其他政府、自律或标准制定组织发起的任何隐私保护或隐私安全计划作出不实陈述,罚款40,654美元
3	Md7	2017年	并未参与《隐私盾协议》,但是声称支持《隐私盾协议》	禁止对公司参与或遵守《隐私盾协议》,或其他政府、自律或标准制定组织发起的任何隐私保护或隐私安全计划作出不实陈述,罚款40,654美元

续表

序号	被执法企业	时间	执法事由	执法结果
4	ReadyTech	2018 年	并未参与《隐私盾协议》,但是声称支持《隐私盾协议》	禁止对公司参与或遵守《隐私盾协议》,或其他政府、自律或标准制定组织发起的任何隐私保护或隐私安全计划作出不实陈述。遵守 FTC 的标准报送和合规程序
5	IDmision	2018 年	并未参与《隐私盾协议》,但是声称支持《隐私盾协议》	禁止对公司参与或遵守《隐私盾协议》,或其他政府、自律或标准制定组织发起的任何隐私保护或隐私安全计划作出不实陈述。遵守 FTC 的报送程序
6	SmartStart	2018 年	在其自我认证已经失效后,仍然在其隐私政策中声称其参与《隐私盾协议》	禁止对公司参与或遵守《隐私盾协议》,或其他政府、自律或标准制定组织发起的任何隐私保护或隐私安全计划作出不实陈述。还被要求对其在参与《隐私盾协议》时收集的个人信息继续适用《隐私盾协议》所要求的保护措施,或应当返还或10 天内删除该等信息

续表

序号	被执法企业	时间	执法事由	执法结果
7	VenPath	2018年	在其自我认证已经失效后，仍然在其隐私政策中声称其参与《隐私盾协议》	禁止对公司参与或遵守《隐私盾协议》，或其他政府、自律或标准制定组织发起的任何隐私保护或隐私安全计划作出不实陈述。还被要求对其在参与《隐私盾协议》时收集的个人信息继续适用《隐私盾协议》所要求的保护措施，或应当返还或10日内删除该等信息
8	mResource	2018年	在其自我认证已经失效后，仍然在其隐私政策中声称其参与《隐私盾协议》	禁止对公司参与或遵守《隐私盾协议》，或其他政府、自律或标准制定组织发起的任何隐私保护或隐私安全计划作出不实陈述
9	214 Technologies	2019年	并未参与《隐私盾协议》，但是声称支持《隐私盾协议》	—
10	Click Labs	2019年	并未参与《隐私盾协议》，但是声称支持《隐私盾协议》	禁止对公司参与或遵守《隐私盾协议》作出不实陈述，并禁止其参与由政府、自律或标准制定组织发起的任何隐私保护或隐私安全计划

续表

序号	被执法企业	时间	执法事由	执法结果
11	DCR Workforce	2019 年	并未参与《隐私盾协议》，但是声称支持《隐私盾协议》	—
12	Incentive Services	2019 年	并未参与《隐私盾协议》，但是声称支持《隐私盾协议》	禁止对公司参与或遵守《隐私盾协议》作出不实陈述，并禁止其参与由政府、自律或标准制定组织发起的任何隐私保护或隐私安全计划
13	LotaData	2019 年	并未参与《隐私盾协议》，但是声称支持《隐私盾协议》	截至 2020 年 4 月 30 日尚未结案
14	Medable	2019 年	并未参与《隐私盾协议》，但是声称支持《隐私盾协议》	截至 2020 年 4 月 30 日尚未结案
15	SecurTest	2019 年	并未参与《隐私盾协议》，但是声称支持《隐私盾协议》	禁止对公司参与或遵守《隐私盾协议》，或其他政府、自律或标准制定组织发起的任何隐私保护或隐私安全计划作出不实陈述。遵守 FTC 的报送程序

续表

序号	被执法企业	时间	执法事由	执法结果
16	Thru	2019年	并未参与《隐私盾协议》,但是声称支持《隐私盾协议》	—
17	Empiristat	2019年	在其自我认证已经失效后,仍然在其隐私政策中声称其参与《隐私盾协议》	截至2020年4月30日尚未结案
18	Global Data Vault	2019年	在其自我认证已经失效后,仍然在其隐私政策中声称其参与《隐私盾协议》	禁止对公司参与或遵守《隐私盾协议》作出不实陈述,并禁止其参与由政府、自律或标准制定组织发起的任何隐私保护或隐私安全计划。还被要求对其在参与《隐私盾协议》时收集的个人信息继续适用《隐私盾协议》所要求的保护措施,或应当返还或10日内删除该等信息
19	TDARX	2019年	在其自我认证已经失效后,仍然在其隐私政策中声称其参与《隐私盾协议》	禁止对公司参与或遵守《隐私盾协议》作出不实陈述,并禁止其参与由政府、自律或标准制定组织发起的任何隐私保护或隐私安全计划。还被要求对其在参与《隐私盾协议》时收集的个人信息继续适用《隐私盾协议》所要求的保护措施,或应当返还或10日内删除该等信息

续表

序号	被执法企业	时间	执法事由	执法结果
20	Cambridge Analytica	2019 年	在其自我认证已经失效后，仍然在其隐私政策中声称其参与《隐私盾协议》	禁止对公司参与或遵守《隐私盾协议》作出不实陈述，并禁止其参与由政府、自律或标准制定组织发起的任何隐私保护或隐私安全计划。还被要求对其在参与《隐私盾协议》时收集的个人信息继续适用《隐私盾协议》所要求的保护措施，或应当返还或删除该等信息
21	RagingWire	2019 年	在其自我认证已经失效后，仍然在其隐私政策中声称其参与《隐私盾协议》；在隐私盾认证失效前未能遵守《隐私盾协议》的要求	截至 2020 年 4 月 30 日尚未结案